Gudrun Hentges / Justyna Staszczak

Geduldet, nicht erwünscht

Auswirkungen der Bleiberechtsregelung auf die
Lebenssituation geduldeter Flüchtlinge in Deutschland

**AN INTERDISCIPLINARY SERIES
OF THE CENTRE FOR INTERCULTURAL AND EUROPEAN STUDIES**

**INTERDISZIPLINÄRE SCHRIFTENREIHE
DES CENTRUMS FÜR INTERKULTURELLE UND EUROPÄISCHE STUDIEN**

CINTEUS • Fulda University of Applied Sciences • Hochschule Fulda

ISSN 1865-2255

3   *Pia Tamke*
    Die Europäisierung des deutschen Apothekenrechts
    Europarechtliche Notwendigkeit und nationalrechtliche Vertretbarkeit einer Liberalisierung
    ISBN 978-3-89821-964-8

4   *Stamatia Devetzi und Hans-Wolfgang Platzer (Hrsg.)*
    Offene Methode der Koordinierung und Europäisches Sozialmodell
    Interdisziplinäre Perspektiven
    ISBN 978-3-89821-994-5

5   *Andrea Rudolf*
    Biokraftstoffpolitik und Ernährungssicherheit
    Die Auswirkungen der EU-Politik auf die Nahrungsmittelproduktion am Beispiel Brasilien
    ISBN 978-3-8382-0099-6

6   *Gudrun Hentges / Justyna Staszczak*
    Geduldet, nicht erwünscht
    Auswirkungen der Bleiberechtsregelung auf die Lebenssituation geduldeter Flüchtlinge in Deutschland
    ISBN 978-3-8382-0080-4

Series Editors

Gudrun Hentges
Volker Hinnenkamp
Anne Honer
Hans-Wolfgang Platzer

Fachbereich Sozial- und Kulturwissenschaften
Hochschule Fulda University of Applied Sciences
Marquardstraße 35
D-36039 Fulda

cinteus@sk.hs-fulda.de
www.cinteus.eu

Gudrun Hentges / Justyna Staszczak

GEDULDET, NICHT ERWÜNSCHT

Auswirkungen der Bleiberechtsregelung auf die
Lebenssituation geduldeter Flüchtlinge in Deutschland

ibidem-Verlag
Stuttgart

Bibliografische Information der Deutschen Nationalbibliothek
Die Deutsche Nationalbibliothek verzeichnet diese Publikation in der
Deutschen Nationalbibliografie; detaillierte bibliografische Daten sind im
Internet über http://dnb.d-nb.de abrufbar.

Bibliographic information published by the Deutsche Nationalbibliothek
Die Deutsche Nationalbibliothek lists this publication in the Deutsche Nationalbibliografie;
detailed bibliographic data are available in the Internet at http://dnb.d-nb.de.

Lektorat: Andreas Plake, Berlin. Kontakt: aplake@web.de

∞
Gedruckt auf alterungsbeständigem, säurefreien Papier
Printed on acid-free paper

ISSN: 1865-2255

ISBN-10: 3-8382-0080-2
ISBN-13: 978-3-8382-0080-4

© *ibidem*-Verlag
Stuttgart 2010

Alle Rechte vorbehalten

Das Werk einschließlich aller seiner Teile ist urheberrechtlich geschützt. Jede Verwertung
außerhalb der engen Grenzen des Urheberrechtsgesetzes ist ohne Zustimmung des Verlages
unzulässig und strafbar. Dies gilt insbesondere für Vervielfältigungen,
Übersetzungen, Mikroverfilmungen und elektronische Speicherformen sowie die
Einspeicherung und Verarbeitung in elektronischen Systemen.

All rights reserved. No part of this publication may be reproduced, stored in or introduced into a retrieval
system, or transmitted, in any form, or by any means (electronic, mechanical, photocopying, recording or
otherwise) without the prior written permission of the publisher. Any person who does any unauthorized act
in relation to this publication may be liable to criminal prosecution and civil claims for damages.

Printed in Germany

Editorial

This series is intended as a publication panel of the Centre of Intercultural and European Studies (CINTEUS) at Fulda University of Applied Sciences. The series aims at making research results, anthologies, conference readers, study books and selected qualification theses accessible to the general public. It comprises of scientific and interdisciplinary works on inter- and transculturality; the European Union from an interior and a global perspective; and problems of social welfare and social law in Europe. Each of these are fields of research and teaching in the Social- and Cultural Studies Faculty at Fulda University of Applied Sciences and its Centre for Intercultural and European Studies. We also invite contributions from outside the faculty that share and enrich our research.

Gudrun Hentges, Volker Hinnenkamp, Anne Honer & Hans-Wolfgang Platzer

Editorial

Die Buchreihe versteht sich als Publikationsforum des Centrums für interkulturelle und europäische Studien (CINTEUS) der Hochschule Fulda. Ziel der CINTEUS-Reihe ist es, Forschungsergebnisse, Anthologien, Kongressreader, Studienbücher und ausgewählte Qualifikationsarbeiten einer interessierten Öffentlichkeit zugänglich zu machen. Die Reihe umfasst fachwissenschaftliche und interdisziplinäre Arbeiten aus den Bereichen Inter- und Transkulturalität, Europäische Union aus Binnen- und globaler Perspektive sowie wohlfahrtsstaatliche und sozialrechtliche Probleme Europas. All dies sind Fachgebiete, die im Fachbereich Sozial- und Kulturwissenschaften der Hochschule Fulda University of Applied Sciences und dem angegliederten Centrum für interkulturelle und Europastudien gelehrt und erforscht werden. Ausdrücklich eingeladen an der Publikationsreihe mitzuwirken sind auch solche Studien, die nicht 'im Hause' entstanden sind, aber CINTEUS-Schwerpunkte berühren und bereichern.

Gudrun Hentges, Volker Hinnenkamp, Anne Honer & Hans-Wolfgang Platzer

Für Anne Honer

Inhaltsverzeichnis

Vorwort von Peter Kühne

Teil I

Kritische Analyse der Bleiberechtsrichtlinie

0.	Einleitung	19
1.	Flüchtlings- und Asylpolitik im internationalen Recht	21
1.1	Erklärung der internationalen Menschenrechte (Die UN-Menschenrechtskonvention)	21
1.2	Die Genfer Flüchtlingskonvention (1951/1954) und das Protokoll über die Rechtsstellung der Flüchtlinge (1967)	22
1.2.1	Definition des Flüchtlingsbegriffs	23
1.2.2	Verbot der Ausweisung und Zurückweisung	24
1.3	Europäische Menschenrechtskonvention (1950/1953)	25
1.4	Die Asylpolitik in der Europäischen Union	25
2.	Asylpolitik und Asylrecht in Deutschland	27
2.1	Erklärung und Kommentar zu Art. 16a GG	27
2.2	Entwicklung der Zuwanderung von Asylsuchenden seit 1993	30
2.2.1	Stellungnahmen zu den Einschränkungen des Asylrechts in Deutschland	31
2.3	Kriterien für die Anerkennung der Flüchtlingseigenschaft nach der GFK	31
2.4	Sonstige menschenrechtliche Schutzbestimmungen	32
2.4.1	Abschiebeverbote	33
2.4.2	Bilanz der Gewährung des Flüchtlingsschutzes in Deutschland	35
3.	Aufenthaltsrechtlicher Status der Duldung und deren Kritik	36
3.1	Aussetzung der Abschiebung	36
3.1.1	Residenzpflicht	37
3.1.2	Sozialleistungen nach Maßgabe des Asylbewerberleistungsgesetzes	40
3.1.3	Unterbringung	41
3.1.4	Erwerbstätigkeit	41
3.1.5	Teilnahme an Integrationskursen	43
3.1.6	Schulpflicht der Kinder	43
3.1.7	Medizinische Versorgung	45
3.1.8	Familiennachzug	45

3.1.9	Zusätzliche Restriktionen	45
3.2	Kritik der Kettenduldung	46
3.2.1	Zahl der langjährig geduldeten Flüchtlinge in Deutschland (Ende Oktober 2006)	49
3.3	Bisherige Vorschläge zur Lösung der Kettenduldungen	50
3.3.1	Vorschläge der Süssmuth-Kommission	50
3.3.2	Änderung im Zuwanderungsgesetz bezüglich der Duldungen	51
4.	Bleiberechts- und Altfallregelung (2006/2007)	52
4.1	Entstehungshintergrund	52
4.2	Verhältnis der gesetzlichen Altfallregelung zum IMK-Beschluss	54
4.3	Erteilungsvoraussetzungen	55
4.3.1	Der begünstigte Personenkreis	55
4.3.2	Sicherung des Lebensunterhalts	57
4.3.3	Ausreichender Wohnraum	58
4.3.4	Ausreichende deutsche Sprachkenntnisse	58
4.4	Ausschlussgründe	59
4.5	Ausnahmen	60
4.5.1	Aufenthaltserlaubnis „auf Probe"	62
4.6	Konsequenzen der Ablehnung	63
4.7	Aufenthaltsrecht für minderjährige Flüchtlinge	63
5.	Analyse der Bleiberechtsrichtlinie	64
5.1	Bilanz der Umsetzung der Bleiberechtsrichtlinie	65
5.1.1	Die Anzahl der Geduldeten in Deutschland (September 2008 bis Ende 2009)	67
5.2	Maßnahmen zur besseren Umsetzung der Bleiberechtsregelung	68
5.2.1	Abschiebestopp nach dem Inkrafttreten der Bleiberechtsregelung	68
5.2.2	Informationspraxis und Öffentlichkeitsarbeit	69
5.2.3	Unterstützung der Eingliederung in den Arbeitsmarkt	70
5.3	Kritikpunkte zur Bleiberechtsregelung	72
5.3.1	Stichtagregelung	72
5.3.2	Nachweis über die eigenständige Sicherung des Lebensunterhalts	73
5.3.3	Ausschlussgründe	76
5.3.4	Ausnahmen	79
5.3.5	Regelung für Minderjährige	80
5.3.6	Sonstige Kritikpunkte	81

5.4	Zivilgesellschaftliches Engagement für das Bleiberecht	83
6.	Kommentare zur aktuellen Entwicklung	85
7.	Ausblick	89

Teil II

**Improvisiertes Leben – gelebte Improvisation?
Wie verarbeiten langjährig geduldete Flüchtlinge ein Leben in Unsicherheit und Ungewissheit?**

0.	Einleitung	97
1.	Das Projekt	100
2.	Subjektive Verarbeitung von Unsicherheit und Ungewissheit – eine Auswertung der Interviews mit geduldeten Flüchtlingen	104
2.1	Flucht – Fluchtroute	104
2.2	Rechtlicher Status und Bleiberecht	107
2.3	Arbeit und Ausbildung	112
2.4	Spracherwerb und Kontakt zu Deutschen	121
2.5	Erfahrung als Migrant/in und als Geduldete/r	128
2.6	Gesundheit – Krankheit – Alter	137
2.7	Bezüge zum Herkunftsland / Religion und Kleiderordnung	141
2.8	Angst vor der Abschiebung	148
2.9	Wünsche, Hoffnungen und Zukunftspläne	154
3.	Fazit	161

Teil III

Anhang

1.	Quellen und Literatur	167
2.	Interviewleitfaden	177
2.1	Bleiberecht	177
2.2	Aufnahmebedingungen und rechtlicher Status in Deutschland	178
2.3	Erteilungsvoraussetzungen – Kriterien zum Erhalt des Bleiberechts und Indikatoren für die „faktische und wirtschaftliche Integration"	178
3.	Umfrage	180
4.	Transkriptionsregeln	181

Abkürzungsverzeichnis

Abs.	Absatz
Art.	Artikel
AsylbLG	Asylbewerberleistungsgesetz
AsylVfG	Asylverfahrensgesetz
AufenthG	Aufenthaltsgesetz
Aufl.	Auflage
AZR	Ausländerzentralregister
B.A.	Bachelor of Arts
BAMF	Bundesamt für Migration und Flüchtlinge
BASIB	Sozialwissenschaften mit Schwerpunkt interkulturelle Beziehungen, B.A., Hochschule Fulda
BaWü	Baden-Württemberg
BBZ	Bildungs- und Beratungszentrum für Beruf und Beschäftigung, Berlin
BeschVerfV	Beschäftigungsverfahrensverordnung
BGBl.	Bundesgesetzblatt
BMAS	Bundesministerium für Arbeit und Soziales
BMI	Bundesministerium des Innern
BT-Drs.	Bundestagsdrucksache
bzw.	beziehungsweise
CDU	Christlich Demokratische Union
CSU	Christlich Soziale Union
d.h.	das heißt
Dr.	Doktor
Drs.	Drucksache
Ebd.	Ebenda
EGMR	Europäischer Gerichtshof für Menschenrechte

em.	emeritiert
EMRK	Europäische Menschenrechtskonvention
ESF	Europäischer Sozialfonds
EU	Europäische Union
EuGH	Europäischer Gerichtshof
f.	folgende
FAZ	Frankfurter Allgemeine Zeitung
FDP	Freie Demokratische Partei
geb.	geboren
GER	Gemeinsamer europäischer Referenzrahmen für Sprachen
GFK	Genfer Flüchtlingskonvention
GG	Grundgesetz
i.V.m.	in Verbindung mit
ICEUS	Intercultural Communication and European Studies, M.A., Hochschule Fulda
IMK	Innenministerkonferenz bzw. Konferenz der Landesinnenminister
IntV	Verordnung über die Durchführung von Integrationskursen für Ausländer und Spätaussiedler, Integrationskursverordnung
Jg.	Jahrgang
JoG	Jugendliche ohne Grenzen
Kap.	Kapitel
M.A.	Magister Artium – Magistra Artium
Min.	Minuten
NGO	Non-Governmental Organization
Nr.	Nummer
NRW	Nordrhein-Westfalen
Prof.	Professor/in

PTSD	Post-traumatic Stress Disorder, Posttraumatische Belastungsstörung
RAA	Regionale Arbeitsstellen für Bildung, Integration und Demokratie
S.	Seite
SDÜ	Schengener Durchführungsübereinkommen
SGB II	Sozialgesetzbuch Zweites Buch
SIS	Schengener Informationssystem
sog.	so genannt
SPD	Sozialdemokratische Partei Deutschlands
UNHCR	United Nations High Commissioner for Refugees
UNO	United Nations
VG	Verwaltungsgericht
vgl.	vergleiche
Z.	Zeile
z.B.	zum Beispiel
zit.	zitiert
ZPKF	Zentrum für Politik, Kultur und Forschung
ZuwG	Zuwanderungsgesetz

Vorwort von Peter Kühne

Die Jahre 2006 und 2007 zeitigten – nach schier endlosem Gerangel zwischen Unionsparteien und Rot-Grün – eine Bleiberechtsregelung für geduldete Flüchtlinge mit langjährigem Aufenthalt. Einem einschlägigen Beschluss der Konferenz der Innenminister im Jahre 2006 folgte 2007 die Einfügung der Paragraphen 104a und b in das Aufenthaltsgesetz von 2004.

Zivilgesellschaftliche Kräfte, die sich seit langem um ein Bleiberecht bemühten, waren dennoch enttäuscht und besorgt: Die an die Flüchtlinge gestellten Bedingungen seien nicht einlösbar. Insbesondere die Forderung nach nicht nur „vorübergehender eigenständiger Sicherung des Lebensunterhalts" sei angesichts weit verbreiteter prekärer Beschäftigungsverhältnisse und Niedriglöhne geradezu utopisch – und dies umso mehr, als Flüchtlinge von Integrationshilfen des zuständigen Bundesamts und Vermittlungshilfen der Arbeitsagenturen weitgehend ausgeschlossen blieben.

Der von den Autorinnen des vorliegenden Bandes erarbeitete Rückblick bestätigt die damals vorgetragenen Bedenken. Auch die als Brücke zum Arbeitsmarkt angedachte und von einem ihrer Schöpfer als „genial" vorgestellte „Aufenthaltserlaubnis auf Probe" des Paragraphen 104a erwies sich in der Mehrzahl der Fälle als Sackgasse. Zwar wurde die gesetzte Frist – bis zum 31. Dezember 2009 – durch die Konferenz der Innenminister um zwei Jahre verlängert. Das Leben „auf Probe" und damit die Angst und Unsicherheit sind für viele der Betroffenen immer noch nicht behoben – ganz abgesehen von denjenigen Geduldeten, die die geforderte Aufenthaltsdauer noch nicht vorweisen oder als Alte, Kranke und Alleinerziehende einen Job nicht finden können.

Nach wie vor ist es deshalb wichtig, genau hinzusehen und Öffentlichkeit herzustellen über die Lage geduldeter Flüchtlinge in Deutschland. Die Hochschule Fulda tut dies im Rahmen der ihr gegebenen Möglichkeiten einer „University of Applied Sciences". Mögen die nun vorgelegten Vorschläge zur Problemlösung weithin beachtet und möglichst umgehend in politisches Handeln umgesetzt werden. Ein Abschlussgesetz muss her, das allen Geduldeten – endlich – ein sicheres Bleiberecht gewährt.

Prof. em. Dr. Peter Kühne, Passau / Dortmund

Teil I
Kritische Analyse der Bleiberechtsrichtlinie

0. Einleitung

Am 13. April 2007 berichtete die Berliner Zeitung über die Abschiebung der 22-jährigen Nasima El-Zein in die Türkei. Nasima El-Zein wuchs in Deutschland auf, lebte seit 1993 mit ihrer Familie und sechs Geschwistern in Berlin, absolvierte die Realschule, spricht fließend Deutsch und Arabisch. Nun ist sie in die Türkei abgeschoben worden, in ein Land, das sie nicht kennt, dessen Sprache sie nicht spricht. Deutschland wurde ihre Heimat, in der ihr aber nach 14 Jahren kein Bleiberecht gewährt wurde (vgl. Verzweifelte Anrufe aus der Türkei 2007 und Holt sie zurück! 2007). Der Aufenthalt von Nasima El-Zein in Deutschland ist 14 Jahre lang nur geduldet worden.

Nach Angaben des Bundesministeriums des Innern lebten Ende April 2007 in der Bundesrepublik Deutschland schätzungsweise 164.000 langjährig geduldete Flüchtlinge. Die Duldung ist kein Aufenthaltsstatus, sondern eine vorübergehende Aussetzung der Ausreisepflicht. Sie betrifft überwiegend abgelehnte Asylbewerber/innen, die aus unterschiedlichen Gründen nicht in ihre Herkunftsländer abgeschoben werden dürfen, da ihnen dort Gefahr für Leib und Leben droht. So wird der weitere Verbleib dieser Menschen in Deutschland für eine begrenzte Dauer geduldet. Dies schafft jedoch keinen Aufenthaltstitel. Die Abschiebung in ihre Herkunftsländer wird zwar für einen gewissen Zeitraum ausgesetzt, ihr Leben in Deutschland ist jedoch weiterhin von Angst vor Abschiebung, Unsicherheit und Perspektivlosigkeit geprägt. Die Duldung ist in der Regel auf maximal sechs Monate befristet. Wenn nach dem Ablauf der Duldungsfrist weiterhin Abschiebehindernisse vorliegen, wird sie meist verlängert. Dieser Zustand kann sich über Jahre ziehen; dann wird von einer Kettenduldung gesprochen. Die Ausreisepflicht bleibt jedoch weiterhin bestehen und verhindert den Aufbau einer angstfreien Existenz und beeinträchtigt die Zukunftsperspektiven dieser Menschen, da keine Aufnahmeperspektive besteht.

Der Bleiberechtsbeschluss der Innenministerkonferenz vom Jahr 2006 sollte eine politische Lösung der auftretenden humanitären Probleme sein, gerichtet an die langjährig in Deutschland geduldeten Menschen, die faktisch wirtschaftlich und sozial integriert sind. Er schuf neue rechtliche Rahmenbedingungen, um den Aufenthaltsstatus dieser Personengruppe zu verfestigen und es ihnen zu ermöglichen, die Kettenduldung zu beenden. Während der Laufzeit des hier vorgestellten Forschungsprojekts – in den Jahren 2008 und 2009 – standen die Themen Kettenduldung, Bleiberecht und Altfallregelung auf der Agenda der Parteien und Menschenrechtsorganisationen. Die Debatten des Jahres 2009 waren geprägt durch die Warnung von Menschenrechtsorganisationen vor einem drohenden Rückfall in die Kettenduldung, da nur ein geringer Anteil der langjährig geduldeten Flüchtlinge die erforderlichen Voraussetzungen (vor allem ökonomische Unabhängigkeit) für ein Bleiberecht erfüllen konnte. Der Beschluss der Innenministerkonferenz vom 4.12.2009 war zwar keine Lösung der prekären rechtlichen Lage der langjährig geduldeten Flüchtlinge, sorgte aber zumindest für einen Aufschub. Somit gilt nun der 31.12.2011 als der Termin, an dem über das weitere Schicksal von langjährig geduldeten Flüchtlingen entschieden wird.

Mit der vorliegenden Arbeit soll ein Versuch unternommen werden, die Bleiberechtsregelung in Deutschland zu analysieren und deren Anforderungen kritisch zu hinterfragen:

Der erste Teil dieser Studie befasst sich mit den rechtlichen, politischen und sozialen Dimensionen der Fluchtmigration – insbesondere mit dem Status der Duldung. Die zentrale Frage, die sich in diesem Zusammenhang stellt, lautet: Ist die Bleiberechtsregelung eine reale und humanitäre Lösung für die in Deutschland in Kettenduldung lebenden Menschen? Inwieweit sind die Anforderungen der Bleiberechtsregelung den bisherigen rechtlichen und politischen Rahmenbedingungen angemessen, die die Lebenssituation der langjährig Geduldeten prägen? Löst die Altfall- und Bleiberechtsregelung den allgemeinen Bedarf nach der Regulierung des Aufenthaltsrechts der in Deutschland langjährig geduldeten Flüchtlinge?

Methodisch bedient sich der erste Teil dieser Arbeit der Sekundär- und Dokumentenanalyse. Thematisch geht es um die Grundlagen des internationalen Flüchtlingsrechts, des deutschen Asylrechts sowie um den subsidiären Schutz. Des Weiteren befasst sich der erste Teil dieser Studie mit der Frage, unter welchen aufenthaltsrechtlichen Bedingungen Menschen leben, die sich nach der Ablehnung ihres Asylantrags mit einer Duldung in Deutschland aufhalten. Die Praxis der Kettenduldung soll im Rahmen dieser Arbeit dargestellt und kritisch beleuchtet werden. Als mögliche Lösung dieser äußerst problematischen Praxis galten die seit 2006 debattierten Altfall- und Bleiberechtsregelungen. Ob und in welchem Maße diese Regelungen einen Beitrag leisten können zur Lösung des humanitären Problems, soll im Folgenden kritisch reflektiert werden.

Im Zentrum des zweiten Teils dieser Untersuchung stehen die Lebensbedingungen langjährig geduldeter Flüchtlinge, die direkt von der Bleiberechtsregelung betroffen sind. Um Aussagen über deren Lebenssituation treffen zu können, führten die Verfasserinnen eine qualitative empirische Studie durch. Bei der Auswertung der erhobenen Daten kristallisierten sich folgende Kategorien heraus: Flucht(route), rechtlicher Status, Arbeit und Ausbildung, Spracherwerb und Kontakt zu Deutschen, Erfahrung als Migrant/in und als Geduldete/r, Gesundheit, Krankheit und Alter, Bezüge zum Herkunftsland, Religion und Kleiderordnung sowie Angst vor Abschiebung. Die Auswertung des empirischen Materials verdeutlichte die prekäre rechtliche Lage, häufig verbunden mit einer sozialen Isolation und einer individuellen Perspektivlosigkeit. In einigen Fällen dominierte auch eine massive Angst vor Abschiebung das Leben der Interviewpartner/innen. Deutlich wurde anhand der Interviews, dass die Bleiberechtsregelung die dringenden Probleme – rechtliche und soziale Unsicherheit – nur in einigen wenigen Ausnahmefällen zu lösen vermochte.

1. Flüchtlings- und Asylpolitik im internationalen Recht

Das folgende Kapitel befasst sich mit den Grundlagen des internationalen Asylrechts. In diesem Politikbereich sind die nationalen und internationalen Dimensionen sehr eng miteinander verknüpft. Deshalb ist es erforderlich, kurz auf das internationale Flüchtlingsrecht Bezug zu nehmen, bevor auf die Thematik auf nationaler Ebene eingegangen wird. Die Darstellung des Kanons vom internationalen Recht zum Schutz von Flüchtlingen soll die für die Arbeit relevanten und elementaren Hauptbegriffe des Asylrechts definieren.

1.1 Erklärung der internationalen Menschenrechte (Die UN-Menschenrechtskonvention)

Das Recht auf Asyl wurde erstmals in der Allgemeinen Erklärung der Menschenrechte der Vereinten Nationen (UN) aus dem Jahre 1948 anerkannt. Dort wurde dieses im Art. 14 folgendermaßen formuliert: „Jeder Mensch hat das Recht, in anderen Ländern vor Verfolgung Asyl zu suchen und zu genießen." (Allgemeine Erklärung der Menschenrechte 1948) Im Allgemeinen definiert der Menschenrechtsschutz „den Mindeststandard, den jeder Mensch gegenüber dem Staat beanspruchen kann, nämlich die angeborenen, unveräußerlichen Rechte auf Grundfreiheiten, die dem einzelnen nicht aufgrund staatlicher Verleihung, sondern kraft seines Mensch-Seins zustehen und die deshalb im Unterschied zu den Bürgerrechten von der Staatsangehörigkeit unabhängig sind." (Heinhold 2007, S. 133)

Dies ist mit folgendem Wortlaut im Art. 2 der Allgemeinen Erklärung der Menschenrechte verankert: „Jeder hat Anspruch auf alle in dieser Erklärung verkündeten Rechte und Freiheiten, ohne Unterschied, etwa nach Rasse, Hautfarbe, Geschlecht, Sprache, Religion, politischer und sonstiger Anschauung, nationaler oder sozialer Herkunft, Vermögen, Geburt oder sonstigem Stand." (Allgemeine Erklärung der Menschenrechte 1948) Somit bestimmt der Menschenrechtsschutz den Mindeststandard, den jeder Mensch – sei er Bürger der Europäischen Union (EU), Bundesbürger, Drittstaatsangehöriger, Asylberechtigter oder Asylbewerber – gegenüber einem Staat einfordern kann.

Wie Nuscheler betont, ist es im Kontext des Rechts auf Asyl jedoch problematisch, dass sich aus der Formulierung des oben genannten Art. 14 der Resolution zur Allgemeinen Erklärung der Menschenrechte keine rechtliche Verpflichtung zur Asylgewährung für Staaten ableiten lässt. Asyl zu gewähren gilt also lediglich als ein Recht des Staates und nicht als „Pflicht, Menschen als Flüchtlinge an- und aufzunehmen". Der Art. 14 ist somit ein „unverbindlicher Programmsatz" (Nuscheler 2004, S. 196).

1.2 Die Genfer Flüchtlingskonvention (1951/1954) und das Protokoll über die Rechtsstellung der Flüchtlinge (1967)

Das erste universelle Abkommen explizit zum Schutz von Flüchtlingen wurde am 28.7.1951 auf der UN-Konferenz verabschiedet. Das „Abkommen über die Rechtsstellung der Flüchtlinge", bekannt als die Genfer Flüchtlingskonvention (GFK), entstand als eine Reaktion auf die Ereignisse des Zweiten Weltkrieges und die daraus resultierenden Migrationsbewegungen innerhalb Europas. Schätzungsweise 12 bis 20 Millionen Menschen befanden sich damals auf der Flucht als Opfer der Verfolgungen und Vertreibungen des Naziregimes. Die GFK galt zunächst nur für europäische Flüchtlinge, die aufgrund eines vor dem 1.1.1951 eingetretenen Ereignisses geflohen waren. Da in den folgenden Jahren das Fluchtgeschehen eine globale Dimension erreichte, wurde die territoriale Einschränkung am 31.1.1967 in New York mit dem ergänzenden „Protokoll über die Rechtsstellung der Flüchtlinge" aufgehoben, durch das der Wirkungsbereich der Konvention erweitert wurde (vgl. GFK 1951). Die Mehrheit der Staaten hat sich mit der Ratifizierung der GFK von 1951 und des Zusatzprotokolls von 1967 dazu verpflichtet, verfolgten Menschen Schutz zu gewähren. Am 1. Dezember 2006 waren dies 144 Staaten (vgl. Liste 2006). Deutschland gehörte zu den ersten Unterzeichnerstaaten der Genfer Flüchtlingskonvention. Sie wurde 1954 von der Bundesrepublik ratifiziert, und nach dem „Protokoll über die Rechtsstellung der Flüchtlinge" (1967) wurde auch die territoriale Einschränkung aufgehoben.

Weiterhin legt die Genfer Flüchtlingskonvention fest, welchen Rechtschutz, welche Hilfe und welche sozialen Rechte ein Unterzeichnerstaat einem Flüchtling zu gewährleisten hat. Sie unterstreicht auch die Pflichten von Flüchtlingen gegenüber ihrem Aufnahmeland: Laut GFK müssen die Flüchtlinge die Gesetze und Bestimmungen des Asyllandes respektieren. Im Folgenden werden diese am Beispiel des deutschen Asylrechts dargelegt.

Als eine Überwachungsinstanz zur Einhaltung und Umsetzung der Konvention und somit als das wichtigste Organ des internationalen Flüchtlingsschutzes wurde von der UN-Generalversammlung am 1.1.1951 das Amt des Hohen Kommissars für Flüchtlinge (United Nations High Commissioner for Refugees – UNHCR) eingerichtet. Der UNHCR übernahm damit die Aufgabe, „unter der Schirmherrschaft der Vereinten Nationen für den internationalen Schutz der Flüchtlinge zu sorgen, die in den Geltungsbereich dieser Satzung fallen und Dauerlösungen des Flüchtlingsproblems anzustreben, indem er die Regierungen und, vorbehaltlich der Genehmigung der betreffenden Regierungen, Privatorganisationen darin unterstützt, die freiwillige Repatriierung dieser Flüchtlinge oder deren Eingliederung in neue staatliche Gemeinschaften zu erleichtern." (UNHCR 1959; vgl. auch Tessmer 1994, S. 37 und Kühne/Rüßler 2000, S. 52)

1.2.1 Definition des Flüchtlingsbegriffs

Nach Art. 1 der Genfer Konvention gilt jede Person als Flüchtling, die „aus der begründeten Furcht vor Verfolgung wegen ihrer Rasse, Religion, Nationalität, Zugehörigkeit zu einer bestimmten sozialen Gruppe oder wegen ihrer politischen Überzeugung sich außerhalb des Landes befindet, dessen Staatsangehörigkeit sie besitzt, und den Schutz dieses Landes nicht in Anspruch nehmen kann oder wegen dieser Befürchtungen nicht in Anspruch nehmen will." (GFK 1951, Art. 1)

Nur der Nachweis begründeter Furcht vor Verfolgung gibt einer Person die Möglichkeit, als Flüchtling anerkannt zu werden. Dieser bewusste Verzicht auf präzisere Formulierungen sollte den Unterzeichnerstaaten weite Ermessensspielräume bei der Auslegung und der Anwendung der GFK einräumen (vgl. Nuscheler 2004, S. 188). Der eingrenzende Begriff der „politischen Verfolgung" als asylrelevanter Grund im Art. 16a GG der Bundesrepublik Deutschland ist eines der Beispiele, wie diese Ermessensspielräume genutzt wurden. In der GFK werden zwar fünf Verfolgungsgründe genannt, eine Begriffsdefinition der Verfolgung und deren asylrelevanten Ausmaßes gibt es allerdings nicht. Im Asylverfahren gilt demnach vor allem die nachweisbare Begründung der subjektiven Furcht vor Verfolgung als anerkennungswürdiger Fluchtgrund. Allein der objektive Tatbestand der Verfolgung aus den genannten fünf Gründen, der sich aus der Situation im Herkunftsland des Asylsuchenden ergibt, reicht für die Anerkennung der Flüchtlingseigenschaft nicht aus. Der Nachweis der subjektiven Wahrnehmung einer Verfolgung im Einzelfall stellt eine schwere Beweislast für die Asylsuchenden dar (vgl. ebd.).

1.2.2 Verbot der Ausweisung und Zurückweisung

Das sich aus der GFK ergebende Kernschutzelement für Flüchtlinge ist das Verbot, Personen in ein Land zurückzuweisen, in dem sie Verfolgung fürchten müssen – das sogenannte Non-Refoulement-Gebot, verankert im Art. 33 der Konvention. Nach dessen Wortlaut darf „[k]einer der vertragschließenden Staaten (…) einen Flüchtling auf irgendeine Weise über die Grenzen von Gebieten ausweisen oder zurückweisen, in denen sein Leben oder seine Freiheit wegen seiner Rasse, Religion, Staatsangehörigkeit, seiner Zugehörigkeit zu einer bestimmten sozialen Gruppe oder wegen seiner politischen Überzeugung bedroht sein würde." (GFK 1951, Art. 33 Abs. 1)

Der Artikel beinhaltet aber auch eine Einschränkung. Ausgeschlossen von diesem Schutz nach dem Non-Refoulement-Gebot ist jede Person, die „aus schwer wiegenden Gründen als eine Gefahr für die Sicherheit des Landes anzusehen ist, in dem er sich befindet, oder der eine Gefahr für die Allgemeinheit dieses Staates bedeutet, weil er wegen eines Verbrechens oder eines besonders schweren Vergehens rechtskräftig verurteilt wurde." (ebd., Art. 33 Abs. 2)

1.3 Europäische Menschenrechtskonvention (1950/1953)

Im europäischen Raum gilt als Menschenrechtsschutzsystem die „Konvention zum Schutze der Menschenrechte und Grundfreiheiten", im alltäglichen Sprachgebrauch als Europäische Menschenrechtskonvention (EMRK) bekannt. Sie wurde im November 1950 in Rom vom Straßburger Europarat ausgearbeitet, der auch bis heute für deren Umsetzung zuständig ist, und trat am 3.9.1953 in Kraft. Die Einhaltung der Vereinbarungen aus der EMRK ist durch justizielle Organe wie den Europäischen Gerichtshof für Menschenrechte und die Europäische Kommission für Menschenrechte sowie ein Individualklagerecht geschützt (vgl. Hartl 1999, S. 39).

Relevant bezüglich des internationalen Flüchtlingsschutzes ist das Zurückweisungsverbot. Obwohl nicht explizit formuliert, lässt es sich aus dem Art. 3 der EMRK ableiten. Dieser lautet: „Niemand darf der Folter oder unmenschlicher oder erniedrigender Behandlung unterworfen werden." (EMRK 1950, Art. 3) „Der Zufluchtsstaat gerät (...) unmittelbar in den Fokus, wenn er, etwa durch die Abschiebung, Mitverantwortung für die drohende Menschenrechtsverletzung trägt. (...) Nicht nur der Staat, der den Betreffenden foltert, sondern auch der Staat, der den Flüchtling dem Folterer überantwortet, verletzt die Menschenrechte." (Heinhold 2007, S. 133 f.)

Hartl (1999, S. 39) stellt fest, dass die EMRK „das praktisch wirksamste und damit wichtigste Verbot [beinhaltet], jemanden in einen Staat abzuschieben, wo er über den engen Rahmen politischer Verfolgung hinaus mit einer Verletzung seiner fundamentalen Rechtsansprüche zu rechnen hat."

1.4 Die Asylpolitik in der Europäischen Union

Da eine ausführliche Analyse der europäischen Asylpolitik (vgl. dazu Nuscheler 2004; Busch 2006; Bendel 2009a) den Rahmen dieser Arbeit sprengen würde, seien hier nur die zentralen Bestimmungen genannt. Während die internationalen Bestimmungen den Schutz der Flüchtlinge sichern sollen, werden im europäischen Raum immer mehr Restriktionen bezüglich des Zugangs zu Asylprozeduren eingeführt. Seit den 1990er Jahren wird das Ziel der Angleichung und schließlich der gemeinsamen Gestaltung der Politik im Einwanderungs- und Asylbereich verfolgt (vgl. Nuscheler 2004, S. 178). Dies geschah in den vergangenen Jahren schrittweise. Nach der Verabschiedung des Schengener Abkommens I vom Jahre 1985, mit dem die Benelux-Staaten, die Bundesrepublik Deutschland und Frankreich sich auf den Abbau von Kontrollen an den gemeinsamen Grenzen einigten, sollte zunächst durch die Einführung verstärkter Personenkontrollen an den Außengrenzen das wegen des Wegfalls der Binnengrenzkontrollen „angeblich drohende Sicherheitsdefizit" verhindert werden (vgl. Busch 2006, S. 115). Die wichtigsten nach dem Schengener Durchführungsübereinkommen (SDÜ) vom Jahre 1990 eingeführten Maßnahmen zur „Stärkung der Außengrenzen" sind das gemeinsame Visum für insgesamt 126 Staaten, dessen Verweigerung zum Einreiseverbot in alle Schengen-Staaten führt, die Einführung von „Carrier Sanctions" (finanzielle Sanktionen gegen Fluggesellschaften und andere Transportunternehmen, die für eine undokumentierte Einreise von Drittstaatsangehörigen in die EU verantwortlich gemacht werden) sowie das gemeinsame Dateninformationssystem (Schengener Informationssystem, SIS) zur automatisierten Personen- und Sachfahndung an den Außengrenzen – ein „internationales Fahndungsregister zur Fahndung nach gesuchten Straftätern" (vgl. ebd., S. 116 f.).

Ferner wurde mit dem SDÜ das Prinzip des „Erstasyllandes" eingeführt, das die Zuständigkeit bei Asylentscheidungen des jeweiligen EU-Mitgliedstaates regelt. Demnach ist das Land für die Durchführung des Asylverfahrens zuständig, in dem ein Asylsuchender zum ersten Mal Bodenkontakt hatte. Ein abgelehnter Asylantrag gilt innerhalb der gesamten EU; die Einreise des Flüchtlings in andere Mitgliedstaaten wird danach verweigert. Damit soll eine mehrfache Asylantragstellung innerhalb der EU vermieden sowie der Suche nach günstigeren Aufenthaltsbestimmungen vorgebeugt werden (vgl. Nuscheler 2004, S. 178). Busch (2006, S. 116) betont, dass „die Einführung des Prinzips des Erstasyllandes (…) ein entscheidender Schritt hin zur Aushöhlung der Schutzgarantien der Genfer Flüchtlingskonvention von 1951" war.

Ferner gilt in der EU seit dem Inkrafttreten des Dubliner Übereinkommens im Jahre 1997, das die Regelungen des SDÜ ausdehnte, das „One-State-Only-Prinzip". Demnach liegt die Zuständigkeit des Asylverfahrens bei dem Staat, der das Visum zur Einreise erteilte. Weitere Asylanträge in anderen Mitgliedstaaten sind nicht möglich. Um die effektive Anwendung des Dubliner Übereinkommens sicherzustellen, wurde Eurodac eingerichtet – eine europäische Datenbank zur Speicherung von Fingerabdrücken. Nach dem Wortlaut der Verordnung „ist es erforderlich, die Identität von Asylbewerbern und Personen festzustellen, die in Verbindung mit dem illegalen Überschreiten der Außengrenzen der Gemeinschaft aufgegriffen werden. (...) [A]ußerdem [sollte] jeder Mitgliedstaat prüfen können, ob ein Ausländer, der sich illegal in seinem Hoheitsgebiet aufhält, in einem anderen Mitgliedstaat Asyl beantragt hat. (...) Fingerabdrücke sind ein wichtiges Mittel zur genauen Identifizierung dieser Personen." (Eurodac 2000, Abs. 3 und 4)

Mit Inkrafttreten des Vertrags von Maastricht 1993 gingen die EU-Mitgliedstaaten die Verpflichtung ein, im Bereich der Asyl- und Einwanderungspolitik zusammenzuarbeiten. Durch zwischenstaatliche Abkommen sollte schrittweise eine Harmonisierung dieser Politikbereiche stattfinden. Das Asylrecht lag jedoch immer noch im Ermessen der nationalen Regierungen.

Mit dem Inkrafttreten des Amsterdamer Vertrags (1999) wurden die Politikfelder Asyl und Einwanderung und die Kontrolle der EU-Außengrenzen weitestgehend in eine gemeinsame (supranationale) Zuständigkeit überführt. Seitdem liegen die Entscheidungsbefugnisse bezüglich der Asyl- und der Einwanderungsregelungen nicht mehr ausschließlich auf nationalstaatlicher Ebene oder in zwischenstaatlichen Abkommen. Sie sind der gemeinschaftlichen Gesetzgebung und der Verwaltung der EU unterworfen. Es werden also Richtlinien und Verordnungen als verbindliches, europäisches Recht vorgegeben (vgl. Holzberger 2003; Nuscheler 2004, S. 180 ff.; Bendel 2009b).

2. Asylpolitik und Asylrecht in Deutschland

Im Folgenden werden die Grundlagen des Asylrechts in Deutschland sowie der subsidiäre Schutz unter Berücksichtigung der neusten Entwicklungen seit dem Zuwanderungsgesetz 2005 dargestellt.

2.1 Erklärung und Kommentar zu Art. 16a GG

Das individuelle Schutzrecht für Flüchtlinge ist, wie oben beschrieben, aus den Erfahrungen des Zweiten Weltkrieges entstanden. In der Bundesrepublik Deutschland wurde das Asylrecht im Grundgesetz verankert. Der Art. 16 Abs. 2 GG von 1949 besagte: „Politisch Verfolgte genießen Asyl" und sollte als ein „subjektives und keinen Einschränkungen unterliegendes Individualrecht" gelten (vgl. Heinhold 2007, S. 102 f.) sowie der rassistischen und politischen Verfolgung durch den NS-Staat Rechnung tragen. Deswegen sollte das Recht auf Aufnahme und Schutz vor Verfolgung jedem Einzelnen zustehen.

Die stetige Zunahme der Fluchtmigration nach Deutschland ab Ende der 1970er Jahre führte dazu, dass das „Asylrecht seitdem zunehmend von Flüchtlingen aus Krisenherden der sogenannten Dritten Welt oder bestimmter Schwellenländer in Anspruch genommen" wurde (Kühne/Rüßler 2000, S. 30). Hinzu kam die Verschiebung der Einwanderungsbewegungen nach dem Anwerbestopp 1973. Immer mehr wurde die Flüchtlingspolitik vom „Asyl-Missbrauchs-Diskurs" geprägt (vgl. Herbert 2001, S. 265). „Den Asylsuchenden wurde pauschal vorgeworfen, als ‚Wirtschafts- oder Scheinasylanten' für die aufkommenden Folgen der fordistischen Krise verantwortlich zu sein und in die Sozialsysteme einwandern zu wollen." (Pieper 2007, S. 319) Dieser Diskurs hatte politische Entscheidungen zur Verschärfung der Lebensbedingungen zur Folge wie die Einführung von Arbeitsverboten und Lagerunterbringungen für die in der Bundesrepublik schutzsuchenden Flüchtlinge. Mitte der 1980er Jahre rückten in der Asyldebatte verstärkt die Forderungen nach Abschaffung des grundgesetzlich verankerten Rechts auf Asyl in den Vordergrund. Schließlich kam es 1993 zur Grundgesetzänderung, begründet mit der Notwendigkeit, die Entwicklung der Zuwanderung nach Deutschland zu steuern. Das Ergebnis des sog. Asylkompromisses der Parteien CDU/CSU, SPD und FDP war die Einführung des Art. 16a GG (vgl. Nuscheler 2004, S. 148). Der Art. 16a Abs. 1 GG wurde inhaltlich wortgleich übernommen vom bis dahin geltenden Art. 16 Abs. 2, als rechtliche Grundlage für den Asylschutz.

Die zentrale Änderung war die sog. Drittstaatenregelung. Seit dem Inkrafttreten der Asylrechtsreform am 1.7.1993 kann ein Asylsuchender gem. Art. 16a Abs. 2 GG, der über einen sog. „anderen Drittstaat" (alle EU-Mitgliedstaaten sowie Norwegen und die Schweiz) in die Bundesrepublik einreist, sich nicht auf den Art. 16a Abs. 1 GG berufen und ist somit faktisch vom Asylgrundrecht ausgeschlossen. In solchen Fällen ist für die Durchführung des Asylverfahrens der Staat zuständig, der als sicherer Drittstaat gilt, und in den ein Asylsuchender als Erstes eingereist ist.

In der Folge des Asylkompromisses wurden weiterhin nach dem Wortlaut des Art. 16a Abs. 3 bestimmte Staaten als solche qualifiziert, in denen „weder politische Verfolgung noch unmenschliche oder erniedrigende Bestrafung oder Behandlung stattfindet."[1] Den Umgang mit Asylsuchenden, die aus einem sog. „verfolgungsfreien Herkunftsland" kommen, regelt Abs. 4 – „die Vollziehung aufenthaltsbeendender Maßnahmen" an diesen Personen. Schließlich wurde ein sog. „exterritoriales" Flughafen-Sonderverfahren eingeführt. Noch auf dem Gelände des Flughafens – eine exterritoriale Zone, die nicht zum Geltungsbereich des Grundgesetzes gehört – wird unmittelbar nach der Einreise eines Flüchtlings geprüft, ob die Person zur Asylantragstellung im Gebiet der Bundesrepublik berechtigt ist. Für die in diesem Verfahren abgelehnten Flüchtlinge greift das Abkommen zur „Rückübernahme"[2] seitens der Herkunftsländer. Für die Entscheidung über die Anerkennung des Asylanspruchs ist das Bundesamt für Migration und Flüchtlinge (BAMF) zuständig.

Eine Person, die unanfechtbar als asylberechtigt anerkannt ist, erhält eine auf drei Jahre befristete Aufenthaltserlaubnis gem. § 25 Abs. 1 Aufenthaltsgesetz (AufenthG). Nach dem Ablauf dieser drei Jahre hat die Person gem. § 26 Abs. 1 AufenthG einen Anspruch auf eine Niederlassungserlaubnis, sofern das BAMF nicht mitgeteilt hat, dass ein Widerruf oder eine Rücknahme der Asylberechtigung vorliegen.[3] „Das BAMF hat also zum Ablauf der 3-Jahres-

---

[1] Sichere Herkunftsstaaten sind (nach Anlage II zu § 29a AsylVfG) neben den EU-Mitgliedstaaten Ghana und Senegal (vgl. BAMF 2008, S. 52).

[2] Hierzu ist anzumerken, dass bilaterale Rücknahmeabkommen nicht nur bei einer Abschiebung im Rahmen eines Flughafenverfahren greifen. Alle abgelehnten Flüchtlinge können auf der Grundlage zahlreicher Abkommen abgeschoben werden. Die Liste der bilateralen Rückübernahmeabkommen Deutschlands ist auf der Internetseite des Bundesinnenministeriums verfügbar (BMI 2008).

[3] Kühne (2010, S. 85) betont, dass seit 2002 die Zahl der Widerrufverfahren in Deutschland stark angestiegen ist, und dies „scheint nun die Regel der Asylpraxis zu werden". Im Jahre 2005 verloren mehrere Iraker, die noch zu Zeiten des Regimes Saddam Husseins nach Deutschland geflohen und hier als Flüchtlinge anerkannt worden waren, ihre Anerkennung als Flüchtlinge – mit der Begründung des Bundesamtes, die Verfolgungsgefahr im Irak sei nach der Beseitigung dieses Regimes endgültig entfallen und den Klägern drohe auch keine neue Verfolgung aus anderen Gründen. Der UNHCR bezeichnete diese Praxis als eine Aufspaltung des internationalen Flüchtlingsschutzes in Deutschland. Die Rechtsgrundlage war der § 73 Asylverfahrensgesetz (vgl. Flüchtlingsrat Niedersachsen 2007a). Betroffen von dem Widerrufverfahren sind ferner Flüchtlinge aus dem Kosovo, Sri Lanka, Afghanistan, Angola, der Türkei und dem Iran (vgl. Kühne 2008, S. 85) sowie Jemen, Vietnam und Rumänien. Zum Stichtag 31.3.2009 hielten sich bundesweit 232 Personen auf, die nach einem Widerruf gedul-

Frist zu überprüfen, ob sich die Situation so grundlegend geändert hat, dass der zugebilligte Status nicht mehr gerechtfertigt ist. Verneint es dies, besteht dann – nach drei Jahren – ein Rechtsanspruch auf Erteilung einer Niederlassungserlaubnis." (Heinhold 2007, S. 196)

2.2 Entwicklung der Zuwanderung von Asylsuchenden seit 1993

Wie sich diese Änderung von 1993 bezüglich des Asylrechts auf die Entwicklung der Zuwanderung nach Deutschland auswirkte, wird am deutlichsten sichtbar anhand der Zahlen der Asylanträge und der anerkannten Asylberechtigten in der Bundesrepublik.

Ein Blick in die offizielle Asylstatistik des BAMF belegt folgende Entwicklung: Nach Inkrafttreten der umfassenden Asylrechtsreform sanken die Bewerberzahlen in Deutschland stark. Nachdem 1993 noch 438.191 Asylanträge zu verzeichnen waren, war bereits 1995 ein rasches Absinken der Asylanträge auf 166.951 zu verzeichnen. Ende der 1990er Jahre nahm die Zahl kontinuierlich ab, so dass 2000 nur noch 117.648 Anträge gestellt wurden, und im Jahre 2004 erreichte die Zahl der Anträge nur noch 50.152. Die Zahlen gehen weiterhin zurück: Im Jahre 2009 wurden insgesamt nur noch 33.033 Asylanträge vom BAMF entgegengenommen (vgl. BAMF 2010, S. 1).[4]

Vor dem Hintergrund der sinkenden Antragszahlen ist die Frage nach der Anerkennungspraxis relevant. Im Jahre 1993 wurden 3,2 Prozent der Anträge nach Art. 16a GG positiv entschieden. Seit Mitte der 1990er Jahre bis heute ist ein stetiger Rückgang zu verzeichnen; die niedrigste Anerkennungsquote (0,8 Prozent) wurde 2006 erreicht. Das Jahr 2009 verzeichnete einen leichten Anstieg: Insgesamt wurden 1,6 Prozent der Asylanträge positiv entschiedenen (vgl. BAMF 2010, S. 6).

Wie die Anerkennungsquote sich auf die Gesamtzahl der in Deutschland lebenden Asylberechtigten über die Jahre auswirkte, wird exemplarisch anhand von folgenden Daten dargestellt: Während zum 31.12.1997 insgesamt 177.339 Personen mit einer Asylberechtigung in der Bundesrepublik lebten,

---

det wurden. 176 Personen erhielten eine Duldung mit einem Aufenthalt von mindestens sechs Jahren (vgl. BT-Drs. 16/13163).

[4] An dieser Stelle sei erwähnt, dass es sich nicht etwa um 33.033 Personen, sondern um 33.033 Asylanträge handelt. Diese Zahl umfasst sowohl Erst-, Zweit- als auch Folgeanträge auf Asyl. Demgegenüber stellten im Jahr 1993 ca. 272.000 Personen erstmals einen Antrag auf Asyl (vgl. BT-Drs. 16/7687).

waren das Ende des Jahres 2007 bereits nur noch 63.364 Personen. Die meisten kamen aus dem Irak, der Türkei, der Islamischen Republik Iran und Afghanistan (vgl. BT-Drs. 16/8321). Ende 2009 sank diese Zahl auf 51.506, darunter lebten 48.743 Personen seit mehr als sechs Jahren in Deutschland mit Asylberechtigung (vgl. BT-Drs. 17/642).

2.2.1 Stellungnahmen zu den Einschränkungen des Asylrechts in Deutschland

Der Richter am Bundesverwaltungsgericht Ralf Rothkegel kommentiert die gravierenden Einschränkungen im Asylverfahren wie folgt: „Das neue Asylrecht bewirkt, dass die Bundesrepublik Deutschland als Zufluchtsland für politisch verfolgte Ausländer auf dem Landweg nicht mehr erreichbar ist. Demjenigen, dem es gelingt sich durch illegale Einreise vor politischer Verfolgung in Sicherheit zu bringen, droht ohne Rücksicht auf seine Verfolgungsfurcht und sein persönliches Schicksal außer Landes verbracht zu werden und dadurch wieder dem Zugriff des Verfolgerstaats preisgegeben zu sein." (Rothkegel 1997, S. 121)

Nuscheler (2004, S. 148) nennt dieses Geschehen im Asylrecht die „Erosion eines Grundrechts" und stellt fest, dass die deutsche Asylpolitik „Stück für Stück von den Verheißungen des Art. 16 GG [abrückte] und sich am Mauerbau um die Festung Europa" beteiligte. Schließlich kommentiert er, dass der Asylkompromiss „aus asyl- und menschenrechtlicher Sicht einen hohen Preis [hatte], weil nur noch wenige Flüchtlinge auf Um- und Irrwegen die Hürden der Drittstaatregelung und eines weiterhin restriktiv gehandhabten Asylrechts überwinden konnten. Sie fallen aus der neuen, an wirtschaftlichen Bedarfskriterien orientierten Maxime der Migrationspolitik heraus: Zuwandern darf nur, wen wir brauchen, aber nicht, wer uns braucht." (ebd., S. 135) Diese Maxime zeigt sich auch in der weiteren Entwicklung des Asylrechts in Deutschland, besonders im Bereich des Bleiberechts.

2.3 Kriterien für die Anerkennung der Flüchtlingseigenschaft nach der GFK

Da in der aktuellen Entscheidungspraxis das Asylgrundrecht des Art. 16a GG aufgrund der Drittstaatenregelung eine geringere praktische Relevanz hat, gewinnt das Abschiebeverbot nach § 60 Abs. 1 Aufenthaltsgesetz an Bedeutung. Nach der Überprüfung der Asylberechtigung gem. Art. 16a GG durch das BAMF werden im nächsten Schritt des gleichen Asylverfahrens mögliche Gründe zur Feststellung eines Abschiebeverbotes geprüft (vgl. Heinhold 2007, S. 102 f.). Selbst wenn die Asylberechtigung vom BAMF nicht festgestellt wird, kann durch die Anerkennung des Abschiebeverbotes und damit der Flüchtlingseigenschaft nach der GFK eine Aufenthaltserlaubnis in Deutschland gewährt werden. Deswegen gilt der asylrechtliche Abschiebeschutz als „unantastbarer Kernbereich des Asylrechts" (vgl. Hailbronner 2006, S. 219).

2.4 Sonstige menschenrechtliche Schutzbestimmungen

Lehnt das BAMF die Gewährung von Asyl in Deutschland ab, darf der Betroffene dennoch nicht abgeschoben werden, wenn festgestellt wird, dass nach der Rückkehr dieser Person in ihr Herkunftsland eine Gefahr für Leben und Freiheit im Sinne der GFK aufgrund ihrer Rasse, Religion, Zugehörigkeit zu einer bestimmten sozialen Gruppe, Staatsangehörigkeit oder wegen ihrer politischen Überzeugung droht (vgl. AufenthG 2009, § 60 Abs. 1). Damit ist die GFK also auch zum Maßstab im deutschen Recht geworden (vgl. Heinhold 2007, S. 120). „Das Abschiebehindernis und der damit verbundene Konventionsstatus greift auch in diesen Fällen ein, wenn einem Asylbewerber in seinem Heimatstaat politische [und nichtstaatliche] Verfolgung drohen würde und ein anderer aufnahmebereiter, sicherer Drittstaat nicht zur Verfügung steht." (Hailbronner 2006, S. 219)

Seit Inkrafttreten des Zuwanderungsgesetzes 2005 führt auch eine Verfolgung durch einen staatsähnlichen Gewaltenträger zur Anerkennung der Flüchtlingseigenschaft und zur Feststellung des Abschiebeverbots. Diese wurde zwar früher auch beachtet, jetzt kann sie aber auch relevant sein, wenn es keinen staatlichen oder quasi-staatlichen Schutz gibt. „Das jetzt geltende Recht stellt in § 60 Abs. 1 AufenthG ausdrücklich klar, dass auch eine nichtstaatliche Verfolgung den Schutzanspruch der GFK auslösen kann, wenn der Staat oder staatsähnliche Akteure einschließlich internationaler Organisationen erwiesenermaßen nicht in der Lage oder nicht willens sind, Schutz vor der Verfolgung zu bieten." (Heinhold 2007, S. 105)

Weiterhin wird den Opfern geschlechtsspezifischer Verfolgung Schutz gewährt. Nach dem Wortlaut des Gesetzes kann eine Verfolgung wegen der

Zugehörigkeit zu einer bestimmten sozialen Gruppe (...) auch dann vorliegen, wenn eine Bedrohung des Lebens, der körperlichen Unversehrtheit oder der Freiheit allein an das Geschlecht geknüpft ist (vgl. AufenthG 2009, § 60 Abs. 1; BMI 2006, S. 56 ff.).

Über die Anerkennung der Flüchtlingseigenschaft im Sinne der GFK nach § 60 Abs. 1 AufenthG entscheidet das BAMF in einem Asylverfahren. Durch diese Anerkennung erhalten die Betroffenen nach § 25 AufenthG eine Aufenthaltserlaubnis, die längstens drei Jahre gilt. Nach drei Jahren ist laut § 26 Abs. 3 AufenthG eine Niederlassungserlaubnis zu erteilen, wenn das Bundesamt mitgeteilt hat, dass die Voraussetzungen für einen Widerruf oder eine Rücknahme nicht vorliegen (vgl. BAMF 2007, S. 53).

2.4.1 Abschiebeverbote

Das Asylverfahrensgesetz bestimmt, dass nach der Ablehnung eines Asylantrags dem BAMF auch die Entscheidung obliegt, ob Voraussetzungen für die Aussetzung der Abschiebung vorliegen (AsylVfG 2008, § 24 Abs. 2). In Deutschland ist die Schutzgewährleistung vor Abschiebung für Flüchtlinge, in deren Herkunftsländern eine Gefahr jenseits einer politischen Verfolgung existiert, in § 60 Abs. 2, 3, 4, 5 und 7 AufenthG geregelt (vgl. AufenthG 2009; Will 2008, S. 104). Die vom BAMF bejahte Gefährdung verpflichtet die Ausländerbehörde zur Erteilung einer Aufenthalthaltserlaubnis (vgl. ebd., S. 106). Wenn allerdings vom Betroffenen kein Asylantrag gestellt wurde, ist das BAMF nicht zuständig und die zuständige Ausländerbehörde ist dazu verpflichtet selbst zu prüfen, ob dem Vollzug einer Abschiebung Hindernisse entgegenstehen (vgl. Heinhold 2007, S. 136).

Abschiebungsverbote ergeben sich, wenn nach der Rückkehr in das Herkunftsland eine konkrete Gefahr besteht, dass eine Person der Folter unterworfen wird (vgl. AufenthG 2009, § 60 Abs. 2).[5] Diese Gefahr muss konkret und individuell

---

[5] Unter Folter werden im Sinne des Übereinkommens gegen Folter der Vereinten Nationen Handlungen verstanden, „durch die einer Person vorsätzlich große körperliche oder seelische Schmerzen oder Leiden zugefügt werden, zum Beispiel um von ihr oder einem Dritten eine Aussage oder ein Geständnis zu erlangen, um sie für eine tatsächlich oder mutmaßlich von ihr oder einem Dritten begangene Tat zu bestrafen oder um sie oder einen Dritten einzuschüchtern oder zu nötigen, oder aus einem anderen, auf irgendeiner Art von Diskriminierung beruhenden Grund, wenn diese Schmerzen oder Leiden von einem Angehörigen des öffentlichen Dienstes oder einer anderen in amtlicher Eigenschaft handelnden Person, auf deren Veranlassung oder mit deren ausdrücklichem oder stillschweigendem Einverständnis verursacht werden. Der Ausdruck umfasst nicht Schmerzen oder Leiden, die sich lediglich aus gesetzlich zulässigen Sanktionen ergeben, dazu gehören oder damit verbunden sind." (Übereinkommen 1984, Art. 1 Abs. 1)

drohen. Von einer Notwendigkeit der Schutzgewährleistung wird in einer sog. Prognoseentscheidung über die Foltergefahr auch dann ausgegangen, wenn in einem bestimmten Land die Folter als Strafe genutzt wird oder nachgewiesen wird, dass eine bestimmte Gruppe regelmäßig oder üblicherweise gefoltert wird. Nach dem neuen Zuwanderungsgesetz ist das Gesetz so auszulegen, dass auch von nichtstaatlichen Akteuren drohende Folter ein Abschiebeverbot begründet (vgl. Heinhold 2007, S. 136 f.). Weiterhin dürfen auch diejenigen schutzsuchenden Personen nicht abgeschoben werden, gegen die in ihrem Herkunftsland die Todesstrafe verhängt wurde und bei denen die Gefahr der Vollstreckung besteht (vgl. AufenthG 2009, § 60 Abs. 3).

Die Ausreisepflicht ist auszusetzen, solange ein förmliches Auslieferungsersuchen oder ein mit der Ankündigung eines Auslieferungsersuchens verbundenes Festnahmeersuchen eines anderen Staates vorliegt (vgl. ebd., § 60 Abs. 4; Heinhold 2007, S. 137). In diesem Fall darf die Person bis zur Entscheidung über die Auslieferung dann in diesen Staat abgeschoben werden, wenn die Behörde, die für die Bewilligung der Auslieferung zuständig ist, dem zustimmt.

Verboten ist eine Abschiebung, „soweit sich aus der Anwendung der Konvention vom 4.11.1950 zum Schutze der Menschenrechte und Grundfreiheiten (BGBl. 1952 II S. 685) ergibt, dass die Abschiebung unzulässig ist." (AufenthG 2009, § 60 Abs. 5) Besteht demnach die Gefahr einer Verletzung der in der Konvention niedergelegten Rechte einer Person seitens eines Staates, begründet dies ein Abschiebeverbot (vgl. Will 2008, S. 105). Es sind somit sämtliche Anordnungen der EMRK relevant, wobei als Hauptanwendungsbereiche Art. 3 (Unmenschliche Behandlung), Art. 6 (Recht auf faires Verfahren), Art. 8 (Recht auf Familienleben und Privatheit) und Art. 9 (Religionsfreiheit) gelten (vgl. AufenthG 2009; EMRK 1950; Heinhold 2007, S. 106 f.).

Schließlich nennt Heinhold § 60 Abs. 7 AufenthG als einen „Auffangtatbestand, der aus nationalem Recht bei den genannten schwerwiegenden Beeinträchtigungen Abschiebungsschutz verspricht", denn das Abschiebeverbot wird auch bejaht, wenn eine Gefahr für Leib, Leben oder Freiheit besteht und diese konkret und individuell den Schutzsuchenden betrifft (vgl. ebd., S. 140 f.). Dann besteht die Möglichkeit der Erlangung einer Aufenthaltserlaubnis aus humanitären Gründen.

2.4.2 Bilanz der Gewährung des Flüchtlingsschutzes in Deutschland

Die Quote der Gewährleistung des Flüchtlingsschutzes nach § 60 Abs. 1 AufenthG blieb im Zeitraum von 1995 bis 2006 meist auf einem niedrigen Niveau zwischen ca. 2 und 5,7 Prozent. Ein größerer Anstieg der Anerkennungsquote ist in den Jahren 2000 (7,9 Prozent) und 2001 (15,9 Prozent) zu verzeichnen. Seit 2007 steigt die Zahl der anerkannten Anträge auf Flüchtlingsschutz stärker an und erreichte in den Jahren 2008 33,9 Prozent sowie 2009 26,6 Prozent (vgl. BAMF 2010, S. 6).

Ende 1997 lebten insgesamt 25.398 Personen mit Flüchtlingsschutz in Deutschland, zum Stichtag 31.12.2007 wurden bereits 62.564 erfasst (vgl. BT-Drs. 16/8321). Bis Ende 2009 stieg die Zahl der Personen mit Flüchtlingsschutz auf 67.585, Hauptherkunftsländer waren der Irak, gefolgt von der Türkei und dem Iran (vgl. BT-Drs. 17/642).

Im Vergleich dazu blieb die Quote von Abschiebeverboten nach § 60 Abs. 2 bis 5 oder § 60 Abs. 7 AufenthG seit 1995 konstant auf einem niedrigen Niveau bei etwa 2 Prozent. Seit 2007 ist ein leichter Anstieg auf 2,7 Prozent zu verzeichnen, und 2009 wurde insgesamt in 5,6 Prozent der Fälle ein Abschiebeverbot festgestellt (vgl. BAMF 2010, S. 6).

Ende 1997 lebten noch insgesamt 329.060 Personen in Deutschland, bei denen Abschiebungshindernisse festgestellt worden waren. In den folgenden Jahren sank diese Anzahl sehr stark und erreichte zum 31.12.2007 die Zahl von 24.187 Personen (vgl. BT-Drs. 16/8321). Danach stieg die Anzahl nur noch minimal: Zum 31.12.2009 hielten sich 24.839 Personen hauptsächlich aus Afghanistan, der Türkei, dem Irak und dem Kosovo in Deutschland auf, nachdem bei ihnen Abschiebungsverbote festgestellt wurden (vgl. BT-Drs. 17/642).

Hier ist allerdings anzumerken, dass die Zahl der gestellten Anträge wie bereits gezeigt seit 1993 kontinuierlich sinkt; im Jahr 2007 wurde die niedrigste Zahl von Asylbewerbern in Deutschland registriert.

Durch die niedrige Anerkennungsquote der Asylberechtigten als auch die niedrige Zahl der anerkannten Flüchtlinge im Bundesgebiet wird die Tendenz deutlich, dass die Asylpolitik Deutschlands durch die Einschränkungen im Grundrecht auf Asyl denjenigen Asylsuchenden, die die Grenzen der Festung Europa erreicht haben, nur in einem sehr geringen Ausmaß einen Schutz mit aufenthaltsrechtlichem Status gewährleistet. Die deutliche Mehrheit der Asylantragsteller wird abgelehnt und ist somit ausreisepflichtig. Dabei ist die Praxis der Widerrufsverfahren des BAMF zu erwähnen, die dazu führte, dass Ende 2009 insgesamt 25.955 Personen in Deutschland lebten, deren Flüchtlingsstatus widerrufen wurde. Betroffen waren hauptsächlich Menschen aus dem Irak, dem ehemaligen Serbien und Montenegro, dem Kosovo und der Türkei. Die überwiegende Mehrheit (25.240 Personen) hielt sich bereits seit länger als sechs Jahre in der Bundesrepublik auf (vgl. BT-Drs. 17/642).

Den Aufenthalt der Flüchtlinge, deren Ausreisepflicht nicht vollzogen werden kann, duldet die Bundesrepublik Deutschland – mit gravierenden Auswirkungen auf die Lebenssituation dieser Menschen. Die sog. Duldung als eine Rechtsstellung, die die Abschiebung dieser Flüchtlinge zeitbefristet aussetzt, schränkt die Teilhabe am gesellschaftlichen Leben in Deutschland deutlich ein.

3. Aufenthaltsrechtlicher Status der Duldung und deren Kritik

Diese Arbeit fokussiert die Bleiberechtsregelung, die langjährig Geduldete betrifft. Dies sind zum überwiegenden Teil diejenigen Personen, deren Asylantrag vom BAMF in der Vergangenheit abgelehnt wurde – mit der Begründung, dass die Voraussetzungen für die Anerkennung als Asylberechtigter nach Art. 16a Abs. 1 GG und für die Anerkennung der Flüchtlingseigenschaft nach § 60 Abs. 1 AufenthG nicht vorlagen, und bei denen auch keine Abschiebeverbote gem. § 60 Abs. 2 bis 5 oder § 60 Abs. 7 AufenthG festgestellt wurden. Ihre Abschiebung wurde aus rechtlichen oder tatsächlichen Gründen zeitbefristet ausgesetzt, und seitdem halten sie sich im Regelfall mit einer Duldung im Bundesgebiet auf.

3.1 Aussetzung der Abschiebung

Nach der Ausschöpfung aller Rechtsmittel zur Anerkennung des Flüchtlingsstatus und zur Regelung des Aufenthaltsrechtes und der daraus resultierenden Unanfechtbarkeit der Ablehnung des Asylantrags erlischt die für die Zeit des Asylverfahrens erteilte Aufenthaltsgestattung. Damit wird die angedrohte Abschiebung vollziehbar, und die Ausländerbehörde ist verpflichtet, die Abschiebung „so rasch wie möglich durchzuführen" (vgl. Heinhold 2007, S. 275). Der tatsächlichen Abschiebung stehen allerdings in der Praxis eine Reihe von

Gründen entgegen. Dies sind u.a. humanitäre Gründe wie eine unsichere Situation im Herkunftsland (etwa ein Bürgerkrieg) und tatsächliche Gründe wie eine Krankheit, die Reiseunfähigkeit wegen Schwangerschaft oder ein instabiler psychischer Zustand. Letztlich gibt es auch faktische und rechtliche Gründe wie die Unmöglichkeit der Feststellung der Staatsangehörigkeit eines Flüchtlings, ein fehlender Pass, fehlende Flugverbindungen oder die Unmöglichkeit, einen aufnahmebereiten Staat zu finden (vgl. ebd.).

Wenn die Abschiebung nicht vollziehbar ist, wird sie für maximal sechs Monate ausgesetzt: „[V]orherrschend [ist hier] der Status bloßer Duldung." (Kühne/Rüßler 2000, S. 105) Dies stellt keinen Aufenthaltstitel dar, sondern „bescheinigt lediglich den zeitlich befristeten Verzicht der Ausländerbehörde auf die zwangsweise Durchsetzung der Ausreisepflicht (Abschiebung) des Ausländers." (Will 2008, S. 59) Die oberste Landesbehörde hat die Befugnis, eine Duldung zu erteilen, solange eine Abschiebung des abgelehnten Asylbewerbers aus rechtlichen und tatsächlichen Gründen unmöglich und die Erteilung einer Aufenthaltserlaubnis ausgeschlossen ist. Dies ist auch der Fall, wenn dringende humanitäre, persönliche oder erhebliche öffentliche Gründe die Anwesenheit des abgelehnten Asylbewerbers in Deutschland erfordern (vgl. AufenthG 2009, § 60 a Abs. 1 u. Abs. 2). Mit einer Duldungsbescheinigung ist deren Inhaber weiterhin ausreisepflichtig, sein Aufenthalt in Deutschland ist also illegalisiert, jedoch nicht strafbar (vgl. AufenthG 2009, § 95 Abs.1 Nr. 2; Keßler 2006, S. 53).

Klaus Lefringhausen bezeichnete als Integrationsbeauftragter der Landesregierung Nordrhein-Westfalen den Bereich der Duldung als eine „Grauzone der Politik (...), [betreffend] Flüchtlinge, die zwar geduldet, aber nicht erwünscht, zwar unerwünscht, aber nicht abschiebbar sind, Menschen also, deren Hauptproblem darin besteht, dass es sie gibt" (Flüchtlingsrat NRW/Hauptstelle RAA/NRW 2004, S. 8).

3.1.1 Residenzpflicht

Die Geduldeten unterliegen einer sog. Residenzpflicht, d.h. dass nicht nur ihr Wohnsitz festgelegt wird, sondern auch ihr Aufenthalt auf den Bezirk der zuletzt zuständigen Ausländerbehörde, auf den betreffenden Landkreis oder in Ausnahmefällen auf das Bundesland beschränkt ist (vgl. AufenthG 2009, § 61). Diese Residenzpflicht verbietet auch kurzfristige Reisen über die erlaubte Zone hinaus (vgl. Will 2008, S. 60) und ist ein in Europa einmaliges Sondergesetz. Das Verlassen des vorgegebenen Aufenthaltsbezirks ist ordnungswidrig (vgl. AufenthG 2009, § 98 Abs. 3). Wird von den Polizeibehörden ein Verstoß gegen die räumliche Beschränkung registriert, so wird dieser in den meisten Fällen aufgenommen und der Vorgang an die zuständigen Ausländerbehörden weitergeleitet. Beate Selders macht darauf aufmerksam, dass durch die polizeiliche Registrierung wegen Verstoß gegen die Residenzpflicht die Zahlen von Straftaten von Menschen ohne deutsche Staatsangehörigkeit erhöht werden (vgl. Selders 2008, S. 4 f.). Sie betont in ihrer Kritik der Residenzpflicht, die Beschränkung der Freizügigkeit der Asylsuchenden sei eine maßgebliche Verhinderung von eben der Mobilität, die in der heutigen Gesellschaft so gefragt ist (vgl. Selders 2009).

Ein einmaliger Verstoß gegen die Residenzpflicht ist eine Ordnungswidrigkeit (vgl. AufenthG 2008, § 95 Abs. 1 Nr. 7); ab dem zweiten Mal besteht das Risiko eines Bußgeldes. Ein wiederholter Verstoß ist zudem bereits strafbar und kann mit Freiheitsstrafe bis zu einem Jahr geahndet werden (vgl. Bleiberechtsbüro 2007b). Die Praxis der Ausländerbehörden, Staatsanwaltschaften und Gerichte der jeweiligen Regionen ist dabei unterschiedlich. Die Strafen können von geringen Geldstrafen bis hin zu mehrmonatigen Freiheitsstrafen reichen. Auch eine weitere Eingrenzung der Residenzpflicht und die Zuweisung in eine Gemeinschaftsunterkunft kann angeordnet werden (vgl. Will 2008, S. 60). Seit Jahren mit Strafverfahren wegen der Residenzpflicht befasste Flüchtlingsräte und Anwälte schätzen, dass 30 Prozent aller Verurteilungen nicht der Gesetzesgrundlage entsprechen (vgl. Selders 2008, S. 5).

Den ihnen vorgegebenen Bezirk bzw. Landkreis dürfen die Flüchtlinge nur mit einer besonderen schriftlichen Genehmigung der Ausländerbehörde verlassen. Die „Verlassensgestattung" wird meistens gegen eine Gebühr ausgestellt, die je nach Behörde unterschiedlich hoch ausfällt (vgl. Classen 2008, S. 23). In Bayern beispielsweise erheben die Behörden für das Erstellen einer Verlassensgestattung eine Gebühr von 15 Euro, in Sachsen-Anhalt 10 Euro (vgl. Selders 2008, S. 5). Lediglich Termine bei Behörden und Gerichten, bei denen persönliches Erscheinen erforderlich ist, dürfen die Personen ohne Erlaubnis wahrnehmen (vgl. Heinhold 2007, S. 67).

In Deutschland wurden bereits Verfassungsklagen wegen der Residenzpflicht erhoben. 1997 entschied das Bundesverfassungsgericht, das Gesetz für räumliche Beschränkung sei mit dem Grundgesetz vereinbar. Weitere Verfassungsbeschwerden werden seitdem nicht mehr angenommen. 2004 klagte der mehrmals mit einer Geldstrafe wegen Verstoßes gegen die räumliche Beschränkung bestrafte Asylbewerber Sunny Omwenyeke gegen die Residenzpflicht vor dem Europäischen Gerichtshof für Menschenrechte (EGMR). Er machte geltend, durch die Residenzpflicht in seinem Recht auf Freizügigkeit verletzt worden zu sein. Mit Entscheidung vom 20.11.2007 hat der EGMR aber die deutschen Vorschriften zur Residenzpflicht für mit der Europäischen Menschenrechtskonvention (EMRK) und insbesondere Art. 2 des Protokolls Nr. 4 zur EMRK („Recht auf Freizügigkeit") vereinbar erklärt. Dies begründete der EGMR damit, dass sich der Beschwerdeführer in den Zeiten, in denen er sich ohne Genehmigung außerhalb des ihm zugewiesenen Bezirks befand, nicht rechtmäßig im deutschen Hoheitsgebiet aufgehalten habe. Das Recht auf Freizügigkeit stehe aber nach seinem Wortlaut nur jenen Personen zu, die sich „rechtmäßig im Hoheitsgebiet eines Staates" befinden. Wann ein Aufenthalt rechtmäßig ist, richte sich nach den nationalen Vorschriften des betreffenden Staates. Da der Beschwerdeführer die deutschen Vorschriften zur Residenzpflicht verletzt habe, könne er sich nicht auf Freizügigkeit berufen. Seine Beschwerde wurde als „offensichtlich unbegründet" abgewiesen (vgl. Europäischer Gerichtshof für Menschenrechte 2007; BMI 2007b). Die rechtspolitische Sprecherin von Pro Asyl, Marei Pelzer, kritisierte das Urteil als „Zirkelschluss", der zu dem Ergebnis führe: „Für Asylbewerber und Ausländer gilt das Menschenrecht auf Freizügigkeit nur in dem Rahmen, in dem es von den staatlichen Organen gewährt wird." (Zirkelschluss 2009) Sie hofft auf neue Verfahren vor dem EGMR und machte darauf aufmerksam, dass eine Überprüfung der Vereinbarkeit der Residenzpflicht mit EU-Richtlinien notwendig sei, da sich der EGMR damit noch nicht beschäftigt habe.

Flüchtlingshilfe- sowie Menschenrechtsorganisationen protestieren gegen die Beschränkung der Bewegungsfreiheit von Asylsuchenden und Geduldeten und fordern die Aufhebung der Residenzpflicht. Die bundesweite „Kampagne zur Abschaffung der Residenzpflicht" der „Karawane für die Rechte der Flüchtlinge und MigrantInnen" forderte dazu auf, Informationen über die Residenzpflicht öffentlich zu verbreiten und Proteste an das Bundesinnenministerium zu formulieren. Die Organisatoren betonten, dass „die Residenzpflicht jeden Gedanken von Integration [negiert]. Sie stellt eine Fortsetzung der rassistischen und faschistischen Ideologie dar, (...) kriminalisiert [MigrantInnen] und präsentiert sie als ‚Fremdkörper' in der Gesellschaft, der letztendlich entfernt bzw. abgeschoben werden muss." (Karawane für die Rechte der Flüchtlinge und MigrantInnen 2004)

3.1.2 Sozialleistungen nach Maßgabe des Asylbewerberleistungsgesetzes

Geduldete haben einen Anspruch auf Sozialleistungen nach Maßgabe des Asylbewerberleistungsgesetzes (AsylbLG). Diese betragen etwa 65 Prozent der ansonsten üblichen Sozialhilfe. Während das Existenzminimum in der Sozialhilfe und beim Arbeitslosengeld durch die Regelleistung von 347 Euro pro Monat gedeckt wird, erhält ein Haushaltsvorstand nach den im AsylbLG immer noch in DM ausgedrückten Regelsätzen monatlich insgesamt 440 DM (224,97 Euro). Dabei wird der notwendige Bedarf an Ernährung, Unterkunft, Heizung, Kleidung, Gesundheits- und Körperpflege und Gebrauchs- und Verbrauchsgütern des Haushalts vorrangig durch Sachleistungen[6] im Wert von 360 DM (184,07 Euro) gedeckt. Die Flüchtlinge erhalten Wertgutscheine, Chipkarten, Essenspakete usw. als Sachleistungen und außerdem 80 DM (40,90 Euro) in bar. Dieser Betrag dient in erster Linie der Befriedigung persönlicher Bedürfnisse des täglichen Lebens (vgl. AsylbLG 2008, § 3). Allen weiteren Haushaltsangehörigen und Kindern stehen niedrigere Sätze zu. Eine bessere Situation haben die Flüchtlinge in Hessen, die statt Sachleistungen Bargeld erhalten und somit eigenständiger über ihre Verpflegung entscheiden können.

Der Umfang der Sozialleistungen für Flüchtlinge wurde im Jahre 1993 mit der Verabschiedung des Asylbewerberleistungsgesetzes auf der Grundlage von Kostenschätzungen festgelegt und im Gegensatz zur allgemeinen Sozialhilfe seitdem nicht erhöht. Kürzungen, die Verweigerung des Barbetrags (des „Taschengeldes") oder der Übernahme von Mietkosten und damit auch eine Einweisung in eine Gemeinschaftsunterkunft sind zulässig und werden von manchen Behörden auch praktiziert (vgl. AsylbLG 2008, § 1a; Classen 2008, S. 95).

---

[6] Das Gesetz sieht vor, dass die sozialen Leistungen vorrangig als Sachleistungen zu gewähren sind. Dadurch soll sichergestellt werden, dass diese ausschließlich zur Bedarfsdeckung in Deutschland dienen (vgl. BAMF 2007, S. 54).

Nach Ablauf von 48 Monaten[7] des Leistungsbezugs können unter bestimmten Voraussetzungen die Leistungen nach dem Sozialgesetzbuch beansprucht werden (vgl. AsylbLG 2008, § 2). Der Leistungsberechtigte darf allerdings „die Dauer des Aufenthalts nicht rechtsmissbräuchlich selbst beeinflusst haben" (vgl. Classen 2008, S. 95).[8]

3.1.3 Unterbringung

Laut Keßler (2006, S. 57) können Geduldete von der Ausländerbehörde zur Wohnsitznahme an einem bestimmten Ort und einer bestimmten Stelle verpflichtet werden wie beispielsweise in einer Gemeinschaftsunterkunft, vor allem wenn die Person ein Sozialleistungsempfänger ist. Da die Sozialämter die Übernahme der Miete für eine von Geduldeten angemietete Wohnung ablehnen können, kann die Wohnsitzauflage erst dann aufgehoben werden, wenn die Person eine Erwerbstätigkeit ausübt, durch die sie sich und ggf. ihre Familie bzw. Bedarfsgemeinschaft voraussichtlich dauerhaft und vollständig unabhängig von Sozialleistungen nach dem Sozialgesetzbuch oder dem Asylbewerberleistungsgesetz finanzieren kann.

3.1.4 Erwerbstätigkeit

Da die Duldung kein Aufenthaltstitel ist, besteht für die betroffen Menschen nach dem Aufenthaltsgesetz zunächst keine Möglichkeit eines Arbeitsmarktzugangs (vgl. AufenthG 2009, § 4 Abs. 2). Die Sperre wird jedoch nach Ablauf von 12 Monaten geduldetem Aufenthalt aufgehoben (vgl. Keßler 2006, S. 57). Damit ist für Geduldete der Zugang zum Arbeitsmarkt zwar möglich, aber nur nachrangig und bedingt. Dies bedeutet, dass eine Person, die nicht länger als vier Jahre im Bundesgebiet geduldet ist, erst nach einer sog. Arbeitsmarktprüfung eine Beschäftigung aufnehmen kann. Diesen Prozess nennt man auch Vorrangprinzip (vgl. Classen 2008, S. 160 ff).[9] Ein Geduldе-

---

[7] Die Wartefrist für die Leistungen nach § 2 AsylbLG wurde ab dem 28.8.2007 im Rahmen des Inkrafttretens des EU-Richtlinienumsetzungsgesetzes von 36 auf 48 Monate verlängert (vgl. Classen 2008, S. 90 f.).

[8] Dabei werden beispielsweise die fehlende Mitwirkung bei der Passbeschaffung oder falsche Angaben zur Identität, die Menschen mit Duldungen oft unterstellt werden, als Versuch einer Abschiebungsverhinderung verstanden (vgl. Classen 2008, S. 90). In solchen Fällen kommt es in der Regel zur Anspruchseinschränkung.

[9] Es bestehen Ausnahmen bei Personen mit geduldetem Aufenthalt von über vier Jahren.

ter darf demzufolge erst dann eine Erwerbstätigkeit ausüben, wenn die Agentur für Arbeit im Rahmen einer Arbeitsmarktprüfung bestätigt, dass kein vorrangig berechtigter Arbeitssuchender (ein Bundesbürger, ein EU-Bürger, ein Ausländer mit unbeschränkter Erlaubnis zur Erwerbstätigkeit) für die angebotene Stelle zur Verfügung steht. In der Praxis sieht das Verfahren folgendermaßen aus: Nachdem ein Geduldeter eine Arbeit bei einem Arbeitgeber gefunden hat, ist er verpflichtet, bei der zuständigen Ausländerbehörde einen „Antrag auf Erlaubnis einer Beschäftigung" zu stellen. Die Ausländerbehörde leitet dies an die Arbeitsagentur weiter, die anhand der „Kriterien für die Prüfung der Arbeitsbedingungen zu § 39 AufenthG" zunächst prüft, „ob der Ausländer nicht zu ungünstigeren Arbeitsbedingungen als vergleichbare deutsche Arbeitnehmer beschäftigt werden soll, was insbesondere bedeutet, dass ihm mindestens der ortsübliche Lohn (wenn auch kein Tariflohn) gezahlt werden muss. Dazu muss der Arbeitgeber der Arbeitsagentur auf dem Formular ‚Stellenbeschreibung' Auskunft über die Bezahlung, Arbeitszeiten und sonstige Arbeitsbedingungen erteilen." (zit. nach Classen 2008, S. 161) Danach kann die Zustimmung seitens der Arbeitsagentur erteilt werden, und der Geduldete ist berechtigt, die von ihm gefundene Arbeitsstelle anzunehmen.

Es ist aber üblich, dass die Arbeitsagentur mit einem „Vermittlungsantrag" dem Arbeitgeber in einem Zeitraum von bis zu sechs Wochen zunächst „bevorrechtigte" Arbeitslose vermittelt. Diese sind dazu verpflichtet, sich für die Stelle zu bewerben und sich ggf. vorzustellen. Nach dieser Prozedur erteilt die Arbeitsagentur ihre Zustimmung, falls „der Arbeitgeber gut begründen kann, dass darunter kein geeigneter Bewerber war, und somit bevorrechtigte Arbeitnehmer nicht zur Verfügung stehen." (ebd.) Die Ausländerbehörde wird darüber informiert, erteilt eine Arbeitserlaubnis für diese gefundene Stelle und berechtigt den Duldungsinhaber zur Arbeitsaufnahme. Die Zustimmung zur Beschäftigungsausübung wird jeweils zu einer bestimmten Duldung erteilt und behält bei weiteren Duldungen ihre Gültigkeit (vgl. BeschVerfV 2008, § 14 Abs. 3; Kühne 2009, S. 259).

Durch das EU-Richtlinienumsetzungsgesetz soll die Erteilung einer Arbeitserlaubnis durch die Ausländerbehörde ohne vorherige Arbeitsmarktprüfung und Prüfung der Arbeitsbedingungen für diejenigen Personen erfolgen, die im Besitz einer Duldung und seit mindestens vier Jahren in Deutschland sind, solange dem keine Ausschlussgründe entgegenstehen (vgl. Classen 2008,

S. 167 f.). Sie haben ein Anrecht auf eine unbeschränkte Arbeitserlaubnis, das heißt zu der Aufnahme einer Beschäftigung jeder Art. „Die Residenzpflicht kann [für den Weg zum Arbeitsplatz] auch aufgehoben werden, (...) spätestens dann wenn nur so die Aufnahme einer gefundenen Arbeit möglich ist." (ebd.)

Unabhängig von ihrer geduldeten Aufenthaltsdauer in Deutschland erhalten diejenigen Personen ein faktisches Erwerbsverbot, die durch ihr Verhalten oder Gründe, die sie selbst zu vertreten haben,[10] eine sonst zumutbare und mögliche Abschiebung verhindern und deren Einreisezweck in Deutschland eine Inanspruchnahme der hiesigen Sozialleistungen war (vgl. BeschVerfV 2008, § 11; Keßler 2006, S. 58).

3.1.5 Teilnahme an Integrationskursen

Einen rechtlichen Anspruch auf Teilnahme an einem Integrationskurs hat ein Duldungsinhaber nicht. Die Teilhabe eines Geduldeten an einem Integrationskurs ist im Rahmen verfügbarer Kursplätze zulässig, jedoch nicht verpflichtend (vgl. AufenthG 2009, § 44 Abs. 4; IntV 2007, § 4 Abs. 1 Satz 1 Nr. 3; Keßler 2006, S. 57).

Während die Kinder mit Duldung durch einen Schulbesuch eine Möglichkeit haben, sich sprachlich und soziokulturell zu integrieren, wird der Spracherwerb für erwachsene Geduldete in Deutschland nicht gefördert. Das bestehende Sprachkursangebot kann von den Geduldeten, die nur über 40 Euro Bargeld pro Monat verfügen, oft nicht in Anspruch genommen werden. Eine Teilnahme an einem Sprachkurs wäre für sie deswegen von großer Bedeutung, da sie durch Sprachbarrieren oft gesellschaftlich isoliert sind. Sie treffen wenig Deutschsprechende und haben somit kaum eine Möglichkeit, die Sprache zu lernen und soziale Kontakte aufzunehmen.

3.1.6 Schulpflicht der Kinder

In den meisten Bundesländern unterliegen Kinder und Jugendliche, die eine Duldung besitzen und ihren „gewöhnlichen Aufenthalt" im schulrechtlichen Sinne in diesen Bundesländern haben, der allgemeinen Schulpflicht, was

---

[10] Dazu zählen z.B. die Täuschung über die Identität und die Staatsangehörigkeit oder falsche Angaben, die für die Unmöglichkeit der Abschiebung ursächlich waren (vgl. Keßler 2006, S. 59).

auch explizit in den Schulgesetzen verankert ist (vgl. Schulgesetze 2010). Manche Bundesländer führten noch vor relativ kurzer Zeit entsprechende Änderungen in das Schulgesetz ein. NRW ergänzte im Februar 2005 sein Schulgesetz, im März folgte Thüringen, so dass auch in diesen beiden Bundesländern ausländische Kinder und Jugendliche mit unsicherem Aufenthaltsstatus schulpflichtig sind (vgl. terre des hommes 2005). Baden-Württemberg verordnete im November 2008, dass auch diejenige minderjährige Person schulpflichtig ist, der „aufgrund eines Asylantrags der Aufenthalt in Baden-Württemberg gestattet ist, oder wer hier geduldet wird, unabhängig davon, ob er selbst diese Voraussetzungen erfüllt oder nur ein Elternteil. Die Schulpflicht beginnt sechs Monate nach dem Zuzug aus dem Ausland und besteht bis zur Erfüllung der Ausreisepflicht." (Schulgesetz BaWü 2008)

In Sachsen wurde eine Regelung jenseits des Schulgesetzes erlassen, in der es heißt, dass unabhängig vom Aufenthaltsstatus die Schulpflicht am ersten Tag des Aufenthaltes im Freistaat Sachsen beginnt (ausgeschlossen sind die Zeiten in einer Erstaufnahmeeinrichtung). Das Saarland nimmt für die Kinder von Geduldeten anstelle der Schulpflicht nur ein freiwilliges Schulbesuchsrecht an.

Das hessische Kultusministerium gibt an, das Hessische Schulgesetz knüpfe die Schulpflicht an die Voraussetzung, dass die Betreffenden ihren Wohnsitz, ihren Aufenthalt oder ihre Ausbildungs- bzw. Arbeitsstätte in Hessen haben. Für eine weitergehende Regelung werde vom Gesetzgeber keine Notwendigkeit gesehen. Ergänzend wurde eine Verordnung zum Schulbesuch von Schülerinnen und Schülern nichtdeutscher Herkunftssprache erlassen, mit der Kindern und Jugendlichen mit unsicherem Aufenthaltsstatus ebenfalls ein freiwilliges Schulbesuchsrecht gewährt wird: „Schülerinnen und Schüler, die nicht schulpflichtig sind, aber ihren tatsächlichen Aufenthalt im Lande Hessen haben, sind zum Schulbesuch berechtigt." (Verordnung Hessen 2008, § 3 Abs. 3) Eine weitere gesetzliche Verankerung wurde bislang nicht erwogen. In der Landesregierung wird aber aufgrund eines entsprechenden Landtagsbeschlusses an einer Lösung gearbeitet, um Kindern und Jugendlichen ohne festen Aufenthaltsstatus den Schulbesuch zu ermöglichen.

3.1.7 Medizinische Versorgung

Geduldete Flüchtlinge sind nicht gesetzlich krankenversichert. Die ihnen zustehende medizinische Versorgung regelt das Asylbewerberleistungsgesetz, das den Anspruch gegenüber dem eines Mitglieds der Gesetzlichen Krankenversicherungen erheblich einschränkt. Leistungen zur medizinischen Versorgung werden nur bei akuter Krankheit bzw. akutem Behandlungsbedarf oder bei schmerzhafter Krankheit gewährt sowie für unerlässliche Behandlungen zur Sicherung der Gesundheit (vgl. AsylbLG 2008, § 4 und § 6). Erst wenn Geduldete Leistungsempfänger nach dem Sozialgesetzbuch sind, können sie gesetzlichen Krankenversicherungsschutz in Anspruch nehmen (vgl. Keßler 2006, S. 64).

3.1.8 Familiennachzug

Geduldete haben keinen Anspruch auf Familiennachzug. Vom Schutz von Ehe und Familie nach dem Grundgesetz und der Europäischen Konvention zum Schutze der Menschenrechte und Grundfreiheiten ist die Familie eines Geduldeten nur dann erfasst, wenn Familienangehörige bereits in Deutschland leben und mit einem Duldungsinhaber zusammen wohnen. Dieser Schutz greift vor allem in Form eines Abschiebehindernisses, wenn etwa die Abschiebung eines Familienangehörigen eine dauerhafte Trennung der Familie bedeuten würde. Andererseits gibt es jedoch keinen generellen Anspruch, nur gemeinsam abgeschoben zu werden. In der Praxis werden Familienangehörige oft getrennt voneinander abgeschoben (vgl. Keßler 2006, S. 56 f.).

3.1.9 Zusätzliche Restriktionen

Neben den bisher genannten Einschränkungen, denen die Geduldeten unterliegen, ist zusätzlich erwähnenswert, dass die Ausländerbehörde bei der Erteilung einer Duldungsbescheinigung berechtigt ist, weitere Bedingungen und Auflagen gegenüber einer geduldeten Person anzuordnen (vgl. AufenthG 2009, § 46 Abs. 1). Das Gesetz definiert den Inhalt und die Art der zusätzlichen Bedingungen allerdings nicht. Es können aber Maßnahmen zur „Förderung der Bereitschaft zur Ausreise" angeordnet werden. „Solche Maßnahmen sind etwa die Auferlegung bestimmter Handlungspflichten, z.B. regelmäßige Vorsprache oder das Gebot, finanzielle Mittel für die Heimreise anzusparen." (Keßler 2006, S. 54) Dies ist zwar nur im Rahmen eines sog. Ermessensspielraums und nur dann zulässig, wenn dadurch das im Asylbewerberleistungsgesetz festgesetzte Existenzminimum nicht unterschritten wird und der Betroffene mit einer Ausreise in nächster Zeit zu rechnen hat. Hier wird ersichtlich, welche gesetzlichen Mittel existieren, die ohnehin prekäre Lebenssituation dieser Menschen noch mehr zu verschlechtern. Dies wird ebenfalls deutlich an folgender Begründung: „Die von [der Ausländerbehörde] ausgesprochenen Einschränkungen [finden] ihre Rechtfertigung im Zweck des Gesetzes, also der Sicherstellung der Ausreise und der Verhinderung des Untertauchens." (Beschluss 13 VG 5857/2003 des Verwaltungsgerichts Hamburg, zit. in: Keßler 2007, S. 54) Feststellbar ist in diesem Kontext ein Paradigmenwechsel im Aufenthaltsgesetz − „weg von einer bloß ordnungsrechtlichen Behandlung des Aufenthalts von Ausländern hin zu dessen inhaltlich-perspektivistischer Ausgestaltung." (Kühne 2009, S. 254)

3.2 Kritik der Kettenduldung

Die Lebenssituation der Menschen mit dem „Quasi-Aufenthaltsrecht", wie Hailbronner (2006, S. 211) die Duldung nennt, ist von permanenter Furcht vor Abschiebung und Prekarität geprägt. Da die Duldung jederzeit widerrufen werden kann, ist „der Lebensrhythmus [der Geduldeten] von den kurzfristigen Intervallen der Duldung und möglicherweise erneuter Duldung [bestimmt] und von der ständigen Furcht, mit staatlichen Zwangsmitteln ins Herkunftsland zurückgeführt zu werden". (Kühne/Rüßler 2000, S. 106) Dieser Zustand kann sich über Jahre hinweg erstrecken, so dass von einer Kettenduldung gesprochen werden kann.

Die aufenthaltsrechtlichen Rahmenbedingungen der Duldung halten deren Inhaber von der gesellschaftlichen Teilhabe faktisch fern, sie leben isoliert und marginalisiert. Zum einen wird der Zugang zum Arbeitsmarkt für Geduldete sehr erschwert, was problematisch ist, da die Erwerbstätigkeit eminent wichtig ist für das Selbstwertgefühl und die soziale Anerkennung der Menschen. Kühne (2009, S. 253) betont die Bedeutung des Rechts bzw. der Möglichkeit, eine Erwerbstätigkeit aufzunehmen und hält dieses für einen „entscheidende[n] Indikator sozialer Integration in einer von ökonomischen Austauschbeziehungen geprägten Aufnahmegesellschaft. [Die Arbeitsaufnahme] ist *ökonomisch* grundlegend, weil nur so eine unabhängige Einkommenssicherung erzielt, also die stigmatisierende Abhängigkeit von staatlicher Alimentierung überwunden werden kann."

Ferner spielt die Ausübung einer Erwerbstätigkeit auch eine psychologische Rolle „im Sinne der Bestätigung des Selbstwertgefühls und des Gefühls der Zugehörigkeit zur Aufnahmegesellschaft" und hat eine sozio-integrative Funktion „als Einstieg in das Rollengefüge und Statussystem der Aufnahmegesellschaft und die damit gegebenen Möglichkeiten verstetigter und gleichzeitig ‚normalisierter' Interaktionen und Kommunikationen" (ebd.). Darüber hinaus haben die Ausgrenzung aus dem Arbeitsmarkt und die somit erzwungene Erwerbslosigkeit negative psychische Auswirkungen auf die Betroffenen und kann vor allem bei traumatisierten Menschen ein Gefühl der Perspektiv- und Sinnlosigkeit hervorrufen (vgl. Kirchner 2007). Dies macht sich besonders bei Jugendlichen bemerkbar. „[D]as erzwungene Nichtstun nach Erfüllung der Schulpflicht [kann] weitreichende psychosoziale Folgen [Zukunftsängste] für Heranwachsende haben." (EQUAL 2007, S. 10 f.)

Die Aufnahme einer Erwerbstätigkeit, die nach Ablauf von einem Jahr für Geduldete rechtlich nicht mehr verboten ist, wird ihnen durch das strenge Selektionsverfahren der Ausländerbehörde sowie der Agentur für Arbeit und das geltende Vorrangprinzip oft verweigert, da Geduldete per Gesetz als „nachrangige" Arbeitsmarktteilnehmer definiert sind. „‚Nachrangigkeit' bedeutet somit in der Mehrzahl der Fälle den Ausschluss vom Arbeitsmarkt." (Kühne 2009, S. 254) Wenn die Arbeitserlaubnis erteilt wird, ist diese nur für die Dauer der jeweiligen Duldung gültig, worauf viele Arbeitgeber sich nicht gerne einlassen. Ferner ist durch die bestehende Residenzpflicht (abgesehen von der dadurch gravierend beschränkten Bewegungsfreiheit dieser Menschen) die Möglichkeit zur Arbeitssuche auf jenen Bezirk beschränkt, der der Person von der Ausländerbehörde zugewiesen wurde. Durch diese schwierigen Bedingungen der Arbeitsaufnahme ist die Chance, ein eigenes Einkommen zu erzielen, und sich schließlich aus der Abhängigkeit staatlicher Alimentierung zu lösen, für die Geduldeten sehr gering. Somit sind sie jahrelang von Leistungen nach dem Asylbewerberleistungsgesetz abhängig und werden weiter in die Isolation gedrängt. Erst seit der Änderung des Zuwanderungsgesetzes 2007 in Folge der Umsetzung von EU-Recht kann das Vorrangprinzip bei der Beschäftigung eines seit über vier Jahren Geduldeten aufgehoben werden.

Neben der nach dem Asylbewerberleistungsgesetz stark verminderten Gesundheitsversorgung für Geduldete sind auch die Regelsätze der Leistungen nach diesem Gesetz kritisch zu betrachten. Sie wurden trotz steigender Preise seit der Festlegung im Jahre 1993 nicht erhöht und sind deutlich niedriger als die Leistungen des Arbeitslosengeldes II. Zur Führung eines laut Grundgesetz garantierten menschenwürdigen Lebens gehört es, dem erwachsenen Menschen die Möglichkeit zu geben, die Befriedigung seiner persönlichen Bedürfnisse des täglichen Lebens grundsätzlich frei zu gestalten (vgl. Classen 2008, S. 100). Die Sachleistungen in Form von Essenspaketen aber verweigern einem erwachsenen Menschen die Möglichkeit, seine Bedarfsdeckung frei nach seinen Vorlieben und Bedürfnissen sowie kulturellen und ggf. auch religiösen Gewohnheiten zu gestalten. Darüber hinaus gewährleisten 40 Euro Bargeld monatlich keinen Mindeststandard an Persönlichkeitsentfaltung. Zudem kann selbst dieser niedrige Betrag gekürzt oder sogar verweigert werden. Classen macht darauf aufmerksam, dass Kürzungen und Verweigerung des Barbetrags beispielsweise in Berlin von manchen Bezirksämtern häufig praktiziert werden und bis zur vollständigen Einstellung sämtlicher Leistungen reichen. Diese Praxis wird von Flüchtlingsorganisationen und Wohlfahrtsverbänden als „Abschieben durch Aushungern" kritisiert (vgl. ebd., S. 85).

Für Kinder im schulpflichtigen Alter stehen zwar schulische Angebote offen. Zu berücksichtigen ist jedoch, dass die eingeschränkten Rechte der Flüchtlingsfamilien eine soziale Isolation der Kinder nach sich ziehen können.

Kühne macht darauf aufmerksam, dass auch die in Deutschland geborenen und aufgewachsenen Kinder und Jugendlichen, die lediglich den Status einer Duldung haben, nach ihrem Schulabschluss mit Perspektivlosigkeit zu kämpfen haben, „denn auch für sie gilt das Prinzip der Nachrangigkeit beim Zugang zum Ausbildungs- und Arbeitsmarkt. Auch sie sind von Integrationsangeboten weitestgehend ausgeschlossen. Ein Hochschulstudium scheitert zumeist am Ausschluss jeglicher staatlichen Förderung bei gleichzeitigem Entzug der bis dahin gewährten Sozialleistungen." (Kühne 2009, S. 263) Diese Regelung galt bis zum Inkrafttreten des Arbeitsmigrationssteuerungsgesetzes am 1.1.2009, in dem das Prinzip der Nachrangigkeit für Geduldete abgeschafft wurde.

Dies sind nur exemplarisch dargestellte Probleme, die aus der Duldung resultieren. Zusammenfassend lässt sich sagen, dass durch die rechtlichen Rahmenbedingungen der vorübergehenden behördlichen Tolerierung des Aufenthalts jegliche Interaktionsmaßnahmen und staatliche Integrationsleistungen den Geduldeten in Deutschland versagt sind. „Noch so humanitär gemeinte Duldungen schlagen dann in Inhumanität um, wenn sie über Jahre hin anhalten und dafür herhalten müssen, den Betroffenen eine dauerhafte Aufenthalts- und Lebensperspektive zu verweigern." (Kühne/Rüßler 2000, S. 605)

3.2.1 Zahl der langjährig geduldeten Flüchtlinge in Deutschland (Ende Oktober 2006)

Vor der Verabschiedung des Bleiberechtsbeschluss hielten sich Ende Oktober 2006 nach Angaben des Bundesministeriums des Innern (BMI) 178.326 Personen mit einer Duldung in der Bundesrepublik auf (darunter fallen auch Menschen mit einer Aufenthaltsgestattung zwecks laufendem Asylverfahren, von denen rund 6.150 bereits seit mindestens sechs Jahren und 2.735 seit mindestens acht Jahren in Deutschland lebten). Etwa 100.000 der Personen mit Duldungen hielten sich zu dem genannten Zeitpunkt seit mindestens sechs Jahren in der Bundesrepublik auf und etwa 70.000 seit mindestens acht Jahren. Die größte Gruppe langjährig Geduldeter (57.877) stammte aus dem ehemaligen Jugoslawien, die zweitgrößte aus der Türkei (12.078), 10.682 Geduldete kamen aus dem Irak. Die Staatangehörigkeit von 10.399 langjährig Geduldeten war zu diesem Zeitpunkt nicht geklärt. Weitere größere Herkunftsländer der Personengruppen waren Syrien, gefolgt von Libanon, Iran, Vietnam, Afghanistan und Bosnien-Herzegowina.

Zum Stichtag, dem 31.10.2006, hielten sich 58.160 langjährig Geduldete in Nordrhein-Westfalen[11] auf, 22.870 Duldungsinhaber lebten in Niedersachsen. Die drittgrößte Gruppe der langjährig Geduldeten wurde in Baden-Württemberg (21.964) gemeldet, gefolgt von Hessen (13.476) und Bayern

---

[11] Die große Anzahl der Geduldeten in Nordrhein-Westfalen ist auf die Aufnahmequote von Asylbewerbern in Deutschland zurückzuführen. Diese wird nach dem sogenannten Königsteiner Schlüssel berechnet und jedes Jahr anhand der Steuereinnahmen und der Bevölkerungszahl der Bundesländer bestimmt. Die Aufnahmequote für Nordrhein-Westfalen betrug im Jahr 2005 21,6 Prozent (vgl. BAMF 2007). Diese Quoten veränderten sich in den vergangenen Jahren nur minimal (vgl. BAMF 2008).

(12.379 Personen).[12] Die Bundesländer mit der geringsten Anzahl von langjährig Geduldeten waren Thüringen mit 2.446 Personen, Mecklenburg-Vorpommern (2.382) und das Saarland (2.032)[13] (vgl. BT-Drs. 16/7089).

3.3 Bisherige Vorschläge zur Lösung der Kettenduldungen

3.3.1 Vorschläge der Süssmuth-Kommission

Am 4.7.2001 veröffentlichte die Bundesregierung den Bericht der sog. Süssmuth-Kommission. Die unabhängige Sachverständigenkommission war vom damaligen Bundesinnenminister Otto Schily (SPD) im September 2000 einberufen worden und arbeitete unter Leitung von Rita Süssmuth (CDU). Ihr Bericht trägt den Titel „Zuwanderung gestalten – Integration fördern". Neben den Vorschlägen zur Steuerung der arbeitsmarktorientierten Zuwanderung nach Deutschland und zur Integration der Einwanderer in die Aufnahmegesellschaft beinhaltet der Bericht auch Vorschläge zum Asylrecht und zur Asylpolitik der Bundesrepublik (vgl. Nuscheler 2004, S. 158 ff.; Butterwegge 2009). Die Kommission plädierte unter anderem für eine Beschleunigung des Asylverfahrens (vgl. Zuwanderung gestalten Integration fördern, Bericht der unabhängigen Kommission v. 4.7.2001, S. 128) und äußerte sich kritisch zur Praxis der Kettenduldung. Die Kommission stellte ausdrücklich fest: „Es liegt im originären Interesse jedes Aufnahmelandes, dass Ausländer, deren Aufenthalt aus humanitären Gründen auf längere Zeit nicht beendet werden kann und die deshalb voraussichtlich auf Dauer im Lande bleiben werden, so früh wie möglich integriert werden." (ebd., S. 166) Deswegen schlug die Kommission vor, die Überführung von einer Duldung zur Aufenthaltserlaubnis zu erleichtern, so dass die Praxis der Kettenduldung beendet werden kann.

Um den Automatismus der Verlängerung einer Duldung zu verhindern, sollte ein Prüfmechanismus geschaffen werden, der die Ausländerbehörden verstärkt dazu anhält, bei Ablauf der Duldungsfrist zu prüfen, ob die Erteilung einer Aufenthaltserlaubnis in Betracht kommt (vgl. ebd., S. 167). Eine Aufenthaltserlaubnis sollte in Fällen erteilt werden, „in denen ein Abschiebungshin-

---

[12] Die Aufnahmequoten betrugen im Jahre 2005 für Bayern 14,9 Prozent, für Baden-Württemberg 12,8 Prozent, für Niedersachsen 9,2 Prozent und für Hessen 7,1 Prozent (vgl. BMI 2007a).

[13] Die Aufnahmequote betrug für Thüringen im Jahr 2005 2,9 Prozent, für Mecklenburg-Vorpommern 2,1 Prozent und für das Saarland 1,2 Prozent (vgl. BAMF 2007 und 2008).

dernis nicht vom Betroffenen selbst zu vertreten ist und dieser auch alles Zumutbare zu seiner Beseitigung unternommen hat." (ebd.) Die Gewährleistung einer Aufenthaltserlaubnis für langjährige Geduldete sollte auf der Rechtsbasis des zu der Zeit geltenden § 30 Ausländergesetzes[14] ermöglicht werden, der aus humanitären Gründen die Erteilung einer Aufenthaltserlaubnis vorsah.

3.3.2 Änderung im Zuwanderungsgesetz bezüglich der Duldungen

Im Gesetzgebungsverfahren zur Änderung des Zuwanderungsgesetzes war es erklärte Absicht, Kettenduldungen zu verhindern – durch eine Beschränkung des Anwendungsbereichs der Duldung. Seit dieser Änderung sieht § 60a des AufenthG zwar weiterhin die Duldung als Form einer „vorübergehenden Aussetzung der Abschiebung" vor; gem. § 25 AufenthG kann jedoch eine Aufenthaltserlaubnis mit Blick auf humanitäre Gründe erteilt werden. Dies gilt z.B. für Personen, die vollziehbar ausreisepflichtig sind, deren Abschiebung jedoch aus rechtlichen oder tatsächlichen Gründen seit achtzehn Monaten ausgesetzt ist und mit der in absehbarer Zeit nicht zu rechnen ist (vgl. AufenthG 2009, § 60 Abs. 5; BT-Drs 16/687).

Die Reaktionen auf diese Vorschläge bezüglich des Zuwanderungsgesetzes waren zunächst positiv. Der damalige Bundesinnenminister Otto Schily (SPD) erklärte in der Debatte zur Verabschiedung des Zuwanderungsgesetzes vor dem Deutschen Bundestag: „Dass wir die Kettenduldungen, die mit Recht immer als besonders schlimmer Zustand angeprangert wurden, abschaffen, ist, finde ich, ein großer Fortschritt." (Schily 2004, S. 10720 C) Auch der saarländische Ministerpräsident Peter Müller (CDU), der für die CDU/CSU im Vermittlungsausschuss die Verhandlungen leitete, hielt es für „richtig und von der Sache her auch vernünftig, dass wir im Bereich der Kettenduldungen wesentliche Änderungen vornehmen und den Status derjenigen, die dauerhaft oder langfristig bei uns sind, ohne dass die Dauer des Aufenthaltes durch eigenes schuldhaftes Verhalten verursacht ist, verbessern." (Müller 2004, S. 10711 C)

---

[14] Das Ausländergesetz (AuslG) trat im Jahre 2005 mit dem Inkrafttreten des Zuwanderungsgesetzes außer Kraft und wurde durch das Aufenthaltsgesetz ersetzt. Die Erteilung der Aufenthaltserlaubnis nach § 30 AuslG entspricht im Aufenthaltsgesetz § 23 AufenthG (vgl. § 23 AufenthG – Aufenthaltsgewährung durch die oberste Landesbehörden; Aufnahme bei besonders gelagerten politischen Interessen).

Es stellte sich jedoch heraus, dass die Behörden von ihrem Ermessensspielraum nur äußerst selten Gebrauch machten, da das BMI und die Innenminister der Länder in ihren Anwendungshinweisen verdeutlichten, dass § 25 Abs. 4 des Aufenthaltsgesetzes (Aufenthalt aus humanitären Gründen) nur in höchst spezifischen Sondersituationen angewandt werden dürfe (vgl. Kühne 2005, S. 127 ff.). In den meisten Bundesländern erhielten nur wenige der über Jahre geduldeten Menschen nach der Gesetzesänderung eine Aufenthaltserlaubnis. Für die meisten der geduldeten Menschen änderte sich der unsichere Rechtsstatus jedoch nicht. Lediglich in Rheinland-Pfalz gab es eine Aufenthaltserlaubnis für über 1.000 geduldete Personen (vgl. BT-Drs. 16/687; Amnesty International 2006a, S. 5). Vor diesem Hintergrund kam es im Herbst 2006 zu einer intensiven Diskussion um ein neues humanitäres Bleiberecht, das insbesondere die Praxis der jahrelangen Kettenduldung bundeseinheitlich beenden sollte.

4. Bleiberechts- und Altfallregelung (2006/2007)

4.1 Entstehungshintergrund

Die Notwendigkeit der Veränderung der rechtlichen Rahmenbedingungen für ausreisepflichtige Flüchtlinge, die sich nach der Ablehnung ihres Asylantrags seit Jahren ohne sicheres Aufenthaltsrecht im Bundesgebiet aufhalten, thematisierten unter anderem Politiker/innen der Fraktion Bündnis 90/Die Grünen (vgl. BT-Drs. 16/687), der Fraktion Die LINKE (vgl. BT-Drs. 16/369) sowie der Deutsche Anwaltsverein (vgl. Deutscher Anwaltsverein 2005). Grundlegend war aber vor allem das Engagement der Flüchtlings- und Menschenrechtsorganisationen, der Flüchtlingsräte sowie anderer zivilgesellschaftlicher Initiativen, die das Bleiberecht für Flüchtlinge zum Thema politischer Debatten machten. Die Kritiker der Kettenduldungen sprachen sich dafür aus, den hier integrierten Flüchtlingen, deren Lebensmittelpunkt bereits seit vielen Jahren in Deutschland liegt, endlich Zukunftsperspektiven zu bieten, wirkliche Integrationschancen zu gewähren und einen selbstständigen Aufbau des Lebens in Deutschland zu fördern. Die dargestellten Vorschläge der Süssmuth-Kommission und die Änderung in Bezug auf den Duldungsstatus im Zuwanderungsgesetz von 2005 waren aus ihrer Sicht nicht ausreichend und führten nicht zur Abschaffung der Kettenduldung.

Zunächst wurde am 17.11.2006 auf der Innenministerkonferenz (IMK) in Nürnberg die Bleiberechtsregelung beschlossen. Diese stellte einen entscheidenden Schritt in Richtung Novellierung des Aufenthaltsgesetzes dar. In der Einleitung zum Bleiberechtsbeschluss wurde das Ziel der Regelung folgendermaßen formuliert: „Die IMK ist zuversichtlich, dass im Rahmen des Gesetzgebungsverfahrens Lösungen gefunden werden können, die es erlauben, dem betroffenen Personenkreis ein gesichertes Aufenthaltsrecht gewährleisten zu können, die Zuwanderung in die Sozialsysteme zu vermeiden und nachhaltige Bemühungen der Betroffenen um ihre Integration in die deutsche Gesellschaft zu fördern." (IMK 2006, S. 16)

Der Bleiberechtsbeschluss der IMK ist keine bundeseinheitlich bindende Rechtsgrundlage. Er bietet den Ländern beim Erlass der Anordnung zur Umsetzung des IMK-Beschlusses einen gewissen Entscheidungsspielraum (vgl. Marx 2006). Folglich musste jedes Bundesland eine Verordnung gem. § 23 Abs. 1 AufenthG erlassen, die eine gesetzliche Grundlage für die Gewährung des Aufenthaltsrechts für die oben genannten Personengruppen darstellt. In der Bleiberechtsregelung wird der betreffende Personenkreis präzise beschrieben; die zuständige Landesbehörde bestimmt jedoch zusätzlich konkrete Erteilungsvoraussetzungen und Ausschlussgründe.[15]

Die Rechtsgrundlage des Bleiberechtsbeschlusses bildet das Aufenthaltsgesetz, das die oberste Landesbehörde berechtigt, „aus völkerrechtlichen oder humanitären Gründen oder zur Wahrung politischer Interessen der Bundesrepublik Deutschland" anzuordnen, dass „die Abschiebung von Ausländern aus bestimmten Staaten oder von in sonstiger Weise bestimmten Ausländer-

---

[15] Die Ländererlasse können daher einen unterschiedlichen Schwerpunkt bei der Interpretation des IMK-Beschlusses wählen und die Regelung unterschiedlich auslegen. So ergänzte beispielsweise das Innenministerium von Baden-Württemberg die Regelung mit eigenen Hinweisen zur Anwendungspraxis, in Hessen gibt es dagegen keine ergänzenden Erlasse. Signifikant sind ferner die Unterschiede bei der Interpretation der Ausschlussgründe. In Mecklenburg-Vorpommern ist das vorherige „Untertauchen" bei der späteren Erteilung einer Aufenthaltserlaubnis unschädlich, in Thüringen schließt dies den Betroffenen aus der Bleiberechtsregelung aus. Auch die Aufenthaltszeiten und der Aufenthaltszweck werden je nach Bundesland unterschiedlich berechnet. Zum Teil entsprechen sich die Ländererlasse jedoch auch. So ist z.B. die Erteilung von Aufenthaltstiteln in allen Bundesländern (bis auf Schleswig-Holstein) von der Erfüllung der Passpflicht abhängig. Manche Erlasse führen zu einer teilweise restriktiveren Umsetzung der Bleiberechtsregelung, was anhand der statistischen Bilanz (im Kapitel 5.1) deutlich wird.

gruppen allgemein oder in bestimmte Staaten für längstens sechs Monate ausgesetzt wird." (AufenthG 2009, § 23 Abs. 1; vgl. Heinhold 2007, S. 148)

Am 28.8.2007 – knapp ein Jahr nach dem Inkrafttreten der Bleiberechtsregelung – trat auf Beschluss des Deutschen Bundestages eine bundesweit einheitliche Altfallregelung nach dem Aufenthaltsgesetz in Kraft. Im Gegensatz zur Umsetzung des IMK-Beschlusses ist jedoch nicht die Auslegung durch die Innenministerien, sondern der Wortlaut des Gesetzes entscheidend und gerichtlich überprüfbar.

Wesentliche Bestandteile der Bleiberechtsregelung von 2006 wurden in das zweite Änderungsgesetz übernommen und im Aufenthaltsgesetz verankert. Mittlerweile existieren die IMK-Regelung und die gesetzliche Altfallregelung parallel (vgl. BT-Drs. 16/10781). Somit gelten mit dem Inkrafttreten von § 104a und § 104b AufenthG bei der Erteilung des Bleiberechts fast dieselben Voraussetzungen, die im Fall des IMK-Beschlusses gültig waren.

Sowohl der Bleiberechtsbeschluss als auch die Altfallregelung benennen und kennzeichnen die Betroffenen als „faktisch wirtschaftlich und sozial integrierte ausländische Staatsangehörige". § 104a AufenthG sieht eine „Aufenthaltserlaubnis auf Probe" vor. Dies bedeutet, dass der Antragsteller eine Aufenthaltserlaubnis mit einer eingeschränkten Gültigkeit erhalten kann, auch wenn zum Zeitpunkt der Antragstellung nicht alle Vorraussetzungen erfüllt sind, wobei es sich hier im Wesentlichen um die Voraussetzung der Sicherung des Lebensunterhaltes handelt. Ursprünglich wurde diese Frist auf den 31.12.2009 festgelegt. Eine Anschlussregelung vom 4.12.2009 verlängerte jedoch die Gültigkeit einer „auf Probe" erteilten Aufenthaltserlaubnis um zwei Jahre, d.h. bis Ende 2011.

4.2 Verhältnis der gesetzlichen Altfallregelung zum IMK-Beschluss

Die Anträge, die auf Erteilung oder Verlängerung der Aufenthaltserlaubnis gem. § 23 Abs. 1 AufenthG in Verbindung mit dem Bleiberechtsbeschluss 2006 gestellt wurden, zum Zeitpunkt des Inkrafttretens der Altfallregelung 2007 aber noch nicht entschieden waren, sollen automatisch nach §§ 104a oder 104b AufenthG bearbeitet werden. Die Bundesregierung wies jedoch 2008 darauf hin, dass selbst im Jahre 2008 einige Bundesländer noch Aufenthaltserlaubnisse nach der Bleiberechtsregelung erteilten, wenn diese für die Betroffenen günstiger waren. Dies galt insbesondere für Berlin, Brandenburg, Hessen und Nordrhein-Westfalen (vgl. BT-Drs. 16/9906).

4.3 Erteilungsvoraussetzungen

Die im Folgenden dargestellten Voraussetzungen beziehen sich auf die Kriterien für die Erteilung der Aufenthaltserlaubnis auf der gesetzlichen Grundlage gem. § 104a AufenthG i. V. m. § 23 Abs. 1 AufenthG. Um einen Vergleich zu ermöglichen, werden auch Unterschiede zu den im Bleiberechtsbeschluss 2006 formulierten Anforderungen aufgezeigt. Der Schwerpunkt der Darstellung liegt jedoch auf den neuen Entwicklungen

Die Frist für einen Antrag auf Erteilung der Aufenthaltserlaubnis auf Grundlage des IMK-Beschlusses wurde in den meisten Bundesländern auf den 18.5.2007 festgelegt (vgl. Marx 2006, S. 1). Die Antragsfrist für die bundesgesetzliche Bleiberechtsregelung (§ 104a und 104b AufenthG) lief am 1.7.2008 aus. Im Gesetz selbst ist keine Frist für die Stellung eines Bleiberechtsantrags festgelegt. Sie wird jedoch indirekt über die Anwendungshinweise des Bundesinnenministeriums (BMI) vom 19.8.2007 hergeleitet, wonach die Sprachkenntnisse bis zum 1.7.2008 nachgewiesen werden müssen (vgl. BMI 2007a, S. 74 ff., S. 325). Von allen Antragstellern wird die Erfüllung der Passpflicht gefordert. Kann der Betroffene zur Zeit der Antragstellung keinen Pass vorzeigen, wird geprüft, ob er bei der Beschaffung des relevanten Dokuments genügend mitgewirkt hat (vgl. AsylVfG 2008, § 15 Abs. 6; Marx 2006, S. 8).[16]

4.3.1 Der begünstigte Personenkreis

Beide Regelungen enthalten einen sog. Stichtag. Der IMK-Bleiberechtsbeschluss verweist zunächst auf „ausreisepflichtige ausländische Staatsangehörige", die sich am 17.11.2006 seit mindestens sechs Jahren in häuslicher Gemeinschaft (mit mindestens einem minderjährigen Kind) oder seit mindestens acht Jahren allein in der Bundesrepublik aufhielten. Der acht- bzw. sechsjährige Aufenthalt gilt auch bei der gesetzlichen Altfallregelung als Grundvoraussetzung. Hier gilt allerdings als Stichtag der 1.7.2007.

---

[16] Bei Feststellung der Nichterfüllung der Mitwirkungspflicht greifen die Ausschlussgründe der Altfallregelung (vgl. Kapitel 4.4).

Der IMK-Beschluss wies auf die zum Stichtag bestehende Ausreisepflicht hin, die sich aus unterschiedlichen aufenthaltsrechtlichen Rahmenbedingungen ergeben konnte. Dies bedeutet, dass unter die Regelung nicht nur diejenigen fallen, deren Asylverfahren abgelehnt wurde und deren Aufenthalt im Bundesgebiet seitdem geduldet wird. Die Duldung gem. § 60a Abs. 4 AufenthG ist keine Voraussetzung.

Marx weist darauf hin, dass sich die bestehende Ausreisepflicht eines Betroffenen auch durch einen illegalen, aber nachweisbaren Aufenthalt in Deutschland ergeben konnte. Den Aufenthalt im Bundesgebiet dokumentieren konnten unter Beachtung hoher Anforderungen u.a. Zeugenaussagen, Anmeldebestätigungen bei einer Sprachschule, Flug- oder Bahntickets (vgl. Marx 2006, S. 4).

Die Regelung umfasste somit auch Personen, die nie einen Asylantrag gestellt hatten, aber auch diejenigen, die bereits eine Grenzübertrittsbescheinigung[17] nach § 50 Abs. 2 Satz 1 AufenthG besaßen. Schließlich waren auch Personen antragsberechtigt, die sich noch im Asylverfahren befanden und die Kriterien der Bleiberechtsregelung erfüllten. Sie wurden jedoch zur Rücknahme des Asylantrags aufgefordert.

In der bundeseinheitlichen Altfallregelung von 2007 ist der begünstigte Personenkreis folgendermaßen definiert: Gem. § 104a AufenthG haben alle Personen einen Anspruch auf Verfestigung ihres Aufenthalts, die am Stichtag 1. Juli 2007 seit mindestens acht Jahren allein oder seit mindestens sechs Jahren zusammen mit einem oder mehreren minderjährigen ledigen Kindern in häuslicher Gemeinschaft lebten, und sich ununterbrochen geduldet, gestattet oder mit einer Aufenthaltserlaubnis aus humanitären Gründen im Bundesgebiet aufgehalten hatten (vgl. AufenthG 2009, § 104a Abs. 1).

Es muss des Weiteren nachgewiesen werden, dass der Aufenthalt nicht durch längere Ausreisen unterbrochen wurde. Zur Zeit der Antragstellung müssen die Voraussetzungen zur Erteilung einer Duldung vorliegen, der Be-

---

[17] Eine Grenzübertrittbescheinigung gem. § 50 Abs. 2 Satz 1 AufenthG (auch Grenzübertrittschein oder Ausreiseschein) ist eine behördliche Erfassung zur Ausreise. Diese bescheinigt die bestehende Ausreisepflicht mit der festgelegten Ausreisefrist des Betroffenen. Die Ausreise muss im Regelfall innerhalb von sechs Monaten nach der Feststellung der Unanfechtbarkeit der Ausreisepflicht erfolgen. Der Ausreiseschein wird in zahlreichen Fällen an abgelehnte Asylbewerber und Bürgerkriegsflüchtlinge verteilt (vgl. Heinhold 2007, S. 255).

sitz der Duldung allein ist aber nicht explizit erforderlich (vgl. BMI 2007a, S. 75).

4.3.2 Sicherung des Lebensunterhalts

Beide Regelungen fordern von den langjährig Geduldeten eine überwiegend eigenständige Sicherung des Lebensunterhaltes durch eine Erwerbstätigkeit. Das Erwerbseinkommen muss das aus öffentlichen Leistungen übersteigen, wobei nur die öffentlichen Mittel angerechnet werden, die nicht auf Beitragsleistungen basieren, wie zum Beispiel das Wohngeld oder die Sozialhilfe. Die auf Beitragsleistungen basierenden Zahlungen aus der Kranken- oder Rentenversicherung und das Arbeitslosengeld I bleiben unberücksichtigt (vgl. BMI 2007a, S. 81; Hailbronner 2008, S. 16).

Das Netto-Einkommen soll mindestens so hoch sein wie die Summe aus Miete plus Betriebskosten plus Heizkosten plus der Höhe von Arbeitslosengeld II pro Familienangehörigen. Zudem muss eine Krankenversicherung bestehen, die in der Regel über ein sozialversicherungspflichtiges Arbeitsverhältnis nachgewiesen werden muss (vgl. Flüchtlingsrat Niedersachsen 2008).

Im Zusammenhang mit der Voraussetzung der eigenständigen Sicherung des Lebensunterhaltes haben sich im Laufe des Jahres 2009 wesentliche Fristen verändert. So wurde bei einer Person, die am 31.12.2009 nicht erwerbstätig war, aber vor dem 1.4.2009 ihren Lebensunterhalt eigenständig ohne Inanspruchnahme öffentlicher Mittel gesichert hat, die oben genannte Prognoseentscheidung getroffen. Dabei wurden die berufliche Qualifikation, die bisherigen Beschäftigungen des Antragstellers und eventuelle eingegangene Eingliederungsvereinbarungen nach dem Sozialgesetzbuch (SGB II, Anspruch auf Arbeitslosengeld) berücksichtigt. Eine positive Prognoseentscheidung war – nach der Altfallregelung von 2007 – auch dann zu treffen, wenn der Betroffene am 31.12.2009 nachweisen konnte, im betrachteten Zeitraum (mindestens seit 1.4.2009) überwiegend eigenständig seinen Lebensunterhalt durch eine nicht vorübergehende Beschäftigung gesichert zu haben, ohne die oben genannten öffentlichen Mittel in Anspruch zu nehmen (vgl. Hailbronner 2008, S. 16).

Nach der Anschlussregelung vom 4.12.2009 erhalten Personen, die zum Ende des Jahres 2009 für die letzten sechs Monate mindestens eine Halbtagsbeschäftigung nachweisen konnten, eine auf zwei Jahre – bis Ende 2011 –

befristete Aufenthaltserlaubnis. Dies betrifft auch diejenigen, die am 31.1.2010 eine zukünftige, mindestens halbjährliche Halbtagsbeschäftigung nachweisen konnten (vgl. IMK 2009).

4.3.3 Ausreichender Wohnraum

Eine weitere Voraussetzung der Altfallregelung ist der Nachweis über einen ausreichenden Wohnraum. Zur Prüfung verlangt die Ausländerbehörde die Vorlage eines Mietvertrages.[18] In den meisten Bundesländern gelten in der Regel 12 qm für jede Person über sechs Jahren und 10 qm für jede Person unter sechs Jahren als ausreichend, wenn es sich um eine abgeschlossene Wohnung handelt. Dabei wird eine Abweichung von 10 Prozent toleriert. In Bezug auf Menschen mit „besonderem Schutzbedarf" wie z.B. alleinerziehenden Müttern wird dies bei der Prüfung auf ausreichenden Wohnraum entsprechend berücksichtigt (vgl. Marx 2008, S. 64).

4.3.4 Ausreichende deutsche Sprachkenntnisse

Voraussetzung ist ebenfalls der Nachweis ausreichender Deutschkenntnisse des Antragstellers. Sowohl im Bleiberechtsbeschluss als auch nach § 104a Abs. 1. 2 sollen die Deutschkenntnisse des Antragstellers dem Niveau A2 des „Gemeinsamen europäischen Referenzrahmens für Sprachen" (GER) entsprechen. Laut dem Goethe-Institut verfügt eine Person über Sprachkenntnisse der Stufe A2 des GER, wenn sie folgende Bedingungen erfüllt: „Kann Sätze und häufig gebrauchte Ausdrücke verstehen, die mit Bereichen von ganz unmittelbarer Bedeutung zusammenhängen (z.B. Informationen zur Person und zur Familie, Einkaufen, Arbeit, nähere Umgebung). Kann sich in einfachen, routinemäßigen Situationen verständigen, in denen es um einen einfachen und direkten Austausch von Informationen über vertraute und geläufige Dinge geht. Kann mit einfachen Mitteln die eigene Herkunft und Ausbildung, die direkte Umgebung und Dinge im Zusammenhang mit unmittelbaren Bedürfnissen beschreiben." (Goethe-Institut 2001, Kap. 3.3) Hier wird deutlich, dass es sich um mündliche Sprachkenntnisse handelt, die erforderlich sind.

---

[18] In Hessen ist auch der Nachweis über die Unterbringung in einer Gemeinschaftsunterkunft ausreichend, wenn deren Nutzung vom Betroffenen aus eigenen Mitteln finanziert wird. Marx (2006, S. 14) weist darauf hin, dass Wohnraum, der nicht den Bedingungen nach § 2 Abs. 4 AufenthG entspricht, kein Integrationshindernis ist.

Falls zum Zeitpunkt der Antragstellung nach der Bleiberechtsregelung von 2006 diese Sprachkenntnisse vom Betroffenen nicht nachweisbar sind, wird eine vorläufige, in der Regel auf sechs Monate befristete Aufenthaltserlaubnis gewährt. Der Nachweis über ausreichende Sprachkenntnisse musste dem IMK-Beschluss zufolge unter der Voraussetzung der Integrationsvereinbarung bis zum 30.9.2007 erfolgt sein. Die Altfallregelung von 2007 fordert das gleiche Niveau der Sprachkenntnisse, das bis zum 1.7.2008 nachgewiesen werden muss.

Erhebt eine Familie Anspruch auf Bleiberecht, müssen Sprachnachweise von jedem Familienangehörigen vorgelegt werden. Bei Menschen, die von einer körperlichen, geistigen oder seelischen Krankheit oder von einer anderen Behinderung betroffen sind, werden diese Sprachkenntnisse nicht als Bedingung zur Erteilung des Aufenthaltsrechts angesehen (vgl. Marx 2006, S. 15; BMI 2007a, S. 76).

4.4 Ausschlussgründe

Nach § 104a Abs. 1 Satz 1 Nr. 4 AufenthG kommt die Erteilung einer Aufenthaltserlaubnis nicht in Betracht, wenn dem Antragsteller vorsätzliches Täuschen der Ausländerbehörde oder das Hinauszögern oder Behindern behördlicher Maßnahmen zur Aufenthaltsbeendigung nachgewiesen werden kann. Somit kann der Anspruch auf Bleiberecht nach § 104a Abs. 1 AufenthG von der zuständigen Ausländerbehörde verweigert werden, wenn dem Antragsteller nachgewiesen wird, in der Vergangenheit Falschangaben bezüglich seiner Identität oder anderer aufenthaltsrechtlich relevanter Umstände gemacht zu haben. Auch die fehlende Mitwirkung bei der Passbeschaffung gilt als Ausschlussgrund (vgl. Marx 2006, S. 20; Hailbronner 2008, S. 8). Weiterhin ist eine Aufenthaltslegalisierung derjenigen Personen nicht gestattet, die Identitätsnachweise oder Personaldokumente vernichteten oder untertauchten, um ihre Abschiebung zu verhindern sowie durch ihr persönliches Verhalten in der Abschiebehaft die Durchsetzung ihrer Ausreisepflicht unmöglich machten. Diese Handlung wird als fehlende Mitwirkung, also Hinzögern oder Behindern von aufenthaltsbeendenden Maßnahmen verstanden und führt zum Ausschluss von der Bleiberechtsregelung.

Der Antrag auf Aufenthaltserlaubnis von Personen, die „Bezüge zu Extremismus oder Terrorismus" haben, ist ebenfalls abzulehnen. Ein ausreichender Ausschlussgrund ist in der Regel „jegliche Verbindung von Personen und Sachverhalten, die einen extremistischen oder terroristischen Hintergrund aufweisen" (Marx 2006, S. 20). Hailbronner (2008, S. 8) weist darauf hin, dass auch alle „strafrechtlich nicht relevanten Verbindungen zu terroristischen Organisationen, wie z.B. regelmäßige Teilnahme an Veranstaltungen terroristischer Organisationen, die über bloße Geschäfte des täglichen Lebens hinausgehen, sowie Mitgliedschaft in Organisation, die mit terroristischen Organisationen zusammenarbeiten", erfasst werden.

Ferner schließt die Straffälligkeit eines Antragstellers ihn aus dem Kreis der Begünstigten aus. Allerdings gilt hier die Einschränkung, dass alle Strafen bis zu kumulativ berechnet 50 Tagessätzen außer Betracht bleiben. Straftaten mit Bezug zum Aufenthalts- oder Asylverfahrensgesetz bis 90 Tagessätzen führen nicht zur Anwendung des Ausschlusstatbestandes.

Sowohl der IMK-Bleiberechtsbeschluss als auch der § 104a Abs. 3 AufenthG sehen neben dem Ausschluss einer Person wegen von ihr begangener erheblicher Straftaten auch den Ausschluss ihrer Familienangehörigen vor. Die Begehung von Straftaten einer Person führt also zur Versagung der Aufenthaltserlaubnis für alle mit ihr in häuslicher Gemeinschaft lebenden Familienangehörigen. „Eine Ausnahme ist nur für Ehegatten vorgesehen, wenn diesem zur Vermeidung einer besonderen Härte der weitere Aufenthalt ermöglicht werden soll. Für ein auf diese Weise mittelbar begünstigtes Kind muss die Betreuung in Deutschland gesichert werden." (Heinhold 2007, S. 250) Kinder im Alter zwischen 14 und 17 Jahren können sich in solchen Fällen auf § 104b AufenthG berufen. Bei lebenspartnerlicher Gemeinschaft und eheähnlichen Lebensgemeinschaften ist die Berücksichtigung von Straftaten des Partners laut Gesetz eine Soll-Regelung (vgl. BMI 2007a, S. 79).

4.5 Ausnahmen

Neben den Erteilungskriterien und Ausschlussgründen gibt es auch Ausnahmen. Die Erteilung bzw. Verlängerung einer Aufenthaltserlaubnis ist daher in besonderen Härtefällen möglich, selbst wenn der Betroffene seinen Lebensunterhalt nicht durch eine Erwerbstätigkeit sichern kann. Ausnahmen sind vorgesehen für Auszubildende in anerkannten Lehrberufen oder in staatlich geförderten Berufsvorbereitungsmaßnahmen.

Dies soll laut Gesetz Ausbildungsgänge ermöglichen, deren erfolgreiche Beendigung durch einen beruflichen Abschluss erfolgt. „Hierunter fallen (...) staatlich anerkannte Ausbildungsberufe, wenn die Ausbildung betrieblich oder außerbetrieblich durchgeführt und ein dafür vorgeschriebener Ausbildungsvertrag abgeschlossen wird." (Hailbronner 2008, S. 18)

Ausnahmen sind ferner vorgesehen für Familien mit Kindern, die nur vorübergehend auf ergänzende Sozialhilfeleistungen angewiesen sind. Hiermit sind neben minderjährigen Kindern auch diejenigen gemeint, deren Unterhalt zur Leistung und Verpflichtung der Eltern gehört. Diese in Form einer ergänzenden Sozialhilfeleistung empfangene staatliche finanzielle Unterstützung gilt als unbedenklich, solange das durch Erwerbstätigkeit gewonnene Einkommen zwar für die Deckung des Lebensunterhalts der Eltern ausreicht, nicht aber für die Sicherung des Lebensunterhalts der Kinder genügt. Das Gesetz sieht vor, dass die vollständige eigenständige Sicherung des Lebensunterhalts besonders dadurch erschwert sein kann, dass sich Kinder im Vorschulalter befinden. Die Berücksichtigung eines „vorübergehenden" Sozialhilfeleistungsempfangs trifft zu, solange dieser für die vorhandenen Kinder in der Familie in Anspruch genommen wird. Der Bezug ergänzender Sozialleistungen soll allerdings auch nicht dauerhaft erfolgen (vgl. BMI 2007a, S. 82).

Ausgenommen sind auch Alleinerziehende mit Kindern, die vorübergehend auf Sozialhilfe angewiesen sind und denen eine Arbeitsaufnahme nicht zumutbar ist. Dies gilt als zutreffend, solange die Erziehung eines Kindes durch die Arbeitsaufnahme gefährdet werden kann. Es wird jedoch postuliert, dass die Erziehung eines Kindes, das das dritte Lebensjahr vollendet hat, durch die Ausübung einer Erwerbstätigkeit nicht gefährdet sein kann, wenn seine Betreuung in einer Tageseinrichtung oder in Tagespflege sichergestellt wird (vgl. BMI 2007a, S. 82 f.).

Ausgenommen sind des Weiteren erwerbsunfähige Personen, die ihre Lebensunterhaltungssicherung aus eigener Erwerbstätigkeit nicht erbringen können. Der Lebensunterhalt dieser Personen einschließlich der erforderlichen Betreuung und Pflege in sonstiger Weise muss allerdings ohne Leistungen der öffentlichen Hand dauerhaft gesichert sein. Damit sind auch alle Personen gemeint, für die eine Arbeitsaufnahme bereits nicht zumutbar war, bevor sie das 65. Lebensjahr vollendet haben (vgl. BMI 2007a, S. 83).

Ausnahmen gelten schließlich auch für Personen, die am 31.12.2009 das 65. Lebensjahr vollendet haben. Voraussetzung hierfür ist jedoch, dass die Personen in dieser Altersgruppe in ihrem Herkunftsland keine Familie haben, dafür aber im Bundesgebiet Familienangehörige (auch Kinder oder Enkel) mit dauerhaftem Aufenthalt (mit einer Aufenthaltserlaubnis, die eine Aufenthaltsverfestigung ermöglicht) bzw. deutscher Staatsangehörigkeit. Ferner muss sichergestellt werden, dass für ihren Lebensunterhalt sowie für Leistungen für die Versorgung im Krankheitsfalle und bei Pflegebedürftigkeit keine Sozialleistungen beansprucht werden. Die Sicherung des Lebensunterhaltes muss also aus eigenen Mitteln (z.B. Altersrente) erfolgen. Sofern dies nicht gewährleistet ist, muss eine Deklaration zur Übernahme der Unterhaltsverpflichtung durch unterhaltsverpflichtete Familienangehörige erfolgen.

4.5.1 Aufenthaltserlaubnis „auf Probe"

Wenn der Lebensunterhalt zum Zeitpunkt der Antragstellung noch nicht eigenständig durch die Ausübung einer Erwerbstätigkeit gesichert ist, die sonstigen Voraussetzungen aber erfüllt sind, wird dem Betroffenen ein vorläufiges Aufenthaltsrecht („auf Probe") gewährt. Ursprünglich wurde die Aufenthaltserlaubnis „auf Probe" (befristet bis zum 31.12.2009) zur Arbeitssuche erteilt und mit einer Integrationsanforderung verbunden. Mit der Anschlussregelung vom 4.12.2009 wurde diese Frist geändert.

Nach der Altfallregelung von 2007 war der Antragsteller verpflichtet, spätestens bis zum 1.4.2009 seine überwiegende Eigenständigkeit in der Lebensunterhaltssicherung nachzuweisen. Danach sollte wieder geprüft werden, ob der geduldete Flüchtling innerhalb des Zeitraums von April bis Dezember 2009 Sozialhilfe empfangen hat (vgl. BMI 2007a, S. 81; Hailbronner 2008, S. 16). Diese Frist (1.4.2009) wurde zunächst bis zum Ende des Jahres 2009 und schließlich durch den IMK-Beschluss vom 4.12.2009 um weitere zwei Jahre verlängert.

Dieser Anschlussregelung von 2009 zufolge erhielten alle Personen, die bisher eine Aufenthaltserlaubnis „auf Probe" hatten und zum Ende des Jahres 2009 mindestens eine sechsmonatige Halbtagsbeschäftigung nachweisen konnten, eine auf zwei Jahre befristete Aufenthaltserlaubnis. Die Anschlussregelung sieht dies auch für diejenigen vor, die am 31.1.2010 eine zukünftige, mindestens halbjährliche Halbtagsbeschäftigung nachweisen konnten (vgl.

IMK 2009). Weiterhin erhielten auch die Personen eine Aufenthaltserlaubnis „auf Probe", die glaubhaft nachweisen konnten, sich um eine Erwerbstätigkeit bemüht zu haben. Darüber hinaus musste eine glaubwürdige Prognose vorgelegt werden, der zufolge die Flüchtlinge innerhalb von zwei Jahren imstande sein werden, ihren Lebensunterhalt vollständig zu sichern.[19]

4.6 Konsequenzen der Ablehnung

Erfüllt der Antragsteller die Bleiberechtsvoraussetzungen nicht und können keine weiteren Abschiebehindernisse festgestellt werden, muss „der Aufenthalt von Ausländern (...) konsequent beendet werden. Die Rückführung von ausreisepflichtigen Ausländern soll durch geeignete Maßnahmen verbessert werden und praktische Hindernisse der Abschiebung insbesondere von Straftätern sollen soweit möglich beseitigt werden. Die Innenminister und -senatoren sind sich darüber einig, dass den nicht unter die Bleiberechtsregelung fallenden, nicht integrierten Ausreisepflichtigen keinerlei Anreize für den weiteren Verbleib in Deutschland aus der Nutzung der Leistungssysteme gegeben werden dürfen." (IMK 2006, S. 17)

2008 berichtete der Niedersächsische Flüchtlingsrat, dass Flüchtlinge, die nicht unter die Bleiberechtsregelung von 2006 fallen und keinen Bleiberechtsanspruch gem. § 104a AufenthG haben, wie bisher eine Duldung gem. § 60a Abs. 2 AufenthG erhalten, wenn ihre Abschiebung wegen tatsächlicher Abschiebungshindernisse weiter ausgesetzt werden muss (vgl. Flüchtlingsrat Niedersachsen 2008).

4.7 Aufenthaltsrecht für minderjährige Flüchtlinge

Es besteht gem. § 104b AufenthG für Minderjährige, deren Eltern eine Aufenthaltserlaubnis nach § 104a AufenthG verweigert oder deren Duldung nicht verlängert wird, die Möglichkeit der Erteilung der Aufenthaltserlaubnis. Zentrale Voraussetzung ist jedoch die freiwillige Ausreise der Eltern. Berufen auf § 104b AufenthG können sich diejenigen Minderjährigen, die am 1.7.2007 das 14. Lebensjahr vollendet haben, jedoch nicht älter als 17 Jahre sind. Sie müssen einen mindestens sechsjährigen Aufenthalt mit einer Duldung in der Bundesrepublik nachweisen und die deutsche Sprache altersgemäß fließend

---

[19] Für eine genauere Interpretation der Anschlussregelung vom 4.12.2009 sowie Hinweise für die Beratung von Betroffenen vgl. Flüchtlingsrat NRW 2009.

mündlich und schriftlich beherrschen. Schließlich muss anhand der bisherigen Lebensführung ein regelmäßiger Schulbesuch im Bundesgebiet oder eine anerkannte Berufsausbildung nachgewiesen werden. Unter diesen Voraussetzungen wird eine positive Integrationsprognose angenommen. Die Deutschkenntnisse können im Rahmen eines kurzen Gespräches oder durch die Vorlage von Schulzeugnissen nachgewiesen werden. Ferner muss die Betreuung der Jugendlichen geregelt sein, indem ein Vormund für das Kind bestellt und die Gewährleistung einer angemessenen Unterbringung und Pflege sichergestellt ist (vgl. BMI 2007a, S. 84).

In den neuesten Entwicklungen des IMK-Beschlusses (2009) wurde eine Regelung für geduldete Jugendliche festgeschrieben, die nach der Bleiberechts- und Altfallregelung eine Aufenthaltserlaubnis „auf Probe" erhielten: So soll denjenigen, die im Zeitraum vom 1.7.2007 bis zum 31.12.2009 erfolgreich ihre Schul- und Berufsausbildung abgeschlossen haben oder sich derzeit in der Ausbildung befinden, eine bis Ende 2011 befristete Aufenthaltserlaubnis erteilt werden. Dies betrifft auch Schüler/innen an allgemeinbildenden Schulen, die bis Ende des Jahres 2009 volljährig wurden. Bei ihnen sei zu erwarten, dass sie sich erfolgreich in die Gesellschaft integrieren und ihren Lebensunterhalt in Zukunft eigenständig sichern werden (vgl. IMK 2009).

5. Analyse der Bleiberechtsrichtlinie

Die Bleiberechtsregelung sollte die Probleme von Kettenduldungen lösen. Es lässt sich feststellen, dass die politische Debatte über die Gestaltung dieser Lösung durch zwei Standpunkte geprägt wurde. Politiker/innen der Linkspartei, Bündnis 90/Die Grünen und teilweise der SPD betonten die Notwendigkeit der dauerhaften Verhinderung von Kettenduldungen. Mit dieser Regelung sollte die Politik der prekären Lebenssituation langjährig Geduldeter entgegenwirken, ohne die Aufenthaltserlaubniserteilung von der Erwerbstätigkeit der Begünstigten abhängig zu machen. Die Unionspolitiker/innen vertraten die Meinung, dass die Problematik der Kettenduldung zwar durch eine Regelung beendet werden solle, äußerten aber auch die Befürchtung, „dass der Vorschlag des Bundes zu einer deutlichen Zunahme der Zahl an Sozialhilfeempfängern führen würde, falls Tausende Ausländer ohne eigenes Arbeitseinkommen ein Bleiberecht erhielten." (Innenminister bejubeln Einigung beim Bleiberecht 2006) Nur denjenigen, die ihren Lebensunterhalt durch eine Erwerbstätigkeit eigenständig sichern können, solle eine Aufenthaltserlaubnis erteilt werden.

Nach dem IMK-Beschluss äußerten sich die Politiker/innen zufrieden über die neue Regelung. Günther Beckstein (CSU) sprach von einem „großartigen Erfolg", die SPD-Fraktion von einer „genialen" Einigung und der damals amtierende Bundesinnenminister Wolfgang Schäuble (CDU) nannte die Bleiberechtsregelung ein „gutes Ergebnis" (vgl. ebd.). Der damalige Ministerpräsident Bayerns, Edmund Stoiber, begrüßte ferner, dass die von der CDU vertretene Position bezüglich der Notwendigkeit der Verhinderung von Zuwanderung in die Sozialsysteme mit dem IMK-Beschluss durchgesetzt wurde und betonte: „Mit der heute getroffenen Vereinbarung der Innenminister gilt in Zukunft der richtige Grundsatz: Eine Aufenthaltserlaubnis gibt es nur für denjenigen, der auch arbeitet und Deutsch kann." (ebd.)

5.1 Bilanz der Umsetzung der Bleiberechtsrichtlinie

Wie sich diese Anforderungen der Bleiberechts- und Altfallregelung auf die Bilanz der erteilten Aufenthaltserlaubnisse auswirkten, und für wie viele Personen ein Aufenthalt in Deutschland gesichert wurde, kann anhand der im Folgenden dargestellten Zahlen zur Umsetzung der Bleiberechts- und Altfallregelung dargestellt werden.[20]

Vor dem Inkrafttreten der Bleiberechtsregelung 2006 gab es unterschiedliche Einschätzungen, wie viele der bisher in Deutschland geduldeten Menschen dadurch tatsächlich eine Chance bekommen, ihren Aufenthalt zu verfestigen. Der niedersächsische Innenminister Uwe Schünemann (CDU) und der damals amtierende bayrische Innenminister Günther Beckstein (CSU) schätzten, dass 20.000 Menschen sofort und bis zu 40.000 weitere im Falle einer erfolgreichen Jobsuche bis Ende September 2007 eine Aufenthaltserlaubnis erhalten könnten. Vom damals amtierenden Bundesinnenminister Wolfgang Schäuble wurde die Erwartung geweckt, „ungefähr 100.000" Menschen könnten von der gesetzlichen Regelung profitieren (vgl. BT-Drs. 16/6832).

Nach diesen optimistischen Prognosen ist die tatsächliche Zahl der Menschen, deren Aufenthaltsstatus nach dem Bleiberecht verfestigt wurde, sehr

---

[20] Alle hier dargelegten Daten basieren auf Antworten der Bundesregierung auf Kleine Anfragen der Fraktion Die LINKE. Sie stellen die einzige Quelle dar, wobei die dargestellten Zeiträume Überschneidungen aufweisen.

ernüchternd. Von November 2006 bis Ende September 2008 erhielten insgesamt 55.358 frühere Geduldete eine Aufenthaltserlaubnis (vgl. BT-Drs. 16/10986)[21]. Dies entspricht 29,7 Prozent aller langjährig Geduldeten zum Zeitpunkt der Verabschiedung der Bleiberechtsregelung 2006 (vgl. Hessischer Flüchtlingsrat 2008).

Bis zum 31.3.2009 erhielten nach Angaben des Ausländerzentralregisters insgesamt 35.950 Personen eine Aufenthaltserlaubnis nach der Altfallregelung von 2007. Davon standen 5.209 Personen zum Erteilungszeitpunkt in einem festen Beschäftigungsverhältnis. 29.244 Menschen wurde lediglich die Aufenthaltserlaubnis „auf Probe" erteilt. Über 5.181 Anträge wurde bis Ende März 2009 noch nicht entschieden (vgl. BT- Drs. 16/13163).[22]

Es zeichnen sich große Unterschiede in der Auslegung der Bleiberechtsregelung im Vergleich der Bundesländer ab. Die Zahlen der erteilten Aufenthaltserlaubnisse im Verhältnis zu der Anzahl der Geduldeten gehen sehr weit auseinander. Während in Berlin und Sachsen-Anhalt die Erteilungsquote bei 17,8 Prozent lag (die niedrigste bundesweit), betrug sie in Rheinland-Pfalz 39,4 Prozent.[23] Diese Unterschiede könnten in der jeweiligen Innenpolitik sowie der regionalen Arbeitsmarktsituation begründet sein. Mit Ausnahme von Rheinland-Pfalz sind die Erteilungsquoten in den CDU-regierten Ländern höher. Bundesländer wie Bayern (23,9 Prozent) oder Hessen (37,5 Prozent), die für ihre oft scharfe Ausländerpolitik bekannt sind, haben die Regelung sehr viel großzügiger ausgelegt als in dieser Hinsicht eher liberale Länder wie z.B. Berlin (17,8 Prozent) oder Schleswig-Holstein (21,5 Prozent). „Über die Gründe dafür kann nur spekuliert werden, etwa dass in SPD-geführten Ländern durch eine liberalere Interpretation des § 25 Abs. 5 [AufenthG] ein Teil der potentiell Bleibeberechtigten schon vorher eine Aufenthaltserlaubnis be-

---

[21] Diese Zahl ergibt sich aus der Zusammenrechnung der erteilten Aufenthaltserlaubnisse auf der Grundlage des IMK-Beschlusses und der gesetzlichen Altfallregelung. Eine Aufschlüsselung nach Alter, Geschlecht sowie den häufigsten Herkunftsländern in Bezug auf die erteilten Aufenthaltserlaubnisse liegt der Bundesregierung nicht vor.

[22] Die Zahlen differieren leicht, da Angaben der Bundesländer und des Ausländerzentralregisters (AZR) teilweise voneinander abweichen. Dies ergibt sich u.a. aus den verschiedenen Meldewegen sowie daraus, dass es sich beim AZR um eine Bestandsstatistik handelt, während die von den Ländern gemeldeten Daten den Verlauf in einem bestimmten Zeitraum widerspiegeln.

[23] Die höchsten Erteilungsquoten zeichnen sich ab in Hessen mit 37,5 Prozent, in Thüringen mit 36,9 Prozent, in Baden-Württemberg mit 34,6 Prozent sowie in Nordrhein-Westfalen mit 34,5 Prozent.

kommen hatte", so der Geschäftsführer des Hessischen Flüchtlingsrates Timmo Scherenberg (vgl. Hessischer Flüchtlingsrat 2008). Auch die bessere Arbeitsmarktsituation in südlichen Bundesländern könnte einen Einfluss darauf haben, dass diese Länder im bundesweiten Vergleich besser abschnitten.

Abschließend ist anzumerken, dass Ende 2009 insgesamt 21.432 Personen – hauptsächlich aus Serbien, dem Kosovo, und der Türkei – sich mit einer Aufenthaltserlaubnis nach § 104a oder §104b AufenthG in der Bundesrepublik aufhielten. Lediglich 6.098 Personen dieser Gruppe hatten ein festes Beschäftigungsverhältnis. Weitere 14.134 Personen konnten zu dem genannten Zeitpunkt ihren Lebensunterhalt nicht eigenständig sichern, infolgedessen wurde ihnen eine Aufenthaltserlaubnis „auf Probe" erteilt. 956 Personen bekamen Aufenthaltserlaubnisse als volljährige Kinder. 122 Minderjährige erhielten ein Aufenthaltsrecht nach der Ausreise ihrer Eltern, weiteren 122 wurde das Aufenthaltsrecht als unbegleiteten Minderjährigen gesichert (vgl. BT-Drs. 17/642).

5.1.1 Die Anzahl der Geduldeten in Deutschland (September 2008 bis Ende 2009)

Am 30.9.2008 hielten sich in der Bundesrepublik Deutschland 23.440 Personen mit einer Aufenthaltsgestattung auf, insgesamt 109.681 Personen wurden geduldet. Mit einer Duldung hielten sich insgesamt 74.740 Personen auf, die nach dem 30.6.1999 eingereist sind, 57.915 Personen mit einer Einreise nach dem 30.6.2001 und 44.021 Personen mit einer Einreise nach dem 30.9.2002. Hauptherkunftsländer sind der Irak, die Türkei, die Russische Föderation, Iran, Afghanistan, Serbien gefolgt von Syrien, Aserbaidschan, Nigeria und Sri Lanka. Ferner sind zum genannten Stichtag in Deutschland insgesamt 1.604 Personen mit einer Duldung gemeldet, nachdem ihnen im Widerrufsverfahren der frühere Asyl- oder Flüchtlingsstatus abgesprochen wurde. Dies betrifft vor allem Flüchtlinge aus dem Irak (vgl. BT-Drs. 16/10986). Am Stichtag 31.12.2009 befanden sich 89.498 Personen in Deutschland, deren Aufenthalt geduldet wurde. Davon lebten 56.963 Personen sechs Jahre und länger in Deutschland (vgl. BT-Drs. 17/642).

5.2 Maßnahmen zur besseren Umsetzung der Bleiberechtsregelung

Nach dem Inkrafttreten der Bleiberechtsregelung wurden bundesweit Maßnahmen durch staatliche und nichtstaatliche Akteure zur Unterstützung der potenziell Begünstigten ergriffen. Den Betroffenen sollte vor allem bei der Erfüllung der in der Bleiberechts- bzw. Altfallregelung festgeschriebenen Voraussetzungen geholfen werden. Eine Untersuchung zur Umsetzung der Bleiberechtsregelung[24] bewertet vor allem die Kooperation der relevanten staatlichen und nicht-staatlichen Akteure bei der Informationspraxis und der Arbeitsmarktvermittlung als positiv.

5.2.1 Abschiebestopp nach dem Inkrafttreten der Bleiberechtsregelung

Nach dem Inkrafttreten der Bleiberechtsregelung appellierte der UNHCR an die Innenminister, die Abschiebungen für langjährig Geduldete für die Dauer des Gesetzgebungsverfahrens auszusetzen, damit möglichst viele potenziell Begünstigte von der Regelung profitieren können.

Tatsächlich verhängte das Innenministerium in Nordrhein-Westfalen (dem Bundesland mit den meisten ausreisepflichtigen Personen) mit Erlass vom 11.12.2006 einen Abschiebestopp für alle potenziell von dem Beschluss begünstigten Personen (vgl. ZPKF Berlin 2008, S. 55). Ferner setzte das Land Berlin für drei Monate Abschiebungen nach Myanmar aus. Anfang August 2007 wurde von den Ländern Berlin, Rheinland-Pfalz und Schleswig-Holstein ebenfalls für drei Monate ein Abschiebestopp nach Sri Lanka angeordnet. Es fehlen allerdings Angaben dazu, wie viele dieser Flüchtlinge vom IMK-Beschluss betroffen waren (vgl. BT-Drs. 16/7089). Es ist jedoch anzumerken, dass die angeordneten Abschiebestopps die Abschiebepraxis Deutschlands insgesamt nur wenig beeinflussten. Flüchtlingsräte und Flüchtlingsorganisationen berichten bundesweit über Abschiebungen, die trotz der Bleiberechtsregelung vollzogen wurden.

---

[24] Die Expertise zur Umsetzung der Bleiberechtsregelung (ZPKF Berlin 2008) wurde für das Nationale Thematische Netzwerk Asyl in der europäischen Gemeinschaftsinitiative EQUAL durchgeführt und entstand aus einer Initiative des Bundesministeriums für Arbeit und Soziales (BMAS) und des Europäischen Sozialfonds (ESF) in Zusammenarbeit mit dem Deutschen Roten Kreuz und dem Beauftragten des Berliner Senats für Integration und Migration. Ziel war die Analyse der Umsetzung der Bleiberechtsregelung in allen Bundesländern, wobei die Untersuchungen sich auf ausgewählte Landkreise konzentrierten.

5.2.2 Informationspraxis und Öffentlichkeitsarbeit

Von zentraler Bedeutung ist nach Ansicht von Experten eine „gelungene Informationspolitik, also die zeitnahe, zielgruppengerechte und sachliche Vermittlung relevanter Informationen an alle Beteiligten." (ZPKF Berlin 2008, S. 89) Wenn gewährleistet wird, dass die Informationen über die Regelung und vor allem die Voraussetzungen zum Erhalt der Aufenthaltserlaubnis alle potenziell begünstigten Personen rechtzeitig erreichen, kann angenommen werden, dass eine größere Zahl von Anträgen gestellt wird, was sich wiederum positiv auf die Erfüllung der Voraussetzungen auswirken könnte. Dies erscheint deswegen vor allem für diejenigen Geduldeten von Bedeutung zu sein, die zum Zeitpunkt der Antragstellung noch keine eigenständige Sicherung des Lebensunterhalts nachweisen können. Je früher sie den Antrag stellen und dieser bearbeitet wird, desto mehr Zeit haben sie zur Arbeitssuche. Deshalb stellten mehrere Flüchtlingsräte – etwa der Bayrische Flüchtlingsrat, der Hessische Flüchtlingsrat und der Flüchtlingsrat Nordrhein-Westfalen – auf ihren speziell für das Bleiberecht eingerichteten Webseiten rechtliche Informationen zur Verfügung und erläuterten die Voraussetzungen der Bleiberechts- und Altfallregelung. Auf der Webseite des Flüchtlingsrats Niedersachsen sind auch mehrere Formulare wie z.B. eine Bescheinigung zur Arbeitsplatzsuche für Geduldete, ein Muster für eine Integrationsvereinbarung oder Informationen zum Kindergeldbezug für Bleibeberechtigte abrufbar (vgl. Flüchtlingsrat Niedersachsen 2008). Es wurden ferner zahlreiche Informationsbroschüren erarbeitet, die neben der Erklärung der rechtlichen Rahmenbedingungen des IMK-Beschlusses praktische Hinweise bezüglich der Antragstellung beinhalteten sowie Beratungsstellen und wichtige Ansprechpartner benannten (vgl. Diakonie/Caritas 2006; Bleiberechtsbüro 2007a). Das Internet vermittelte also „Informationsstrategien zur Steigerung der Akzeptanz des Beschlusses" (ZPKF Berlin 2008, S. 90).

Auch die Medien waren von großer Bedeutung bei der Informationsvermittlung. Für viele der Antragsteller/innen waren der Rundfunk und das Fernsehen die erste Informationsquelle über die Änderung im Bleiberecht für Duldungsinhaber. Es wurden ferner Rundbriefe bezüglich der Bleiberechtsregelung von Flüchtlings- und Menschenrechtsorganisationen verschickt.

Die Städte Freiburg und Wuppertal gingen mit gutem Beispiel voran. Um direkt Personen zu erreichen, die potenziell zu dem begünstigten Personenkreis gehörten, sichteten die Mitarbeiter/innen der Ausländerbehörden beider Städte die Akten der langjährig Geduldeten, um zu klären, welche Personen von der Regelung profitieren könnten, d.h. die Voraussetzung bezüglich der Dauer des Aufenthalts zum Stichtag erfüllten. In Freiburg wurde anschließend eine Liste dieser Personen zusammengestellt und an das Büro für Migration und Integration weitergeleitet. Da es sich bei den Betroffenen überwiegend um Bewohner/innen städtischer Wohnheime handelte, wurden sie mithilfe der Wohnheimverwaltung über den IMK-Beschluss informiert. Diejenigen, die im April 2007 noch keinen Antrag gestellt hatten, wurden zusätzlich vom Büro für Migration und Integration in Freiburg direkt angeschrieben. Die versandten Informationen wurden in deutscher, arabischer und serbokroatischer Sprache verfasst und nannten relevante Ansprechpartner und Adressen für Beratung und Unterstützung (vgl. ebd.).

In Wuppertal haben Sozialarbeiter/innen des Ressorts „Zuwanderung und Integration" nach einer Analyse der Ausländerbehörde die Akten der Geduldeten dahingehend überprüft, welche Voraussetzungen noch von diesen Personen zu erfüllen waren und sie anschließend benachrichtigt. Eine Unterstützung durch Sozialarbeiter/innen und ehrenamtliche Mitarbeiter/innen bei der Antragstellung war gewährleistet (vgl. ebd.).

Aufgrund der Änderung der Bedingungen zu Einstellungsverfahren von Bleibeberechtigten war und ist es notwendig, dass sowohl Arbeitsagenturen als auch Arbeitgeber von den neuen Regelungen und damit von den veränderten Regeln bei der Beschäftigung von Bleibeberechtigten erfahren. So informierte das hessische Innenministerium mit einem Anschreiben vom 12.1.2007 alle Ausländerbehörden und rief die Arbeitsagenturen zur Zusammenarbeit auf, damit allen Person, die eine Aufenthaltserlaubnis auf Grundlage des Bleiberechtsbeschlusses erhielten, „die Zustimmung zur Beschäftigung ohne den Vorbehalt einer Prüfung der Verfügbarkeit bevorrechtigter Arbeitskräfte erteilt werden kann" (Hessisches Ministerium des Innern und für Sport 2007).

5.2.3 Unterstützung der Eingliederung in den Arbeitsmarkt

Neben den Maßnahmen zur besseren Informationsvermittlung wurde für die Betroffenen auch Unterstützung bei der Arbeitssuche bzw. der Arbeitsmarktintegration geleistet. Diese ist besonders relevant, da sich die Anforderung einer eigenständigen Sicherung des Lebensunterhalts durch eine Erwerbstätigkeit als die größte Hürde für die Betroffenen herausstellte. Hinzu kommt die knapp bemessene Zeit für die Arbeitssuche.

Die Arbeitgeber sollten darüber informiert werden, wie sich die Voraussetzungen bei der Beschäftigung von Duldungsinhabern seit dem Inkrafttreten des Bleiberechtsbeschlusses verändert haben. Um dies zu erreichen, wurden in allen Bundesländern von staatlichen Akteuren Informationsblätter verfasst und an arbeitsuchende Bleibeberechtigte verteilt. Im Zusammenhang mit der Öffnung des Arbeitsmarktes für Personen, die unter die Bleiberechtsregelung fallen, stellen das Bundesarbeitsministerium und der Europäische Sozialfonds (ESF) von September 2008 bis Herbst 2010 über 30 Millionen Euro für ein „ESF-Bundesprogramm zur arbeitsmarktlichen Unterstützung für Bleibeberechtigte und Flüchtlinge mit Zugang zum Arbeitsmarkt" bereit (BMAS 2008). Das ESF-Förderprogramm umfasst auf dem Gebiet der Bundesrepublik insgesamt 43 regionale Netzwerke, „um mehr Beschäftigung, bessere Arbeitsplatzqualität und engeren sozialen Zusammenhalt in der Gesellschaft zu erreichen. Jedes der zukünftig 43 Netzwerke soll das Know-How von drei bis fünf verschiedenen lokalen Institutionen bündeln" (Arbeit und Bildung/Hessischer Flüchtlingsrat 2008).

Im Rahmen dieses Programms wird in Hessen das Integrationsprojekt „BLEIB in Mittelhessen" durchgeführt. Dieses gehört zu der ersten Netzwerkberatung in Hessen und zielt auf die Arbeitsmarktintegration von rund 1.000 Bleibeberechtigten und Flüchtlingen. Durchgeführt wird das Projekt vom Hessischen Flüchtlingsrat sowie dem Mittelhessischen Bildungsverband, der auch die Rolle des Zuwendungsempfängers übernahm und für Finanzen und Koordination verantwortlich ist. Der Projektleiter Christian Hendrichs von Arbeit und Bildung e.V. in Marburg betont, dass „bundesweit ‚BLEIB' das zweite Projekt [ist], um den Bleiberechtskompromiss 2007 mit Leben zu erfüllen. Möglichst viele Flüchtlinge sollen jetzt die Früchte ihrer Integrationsleistung ernten, und auch ihren häufig hier geborenen Kindern wird damit ebenfalls eine sichere Lebensperspektive geboten." (ebd.)

Im Rahmen des Projekts wird folgendes angestrebt: Alle Teilnehmer des Arbeitsmarktes wie Unternehmen, Verbände, Migrantenorganisationen, Kreis-JobCenter/ARGEn oder Gewerkschaften sollen über die Initiative informiert werden. Ferner sollen Betriebe bei der Einstellung von arbeitsberechtigten Flüchtlingen unterstützt werden, indem Sprachförderung für die Zielgruppe sowie die Vermittlung eines passgenauen Personalangebots gewährleistet werden. Schließlich soll Geduldeten und Flüchtlingen eine Gelegenheit eingeräumt werden, ihre Fähigkeiten zu erkennen und Bewerbungsstrategien zu verbessern. Die Praxis GmbH in Marburg, bei der das Projekt durchgeführt wird, vermittelt EDV- und berufsbezogene Deutschkenntnisse, Berufsorientierung und Anpassungsqualifizierungen sowie Arbeitsstellen. Ferner wird sozialpädagogische Beratung und eine Vermittlung an Fachberater angeboten (vgl. Praxis GmbH 2008).

5.3 Kritikpunkte zur Bleiberechtsregelung

Die dargestellten Beispiele zeigen Maßnahmen von staatlichen und nichtstaatlichen Akteuren, die durchgeführt wurden, um die Regelung zu Gunsten der Betroffenen umzusetzen. Gleichzeitig beweisen jedoch die bereits erwähnte hohe Anzahl der Geduldeten in Deutschland sowie die niedrige Anzahl der Menschen, die durch die Regelung bisher ihren Aufenthalt sichern konnten, dass die Problematik und Praxis der Kettenduldungen in Deutschland durch die Bleiberechtsregelung nicht beendet wurde und dies auch nicht mehr zu erwarten ist. Es stellt sich die Frage nach den Gründen: Inwiefern könnte dies an den Erteilungsvoraussetzungen liegen, die möglicherweise zu hoch angesetzt wurden? Es kann auch die Frage aufgeworfen werden, ob das Gesetz selbst mit seinen Anforderungen sowie dem Ausschlusskatalog angemessen formuliert wurde in Bezug auf die bisherigen rechtlichen Rahmenbedingungen des Aufenthaltes der Geduldeten. Es könnte daher ein Widerspruch bestehen zwischen den Voraussetzungen, deren Erbringung jetzt von den Betroffenen verlangt wird, und den Umständen, unter denen sie jahrelang lebten.

5.3.1 Stichtagregelung

Eine einmalige Stichtagregelung kann die Praxis der Kettenduldung nicht nachhaltig ändern, so die Kritik von Hailbronner (2008, S. 4): „Durch die Beschränkung auf den Stichtag 1.7.2007 (...) ist die Regelung beschränkt auf die aktuelle Situation der sich derzeit im Bundesgebiet auf Grund einer langjährigen Duldung aufhaltenden Ausländer. Für zukünftige Fälle eines langjährigen faktischen Aufenthaltes im Bundesgebiet kann daraus keine Präzedenzwirkung abgeleitet werden. § 104a hat daher lediglich eine ergänzende

Funktion zu der von den Bundesländern bereits auf Grund des IMK-Beschlusses v. 17.11.2006 beschlossenen Bleiberechtsregelung."

Es ist statistisch nicht erfasst, wie viele Menschen von der Bleiberechtsregelung ausgeschlossen sind, weil sie die Voraussetzung des Stichtages nicht erfüllen. Es ist jedoch bekannt, dass vielen der langjährig Geduldeten aufgrund ihrer Einreise zu einem wenig späteren als im Gesetz vorgesehenen Zeitpunkt die Aufenthaltserlaubnis verweigert wurde, womit das Problem der Kettenduldung für diese Menschen nicht gelöst ist.[25]

5.3.2 Nachweis über die eigenständige Sicherung des Lebensunterhalts

Ein Indikator der in der Bleiberechtsregelung von Geduldeten geforderten „faktischen und wirtschaftlichen Integration" war unter anderem die Erwerbstätigkeit. Es stellte sich jedoch schnell heraus, dass die Voraussetzung des Nachweises der eigenständigen Sicherung des Lebensunterhalts die Anzahl der faktisch Bleibeberechtigten erheblich reduzierte. Von den ca. 200.000 geduldeten Flüchtlingen, die in Deutschland leben, erhielten ca. 35.000 eine Aufenthaltserlaubnis nach der Altfallregelung. 80 Prozent dieser Antragsbewilligungen wurden jedoch nur auf Probe erteilt, da die Flüchtlinge zum Zeitpunkt der Antragstellung zumeist nicht regulär beschäftigt waren. Menschenrechtsorganisationen warnten im Laufe des Jahres 2009 davor, dass Ende des Jahres Tausenden von Flüchtlingen der Rückfall in die (Ketten-) Duldung oder eine Abschiebung drohe (vgl. Pelzer 2009). Vor dem Hintergrund dieser Prognosen wurde im Dezember 2009 schließlich beschlossen, die Frist um zwei Jahre zu verlängern.

Die bisherigen restriktiven Zugangsvoraussetzungen zum Arbeitsmarkt definierten diese Zielgruppe jahrelang als nachrangige Arbeitsmarktsteilnehmer. Die Partizipation am Arbeitsleben war dadurch faktisch unmöglich. Durch die starken Restriktionen der Ausländerbehörden sowie der Agenturen für Arbeit wurde den Menschen jahrelang die Möglichkeit der Erwerbstätigkeit verweigert. Aus Gesprächen mit Mitarbeitern des Projektes „BLEIB in Mittelhessen" geht hervor, dass die Bleiberechtsflüchtlinge Schwierigkeiten in Bezug auf

---

[25] Eines von vielen Beispielen ist eine Familie aus Afghanistan, die im Dokumentarfilm „Heimat auf Zeit" der Studierenden des Studiengangs BASIB porträtiert wurde (vgl. Heimat auf Zeit 2007). Diese Familie konnte keinen Antrag auf Bleiberecht stellen, da sie erst drei Monate nach dem Stichtag nach Deutschland eingereist war.

praktische Fähigkeiten bei Bewerbungsstrategien oder sogar Schrift- und Lesekompetenzen haben. Angebote zur Verbesserung dieser Kompetenzen bestanden nicht. Ferner erweisen sich besonders bei älteren Geduldeten als Hindernisse bei Vorstellungsgesprächen oft die Sprachbarrieren, die ein Ergebnis der jahrelangen gesellschaftlichen Isolation sind, in der die Betroffenen lebten (vgl. ZPKF Berlin 2008, S. 37).

Unter den Geduldeten befinden sich selbstverständlich auch hochqualifizierte Menschen mit abgeschlossener Ausbildung: Akademiker oder Ingenieure, die ihre in ihren Herkunftsländern erworbenen Kompetenzen auf dem deutschen Arbeitsmarkt nicht umsetzen dürfen. Aus der Expertise zur Umsetzung der Bleiberechtsregelung 2008 geht hervor, dass „ein wiederkehrendes Problem in Bezug auf die Integration von lange geduldeten Flüchtlingen in den Arbeitsmarkt (...) das Fehlen von anerkannten schulischen und beruflichen Ausbildungen" ist. (ebd., S. 93) In Deutschland gestaltet sich die Prozedur der Anerkennung ausländischer Diplome schwierig, ist oft mit hohen finanziellen Kosten verbunden und verlangt zusätzlich ein an einer deutschen Hochschule abgeschlossenes Studium. Neben der Kostenfrage, die mit der Aufnahme eines Studiums verbunden ist, erscheint dies aus zwei Gründen problematisch: Erstens benötigen Flüchtlinge eine Erlaubnis zur Aufnahme eines Studiums, die für Menschen mit Duldungen nur in Ausnahmefällen erteilt wird. Zweitens müssen sie ausreichende Deutschkenntnisse nachweisen und die hohen Kosten für Vorbereitungssprachkurse und Prüfungen selbst tragen, da für Geduldete keine staatliche Sprachförderung vorgesehen ist. Erst seit 2007 dürfen geduldete Flüchtlinge, die ein Bleiberecht erhalten haben, an Integrationskursen teilnehmen.

Der größte Anteil der hochqualifizierten Menschen mit Duldungen ist deshalb in einem der Arbeitssektoren für Niedrigqualifizierte tätig. Heinhold (2007, S. 249) stellt fest, dass Geduldete, wenn sie in einem Beschäftigungsverhältnis stehen, überwiegend einen schlecht bezahlten Teilzeitjob ausüben. Ferner sind diese Arbeitsverhältnisse prinzipiell von kurzer Dauer, was wiederum nicht den Voraussetzungen der Bleiberechtsregelung entspricht (vgl. ZPKF Berlin 2008, S. 37). Die Beschäftigungsbranchen, die für Flüchtlinge in Frage kommen, zeichnen sich meistens durch sehr geringeres Einkommen und schlechte Arbeitsbedingungen aus. Kühne (2009, S. 254 f.) macht auf die Aufteilung in einen primären und sekundären Sektor des Arbeitsmarkts aufmerksam. Während die hochwertigen Arbeitsplätze des primären Sektors dem sozialen Besitzstand zunächst der Deutschen und allenfalls der bevorrechtigten Migrant(inn)en zugerechnet werden können, umfassen die niedrigwertigen „Jedermann-Arbeitsplätze" des sekundären Sektors das Gesamtspektrum von sog. Anlernfähigkeiten und „bad jobs" (ebd.). Zu diesen Arbeitsstellen haben die Flüchtlinge Zugang, ohne Rücksicht auf die in ihren Herkunftsländern erworbenen Kompetenzen. Deshalb sind sie in manchen extrem belastenden und/oder niedrig entlohnten Berufsfeldern sogar ausgesprochen gefragt. Hier stellt sich weiterhin die Frage, ob das Einkommen des Niedriglohnarbeitssektors ausreichend sein kann für die eigenständige Sicherung des Lebensunterhalts. Dies betrifft vor allem kinderreiche Familien, die finanziell viel mehr zur Absicherung des Lebensunterhalts benötigen.

Schließlich macht der Geschäftsführer des Hessischen Flüchtlingsrates Timmo Scherenberg in einem Interview darauf aufmerksam, dass viele der Flüchtlinge traumatisiert sind und deswegen nicht Vollzeit arbeiten können. Er kritisiert, dass nur „die leistungsfähigen Flüchtlinge Bleiberecht erhalten" (Scherenberg 2006). Auch nach Ansicht von Amnesty International (2006b) „ist es nicht sachgerecht, die Erteilung des Bleiberechts an die Finanzierung des Lebensunterhalts zu knüpfen", da die Chancen der kinderreichen Familien sowie der Alleinerziehenden dadurch gering sind.

Zusätzlich werden diejenigen, die jetzt eine Arbeit suchen, es angesichts der aktuellen Verschlechterung der wirtschaftlichen Konjunktur schwer haben, von Sozialleistungen unabhängig zu werden. Dies wird bereits jetzt sichtbar: Während in den südlichen Bundesländern mit niedriger Arbeitslosigkeit 30 Prozent der Antragsteller noch Arbeit finden müssen, um den Status zu behalten, beträgt diese Zahl bis zu über 70 Prozent in Bundesländern, in denen die Beschäftigungslage schwieriger ist. Diese Zahlen sind ein Indikator dafür, dass es bei der Verlängerung der Aufenthaltserlaubnisse verstärkt zu Problemen kommen wird (vgl. Hessischer Flüchtlingsrat 2008).

Nach den Prognosen wird infolge der Rezession auch die Arbeitslosigkeit steigen, wovon ökonomisch schwächere Bundesländer stärker betroffen sein werden. Damit verschlechtert sich die Lage der in diesen Bundesländern lebenden Flüchtlinge, die sich um das Bleiberecht bemühen, aber dafür erst eine Arbeit finden müssen. Deshalb fordern zum Beispiel der Flüchtlingsrat Schleswig-Holstein und die bundesweite Arbeitsgemeinschaft für Flüchtlinge

Pro Asyl eine Entschärfung der Bleiberechtsregelung in Bezug auf die Lebensunterhaltssicherung. Der Geschäftsführer von Pro Asyl, Günter Burkhardt, betont angesichts der Rezession, dass „ein Schlussstrich, keine Fortsetzung der Hängepartie ums Bleiberecht" notwendig ist (Flüchtlingsrat Schleswig-Holstein/Pro Asyl 2008).

5.3.3 Ausschlussgründe

In Bezug auf die Ablehnungsgründe existiert keine detaillierte statistische Auswertung. Generell lässt sich jedoch feststellen, dass sich die Ausschlussgründe je nach Bundesland stark unterscheiden können. Dies hängt damit zusammen, dass manche Bundesländer spezielle Erlasse zur Bleiberechts- und Altfallregelung verkündeten und damit unterschiedliche Ausschlussgründe bei der Bearbeitung von Anträgen festschrieben.[26] Aus der Expertise zur Umsetzung der Bleiberechtsregelung aus dem Jahre 2008 geht hervor, dass die Erteilung einer Aufenthaltserlaubnis in den meisten Fällen wegen vorsätzlicher Hinauszögerung der Abschiebung verweigert wurde, gefolgt von Täuschung der Behörden, Strafen von über 50 Tagessätzen und sonstigen Gründen. Große Probleme gab es in vielen Bundesländern auch mit der Passbeschaffung, wobei dies vor allem Flüchtlinge aus Armenien, Aserbaidschan, Irak und Togo betraf (vgl. ZPKF Berlin 2008, S. 48). Es wird jedoch nicht angegeben, ob diese Probleme in der mangelnden Mitarbeit der Behörden der jeweiligen Herkunftsländer begründet waren.

Der Katalog der Ausschlussgründe ist angesichts der Notwendigkeit der Verfestigung des Aufenthalts vieler Geduldeter kritisch zu bewerten. Marx (2007, S. 23) sieht eine ernsthafte Gefahr, „dass das Ziel des Entwurfs, langjährig im Bundesgebiet geduldeten und integrierten Ausländern eine dauerhafte Perspektive zu eröffnen, durch extensive Anwendung der Ausschlussgründe in sein Gegenteil verkehrt wird." Die Ausschlussgründe bedürfen seiner Meinung nach wegen ihrer „unbestimmten Weite und teilweise schwammigen Begrifflichkeit der Überprüfung."

In einem Urteil des VG Hamburg vom 30.1.2008 wird der Ausschlussgrund wegen Täuschung der Ausländerbehörde zwecks Hinzögerung der Abschie-

---

[26] Siehe die Unterscheidung der häufigsten Ablehnungsgründe nach Bundesländern in BT-Drs. 16/9906. Diese basieren jedoch ausschließlich auf den Einschätzungen der Bundesländer und sind durch keine statistisch erfassten Zahlen belegt.

bung folgendermaßen kommentiert: Die Vorschrift des Aufenthaltsgesetzes dürfte „von der Absicht getragen sein (...), ein Fehlverhalten des Ausländers in der Vergangenheit nicht durch Erteilung einer Aufenthaltserlaubnis nachträglich zu begünstigen. Ein Ausländer, der seinen fortwährenden Aufenthalt im Bundesgebiet lediglich dem eigenen gesetzeswidrigen Verhalten zu verdanken hat, soll von der Altfallregelung ausgeschlossen bleiben." (VG Hamburg 2008)

Die Formulierungen des Urteils scheinen gravierende Straftaten zu betreffen, es geht jedoch oft nur um Versuche, die eigene Abschiebung zu verhindern. Dies ist verständlich, da Flüchtlinge durch die Rückkehr in ihre Herkunftsländer ihr eigenes Leben und eventuell das anderer Familienmitglieder in Gefahr sehen und daher versuchen, der Abschiebung zu entgehen. Der UNHCR macht darauf aufmerksam, dass die Erteilung einer Duldung „in vielen Fällen gerade Ausdruck ernsthafter Rückkehrhindernisse" ist (UNHCR 2006, S. 5). Die Gründe, warum der Ausreisepflicht nicht nachgekommen wird, sollten stärker berücksichtigt werden.

Weiterhin ist der Ausschluss ganzer Familien wegen der Straffälligkeit eines in häuslicher Gemeinschaft lebenden Familienmitglieds nicht nachzuvollziehen. Das Bundesinnenministerium weist zwar darauf hin, dass „auf Grund der häuslichen Gemeinschaft ein negativer Einfluss auf die übrigen Familienmitglieder nicht auszuschließen" sei (BMI 2007a, S. 79). Dieser Ausschluss beruhe damit allerdings ausschließlich auf einer Annahme und führe die Sippenhaftung ein, so Heinhold (2007, S. 250). Laut Marx (2006, S. 22) stoßen die „rigiden Vorschriften über die Mithaftung der gesamten Familie für strafrechtliches Verhalten eines einzelnen Familienmitgliedes auf schwerwiegende Bedenken, weil damit dem den Grund- und Menschenrechten zugrunde liegenden Prinzip eigenverantwortlichen selbstbestimmten Handelns zuwider gehandelt wird."

So sollte nach Ansicht des UNHCR das Gewicht der Straftaten und eine eventuelle Wiederholungsgefahr abgewogen werden, wenn auf dieser Grundlage der Ausschluss vom Bleiberecht erwogen wird (vgl. UNHCR 2006, S. 5). Ferner ist die Ablehnung bei fehlender Erfüllung der Mitwirkungspflichten – insbesondere bei der Beschaffung von gültigen Passdokumenten – nach Ansicht von Amnesty International nicht angemessen, da die Geduldeten selbst oft nicht die Verantwortung für die Probleme tragen. Häufig entstehen Komplikationen bei der Ausstellung von Dokumenten durch die fehlende Zusammenarbeit der zuständigen Botschaften der Herkunftsländer. Aus diesem Grund fordert Amnesty International, „dass nicht die Vorlage eines Passersatzpapiers der Botschaft eines Herkunftslandes zur Voraussetzung für die Erlangung eines Bleiberechtes gemacht werden darf, sondern vielmehr die Bemühungen des Geduldeten um ein Passersatzpapier bei den jeweiligen Botschaften ausreichen muss." (Amnesty International 2006b, S. 2) Laut UNHCR (2006, S. 4) „sollte nur die fortgesetzte gröbliche Verletzung von Mitwirkungspflichten zum Ausschluss vom Bleiberecht führen."

Auch der Ausschluss wegen „bestehenden Bezügen zu extremistischen oder terroristischen Organisationen" ist bedenklich. Grundsätzlich ist „jegliche Verbindung zu Personen und Sachverhalten, die einen extremistischen oder terroristischen Hintergrund aufweisen" ausreichend, um von der Regelung ausgeschlossen zu werden. Marx vertritt die Meinung, dass dieser Begriff der öffentlichen Sicherheit sich von greifbaren Gefährdungstatbeständen löst und auf bloße Milieus zielt. „Ist bereits die auf Tatsachen gestützte Gefahrenprognose rechtlich kaum noch begründbar, ist deren Unterschreitung durch bloße Kontakttatbestände nicht mehr akzeptabel", stellt er fest. Dabei wird der Fokus meistens auf islamisch geprägte Milieus gelegt. Dies birgt die Gefahr in sich, dass mit diesem Ausschlussgrund „einer diskriminierenden, die Religionsfreiheit verletzenden Verwaltungspraxis Vorschub geleistet wird." (Marx 2007, S. 23)

Inakzeptabel ist ferner, dass die Bundesländer laut Gesetz aus Sicherheitsgründen Menschen bestimmter Staatsangehörigkeit pauschal aus der Regelung ausschließen können. Marx betont, dass „der freiheitliche Rechtsstaat es nicht [zulässt], dass ganze Nationen unter einen pauschalen Sicherheits- oder Terrorismusverdacht gestellt werden." (ebd.)

Daher gilt der Ausschluss von Personen nur aufgrund ihrer Nationalität als eine Diskriminierung, für die es in einem demokratischen und sozialen Staat keinen Platz geben sollte. Der Vorschlag des BMI, irakische Flüchtlinge aus Gründen der nationalen Sicherheit von der Bleiberechtsregelung auszuschließen, wurde von Menschenrechtsorganisationen heftig kritisiert.[27] Aufgrund der

---

[27] Bemerkenswert ist die große Anzahl der geduldeten Flüchtlinge aus dem Irak. Vor Inkrafttreten des Bleiberechtsbeschlusses (Stichtag: 31.10.2006) hielten sich 10.682 Personen aus dem Irak mit Duldung oder Aufenthaltsgestattung in Deutschland auf. Davon waren 2.773 Personen seit mindestens sechs Jahren und 1.336 Personen seit mindestens acht Jahren geduldet (vgl. BT-Drs. 16/7089).

vehementen Proteste nahm der Gesetzgeber davon Abstand, diese Ausschlusskriterien gesetzlich zu verankern. Vielen der irakischen Flüchtlinge wurde bereits im Widerrufsverfahren des BAMF die Flüchtlingseigenschaft oder die Asylberechtigung entzogen, sodass sie ausreisepflichtig wurden. Mit dem pauschalen Ausschluss aus dem Anwendungsbereich der Bleiberechtsregelung waren sie direkt von der Abschiebung bedroht. Angesichts der aktuellen politischen Situation im Irak sprachen sich der UNHCR, Amnesty International, zahlreiche Flüchtlingsräte und Pro Asyl gegen diesen Ausschluss aus und forderten einen Abschiebestopp in den Irak (vgl. UNHCR 2006; Amnesty International 2006b; Flüchtlingsrat Schleswig-Holstein/Pro Asyl 2006).

5.3.4 Ausnahmen

Bedenklich sind auch die Ausnahmen, die die Bleiberechtsregelung beinhaltet. Kranke, Arbeitsunfähige sowie Personen, die das 65. Lebensjahr vollendet haben, werden zwar von dem Nachweis über die Sicherung des Lebensunterhaltes befreit und sind somit nicht per sé von der Bleiberechtsregelung ausgeschlossen. Eine Erteilung der Aufenthaltserlaubnis für diese Menschen kann jedoch nur erfolgen, wenn sie ihren Lebensunterhalt ohne Inanspruchnahme öffentlicher Mittel durch eigene Mittel (wie etwa Altersrente) bestreiten können. Fraglich ist, wie diese Menschen die Zugangsvoraussetzungen zur gesetzlichen Kranken- und Pflegeversicherung jemals erfüllen sollen, wenn vielen die Arbeitsverhältnisse sowie Vorversicherungszeiten fehlen. Rein theoretisch könnten sich die betroffenen Flüchtlingen privat versichern; dies scheitert in der Praxis jedoch zumeist an den zu hohen Beitragssätzen der privaten Krankenversicherungen. Zudem tragen Vorerkrankungen zusätzlich zu einer Erhöhung der Beitragssätze bei oder führen zu einer Ablehnung.

Das Gesetz sieht ferner vor, dass andere Familienangehörige sich verpflichten können, die Lebensunterhaltskosten zu übernehmen, sofern diese durch die Altersrente nicht abgedeckt sind. Es stellt sich die Frage, wer diese geforderte Verpflichtungserklärung unterzeichnen kann. Schließlich verfügt der Großteil der älteren langjährig geduldeten Menschen nicht über wohlhabende Angehörige in Deutschland und kann nicht mit finanzieller Unterstützung rechnen. Die Anforderungen des Gesetzes, den Kranken- und Pflegebedarf über Verpflichtungserklärungen von Familienangehörigen abzudecken, entsprechen deshalb nicht den realen Gegebenheiten.

Die Bleiberechtsregelung formuliert Voraussetzungen, die in der Praxis durch die realen Umstände und die Lebenssituation der Flüchtlinge nur sehr schwer realisierbar sind. Die Bleiberechtsregelung manövriert langjährig geduldete Flüchtlinge in eine Zwickmühle: Einerseits waren sie über Jahre hinweg (rechtlich und faktisch) vom Arbeitsmarktzugang ausgeschlossen, andererseits wird von ihnen – als Voraussetzung für die Erteilung von Bleiberecht – erwartet, dass sie unabhängig von staatlichen Transferleistungen für ihren Lebensunterhalt aufkommen. Dies kommt einer Quadratur des Kreises gleich und geht an der Lebensrealität vorbei.

5.3.5 Regelung für Minderjährige

Für Jugendliche im Alter zwischen 14 und 17 Jahren ermöglicht § 104b AufenthG eine eigenständige Lösung, wenn den Eltern eine Aufenthaltserlaubnis verweigert wurde. Die Erteilung einer Aufenthaltserlaubnis für diese Minderjährigen kann aber nur dann erfolgen, wenn deren Eltern ihre (freiwillige) Ausreise zusichern. Heinhold (2007, S. 252) nennt dieses Gesetz eine „fragwürdige Wohltat". Er betont, dass die Kinder vor die Wahl zwischen der gemeinsamen Ausreise mit ihren Eltern und ihrem Verbleib gestellt werden, und mit der Sicherung ihres eigenen Aufenthaltsrechtes endgültig zur Ausreise der Eltern beitragen müssen. Sie geraten somit in den „Loyalitäts- und Gewissenskonflikt", sich von ihren Eltern endgültig trennen zu müssen, um selbst in Deutschland bleiben zu dürfen. Die Eltern hingegen müssen entscheiden, ob sie durch ihre Ausreise und damit der Trennung der Familie möglicherweise ihren Kindern eine bessere Zukunft sichern.

Marx (2007, S. 24) und Heinhold (2007, S. 252) stellen fest, dass ein derartiges Auseinanderreißen der Familie ein Missachten oder sogar einen Verstoß gegen den im Art. 6 Abs. 1 und 2 GG sowie im Art. 8 Abs. 1 EMRK verankerten Schutz der Familie darstellt. Heinhold (2007, S. 252) bezeichnet diese Praxis als eine „Ökonomisierung aller Sachverhalte". Er betont, dass „[i]m staatlichen Interesse einer Verjüngung unserer Gesellschaft und der Bereitstellung von tatkräftigen Arbeitskräften moralische und gesellschaftsstabilisierende Faktoren mit Füßen getreten" werden (ebd.). Eine der Funktionen der Familie als dem kleinsten Bestandteil der Gesellschaft ist das Erlernen der Solidarität, auf die jede Gesellschaft angewiesen ist. Durch das Zusammenleben in der Familie wird gelernt, eigene Interessen angesichts des Gemeinwohls zu reflektieren bzw. abzuwägen, wann diese mit dem Zusammenleben im Widerspruch stehen. Oft wird die Rücksichtnahme, manchmal gar eine Orientierung auf die Interessen der Nächsten gefordert, wovon beide Seiten profitieren – sowohl der Einzelne als auch die Gemeinschaft. Auch im Grundgesetz steht die Sicherung des Eigentums im Zusammenhang mit der Gemeinschaftsverpflichtung, was bedeutet, dass das Eigeninteresse nicht gänzlich unabhängig vom Wohl der Gesellschaft durchgesetzt werden soll. Die Orientierung am Wohl Aller bildet die Grundlage für eine fähige Gemeinschaft.

Heinhold resümiert: „§ 104b AufenthG widerspricht diesem Grundprinzip diametral. Er verspricht dem eigennützig handelnden Kind, ungeachtet seiner emotionalen oder familiären Bindungen, Vorteile um den Preis der Aufgabe seiner gewachsenen Beziehungen. Er konstatiert ein negatives Gesellschaftsmodell." (ebd., S. 253) Anhand der Zahlen wird deutlich, dass Kinder und Jugendliche diese Möglichkeit nur in Ausnahmefällen nutzen. Bundesweit erhielten im Zeitraum vom 28.8.2007 bis zum 30.9.2008 insgesamt 28 Minderjährige eine Aufenthaltserlaubnis auf Grundlage von § 104b AufenthG (vgl. BT-Drs. 16/10986). Bis zum 31.12.2009 erhöhte sich diese Zahl auf 122 (vgl. BT-Drs. 17/642). Das bedeutet, dass 122 Kinder oder Minderjährige endgültig und nicht nur für eine bestimmte Zeit von ihren Familien getrennt wurden, um in Deutschland bleiben zu dürfen.

5.3.6 Sonstige Kritikpunkte

Die vorgebrachten Kritikpunkte bezüglich der Bleiberechtsregelung können mögliche Erklärungen liefern für die geringe Anzahl von langjährig Geduldeten, die durch die Bleiberechtsregelung ihren Aufenthalt in Deutschland sichern können. Die Hauptkritik richtet sich gegen die Anforderung der wirtschaftlichen Selbständigkeit der Flüchtlinge, gegen die Stichtagregelung sowie gegen den umfangreichen Ausschlusskatalog der Bleiberechtsregelung.

Kritisiert wird ferner von zahlreichen Flüchtlingsorganisationen und -initiativen die lange Mindestaufenthaltsdauer. Laut UNHCR sind die genannten Zeiträume zu lang angesichts der Tatsache, dass es sich bei den betroffenen Personen um Flüchtlinge oder schutzbedürftige Personen handelt. Es solle dabei berücksichtigt werden, dass das Gesetz bei anerkannten Flüchtlingen bereits nach einer Aufenthaltsdauer von drei Jahren den Erhalt einer unbefristeten Niederlassungserlaubnis ermöglicht (vgl. UNHCR 2006, S. 4).

Schließlich muss auch darauf aufmerksam gemacht werden, dass trotz der Bleiberechtsregelung immer wieder bundesweit Abschiebungen von langjährig Geduldeten vollzogen werden. So teilte beispielsweise der Hessische Flüchtlingsrat am 13.2.2007 mit, dass Anfang des Jahres 2007 allein aus Hessen an einem Tag 15 Personen von ihren Familien getrennt und in die Türkei abgeschoben wurden, nachdem ihre Anträge auf Bleiberecht abgelehnt worden waren (vgl. Hessischer Flüchtlingsrat 2007). Der Geschäftsführer, Timmo Scherenberg, kommentierte diese Sammelabschiebung folgendermaßen: „Hier wurde wieder einmal deutlich, dass viele langjährig hier lebende Menschen, die gut integriert sind, von der Bleiberechtsregelung ausgeschlossen werden. Es drängt sich der Eindruck auf, dass in einigen Fällen eher versucht wird, Ausschlussgründe zu finden denn eine Lösung für die Familie." (ebd.)

Zusammenfassend lässt sich sagen, dass die Altfall- und Bleiberechtsregelung eine der ersten Regelungen war, die zumindest einigen langjährig Geduldeten ermöglichte, ihr Aufenthaltsrecht zu sichern. Zwei Jahre nach Inkrafttreten der Bleiberechtsregelung entsprach die Gesamtzahl der erteilten Aufenthaltserlaubnisse ca. 30 Prozent aller langjährig Geduldeten zum Zeitpunkt des IMK-Beschlusses. „Das sind zwar mehr, als die meisten innerhalb der Flüchtlingslobby erwartet hatten, aber nur halbvoll ist das Glas noch lange nicht", kommentiert Scherenberg (2008).

Es bleibt die beachtliche Zahl von 89.498 Personen (am 31.12.2009) im unsicheren Duldungsstatus, von denen 56.963 Personen schon länger als sechs Jahre in Deutschland leben (vgl. BT-Drs. 17/642). Ernüchternd ist ferner die Tatsache, dass von den 35.000 Aufenthaltserlaubnissen ca. 80 Prozent lediglich „auf Probe" erteilt wurden (vgl. BT-Drs. 16/13163). Auch wenn der IMK-Beschluss vom Dezember 2009 den Bleiberechtsflüchtlingen „auf Probe" mehr Zeit zugesteht, um die erforderlichen Voraussetzungen zu erfüllen, stellt sich dennoch die Frage, ob es den betreffenden Personen in Zeiten der wirtschaftlichen Krise gelingen wird, sich dauerhaft in den Arbeitsmarkt zu integrieren, um somit eine ökonomische Unabhängigkeit von staatlichen Transferleistungen zu realisieren.

Die Bleiberechtsregelung ist immer noch lediglich eine Zwischenstation auf dem Weg zu der angestrebten humanitären Lösung dieser Problematik, wie Marx (2006, S. 1) feststellte. Die Diskussion über das Bleiberecht für langjährig geduldete Flüchtlinge in Deutschland ist mit dieser Regelung nicht beendet. Die Kritik an der Kettenduldung sowie die Forderung nach der Legitimierung des Aufenthalts von Flüchtlingen in Deutschland stehen weiterhin auf der Agenda von Flüchtlingshilfe- und Menschenrechtsorganisationen.

5.4 Zivilgesellschaftliches Engagement für das Bleiberecht

Wie bereits erwähnt, wurde das Bleiberecht vor allem dank des Engagements zahlreicher Flüchtlings- und Menschenrechtsorganisationen, Flüchtlingsräte und Gruppen ehrenamtlicher Mitarbeiter zum Thema politischer Debatten. Durch zahlreiche Aktionen, Proteste und Demonstrationen machten sie die Öffentlichkeit auf die Problematik in Deutschland aufmerksam und forderten das Bleiberecht für alle Flüchtlinge. In diesem Zusammenhang sollen zwei Initiativen besonders erwähnt werden.

Das Aktionsprogramm „Hier geblieben!" existiert seit 2005 und entstand aus der Zusammenarbeit des Flüchtlingsrates Berlin, Pro Asyl und des GRIPS-Theaters. In diesem Rahmen wurden zahlreiche Proteste, Online-Petitionen und Demonstrationen gegen die Abschiebepraxis der Bundesrepublik organisiert sowie Aktionen, Fotoausstellungen, Appelle und Kundgebungen vor Bundesinnenministerkonferenzen zur Forderung des Bleiberechts für Flüchtlinge in Deutschland. Die Mitglieder des Aktionsprogramms bedauern, dass leider der politische Wille fehle, „einen sofortigen umfassenden Abschiebestopp zu verhängen, ein ganzes Bleiberecht zu verabschieden und endlich Kinder- und Menschenrechte auch in der Bundesrepublik ernsthaft und vollständig zu respektieren" (Hier Geblieben! 2008). Als Form des Protestes entstand ein Theaterstück des GRIPS-Theaters – einer der Partner der Aktion „Hier Geblieben!". Es griff die authentische Geschichte der Schülerin Tanja Ristic auf, die im August 2004 aus dem Unterricht geholt wurde, um zusammen mit ihrer Familie in Abschiebehaft gesperrt zu werden, nachdem ihre Duldung nach zehn Jahren nicht mehr verlängert worden war. Der Vater und die ältere Schwester Sonja Ristic wurden nach Bosnien abgeschoben und die Familie wurde getrennt. Dank des Einsatzes der Neuköllner Fritz-Karsen-Schule und ihrer Lehrer/innen und aufgrund von öffentlichen Protesten wurde die Abschiebung Tanjas und ihrer erkrankten Mutter verhindert. Im Juli 2005 erteilte die Härtefallkommission eine Aufenthaltsgenehmigung für beide. Die Fritz-Karsen-Schüler/innen wurden inzwischen mehrfach für ihr Engagement ausgezeichnet (vgl. Grips-Theater 2005). Das Theaterstück erlebte seit der Uraufführung am 2.5.2005 inzwischen bundesweit 150 Aufführungen.

Ferner wurde aus dem Aktionsprogramm „Hier Geblieben!" pädagogisches Material für die Klassenstufen 4 bis 13 verfasst, dessen Ziel es ist, Kinder und Jugendliche für das Schicksal der in Deutschland lebenden Flüchtlinge zu sensibilisieren. Es soll Hilfestellung bieten, um Kinderrechte, Flucht, Duldung sowie Abschiebung im Unterricht zu thematisieren und damit die Jugendlichen zu Zivilcourage und politischer Teilhabe zu ermutigen. Im Rahmen dieses Unterrichtsprogramms sollen sich Jugendliche in höheren Jahrgängen mit unterschiedlichen Positionen zum Thema Bleiberecht auseinandersetzen und in Form eines Gerichtsverfahrens die Rolle der Staatsanwälte, Rechtsanwälte, des Innenministers oder der Ausländerbehörde einnehmen sowie Flüchtlings- und Menschenrechtsorganisationen darstellen oder als Zeug(inn)en Stellung beziehen.

Eine andere gesellschaftliche Initiative im Kontext des Bleiberechts ist die Aktion „Jugendliche ohne Grenzen" (JoG). Sie wurde im Herbst 2005 von Jugendlichen der Theatergruppe GRIPS, des Jugendspielclubs und des Bildungs- und Beratungszentrums für Beruf und Beschäftigung (BBZ) Berlin gegründet. Seitdem setzen sich junge Menschen aus zwölf Bundesländern für die Rechte von Flüchtlingen und illegalisierten Menschen und für die Verbesserung ihrer Lebensbedingungen ein, fordern die Umsetzung der UNO-Kinderrechte, die Abschaffung der Residenzpflicht, die Schließung aller Lager und Heime und die Gewährleistung von Existenzsicherung sowie eine Verbesserung der Gesundheitsversorgung und eine Sicherung der Bildungsmöglichkeiten. Schließlich fordern sie in ihren Aktionen das Bleiberecht für alle Flüchtlinge in Deutschland. Seit 2005 veranstaltet diese Initiative parallel zu den Innenministerkonferenzen eine eigene Konferenz als Protest gegen die deutsche Asylpolitik und Abschiebepraxis. An dieser JoG-Konferenz nehmen Jugendliche aus dem gesamten Bundesgebiet teil sowie jugendliche Flüchtlinge und Mitglieder von Menschenrechtsorganisationen.

Vom 15. bis 18. November 2006 etwa forderten in Nürnberg ca. 100 geduldete junge Flüchtlinge und Mitglieder der JoG das Bleiberecht für alle Flüchtlinge. Im Rahmen der Konferenz wurden zahlreiche Diskussionen und Workshops zum Thema Asylrecht sowie eine Demonstration in der Nürnberger Innenstadt durchgeführt, an der sich mehr als 2.500 Menschen beteiligten (vgl. Hier geblieben?! 2007). Die letzte Konferenz der „Jugendlichen ohne Grenzen" fand im Dezember 2009 in Bremen statt.

Angesichts der Tatsache, dass mit der Bleiberechtsrichtlinie das Aufenthaltsrecht vieler langjährig geduldeter Flüchtlinge nicht verfestigt wurde, wird die Bleiberechtsbewegung fortbestehen. Die Präsenz der Flüchtlingsthematik in der Öffentlichkeit, in den Medien sowie im Bildungswesen ist notwendig, damit ein möglichst großer Anteil der Gesellschaft für diese menschenrechtlichen Fragen sensibilisiert wird.

6. Kommentare zur aktuellen Entwicklung

Im Laufe der Jahre 2008 und 2009 wurden zahlreiche Fristen verändert bzw. verlängert; die Vorrangprüfung, die über Jahre hinweg gültig war, wurde gelockert und für bestimmte Gruppen von Geduldeten abgeschafft. Das Thema Bleiberecht avancierte auch zum Gegenstand der Koalitionsverhandlungen zwischen der CDU/CSU und der FDP. Die Unionsparteien verbanden die Altfallreglung immer mit einer „wirtschaftlichen Komponente". Die CDU/CSU-Fraktion im Bundestag bestand auf einem neuen befristeten Bleiberecht, allerdings ausschließlich für diejenigen, die ihren Lebensunterhalt „eigenständig" bestreiten. Den Geduldeten solle Bleiberecht gewährt werden, „wenn es auch ein wirtschaftliches Interesse an ihrem Aufenthalt in Deutschland gibt." (BT-Drs 16/14088)

Die parlamentarische Opposition – SPD, Die LINKE, Bündnis 90/Die Grünen – forderte eine Dauerlösung für die Geduldeten, ohne diese an die Voraussetzung einer „eigenständigen Lebensunterhaltssicherung" (ohne Inanspruchnahme von Sozialleistungen) zu knüpfen. Menschenrechts- und Flüchtlingsorganisationen wiesen eindringlich auf die negative Auswirkung der Bleiberechtsregelung sowie auf die extrem schlechte Lebenssituation der geduldeten Flüchtlinge hin und forderten eine Reform zugunsten der Flüchtlinge.

Ende des Jahres 2009 wurde die Anschlussregelung beschlossen. Dieser IMK-Beschluss vom 4.12.2009 rief unterschiedliche Reaktionen bei Politiker(inne)n verschiedener Couleur hervor. Hessens damals amtierender Innenminister Volker Bouffier (CDU) bezeichnete den Beschluss als einen „zukunftsweisenden und klugen" Kompromiss, und auch Berlins Innensenator Erhart Körting (SPD) sprach von einer „vernünftigen Regelung". Niedersachsens Innenminister Uwe Schünemann (CDU) betonte, dass von Menschen ohne Aufenthaltsrecht, die aus rein „humanitären Gründen" von einer Sonderregelung profitieren, wenigstens Bemühungen zu erwarten seien. Der Beschluss verhindere auch langfristig eine „Zuwanderung in die Sozialsysteme". Eine Abschiebung der Menschen, die ihren Lebensunterhalt in der Bundesrepublik nicht eigenständig sichern können, sei eine logische Folge, so Schünemann (vgl. Innenministerkonferenz 2009). Ulla Jelpke, innenpolitische Sprecherin der Fraktion Die LINKE, stellte dagegen fest: „Der Beschluss der Innenministerkonferenz, die geltende Bleiberechtsregelung um weitere zwei Jahre zu verlängern, geht am Problem vorbei. Der Aufenthalt ‚auf Probe' wurde zwar im Hauruckverfahren verlängert. Weiterhin bleiben aber viele Menschen von einer Aufenthalts- und Arbeitserlaubnis ausgeschlossen." (Jelpke 2009). Josef Winkler (Bündnis 90/Die Grünen) bewertete den Beschluss über die Verlängerung als unzureichend und betonte, dass nur eine stichtagsunabhängige Bleiberechtsregelung die Praxis der Kettenduldungen dauerhaft vermeiden wird (vgl. Winkler 2009a).

Kritisch äußerten sich auch Rechtsanwälte, die schwerpunktmäßig mit Ausländer- und Asylrecht befasst sind. Die Rechtsanwaltskanzlei Waldmann-Stocker & Coll. wies in ihrem Kommentar zum IMK-Beschluss darauf hin, dass die wesentlichen Probleme der bisherigen Bleiberechtsregelung mit der Anschlussregelung weiterhin ungelöst blieben: Weder Erteilungsvoraussetzungen noch Ausschlussgründe wurden verbessert. Die Fragen bezüglich der Problematik der Passlosigkeit, der Sippenhaftung bei Straftaten und der fehlenden „Verjährung" eines Täuschungsvorwurfs blieben immer noch offen. Ferner kritisierte die Rechtsanwaltskanzlei das Festhalten an einem festen Stichtag sowie die Nichtberücksichtigung der schwierigen Lebensunterhaltssicherung von Familien mit Kindern oder arbeitsunfähigen Personen (vgl. Rechtsanwaltskanzlei Waldmann-Stocker & Coll. 2009).

Das UN-Flüchtlingskommissariat (UNHCR) begrüßte den IMK-Beschluss. Dieser „erlöst kurzfristig viele der unmittelbar Betroffenen aus einer oftmals quälenden Ungewissheit", so Michael Lindenbauer, UNHCR-Vertreter für Deutschland und Österreich. Er betonte, dass die Anschlussregelung „den

Betroffenen, aber auch den politisch Verantwortlichen eine Atempause verschafft." Lindenbauer appellierte jedoch an die Gesetzgeber, „langfristig tragbare Lösungen" zu finden, um auch zukünftig Kettenduldungen zu verhindern. Erreicht werden könnte dies durch die Abschaffung der Stichtagsregelung, so Lindenbauer. Ferner seien die „Aufenthaltsdauer und das Alter der Betroffenen sowie deren soziale Verwurzelung in Deutschland, darüber hinaus die Lage im jeweiligen Herkunftsland und die damit verbundenen realen Möglichkeiten zur Reintegration" wichtige Kriterien, die in den weiteren Gesetzen zur Erteilung von Aufenthaltserlaubnissen berücksichtigt werden sollten (vgl. UNHCR 2009 a).

Vertreter/innen anderer Menschenrechtsorganisationen zeigten sich enttäuscht: Angelika von Loeper, Vorsitzende des baden-württembergischen Flüchtlingsrates, stellte bedauernd fest, dass es zu keiner „grundsätzlichen Reform der Altfallregelung" kam und forderte daher eine großzügige Umsetzung der Anschlussregelung sowie eine weitere, dauerhafte Lösung des humanitären Problems, die die schwierige Situation von langjährig Geduldeten berücksichtigt (vgl. Flüchtlingsrat Baden-Württemberg 2009).

Pro Asyl bezeichnete die Verlängerung der Bleiberechtsregelung als eine „Minimallösung". Bernd Mesovic, rechtspolitischer Referent der Organisation, stellte fest: „Mit dem Beschluss der Innenministerkonferenz werden die Betroffenen zwei weitere Jahre unter die Bewährungsaufsicht der Ausländerbehörden gestellt." In der aktuellen schwierigen Konjunktur werde die Sicherung des Lebensunterhalts ein „Stolperstein" sein. Mesovic machte zudem auf die mangelnde Berücksichtigung der schwierigen Situation von alten, kranken und behinderten Betroffenen aufmerksam. Er betonte, dass die Bleiberechtsregelung für diese Menschen keine Perspektive eines gesicherten Aufenthaltsrechts biete. Pro Asyl konstatierte schließlich: „Das Ergebnis der Innenministerkonferenz ist kein Freibrief für zwei Jahre der Untätigkeit" – die Bleiberechtsregelung müsse also reformiert werden (vgl. Pro Asyl 2009).

Es bleibt festzuhalten, dass die aktuelle politische Entscheidung zur Verlängerung der Bleiberechtsregelung die Debatte um dieses Thema nicht abschließt. Die Menschenrechts- und Flüchtlingshilfsorganisationen bewerten den Beschluss als höchst unzureichend, zumal alle bisherigen Beschlüsse ihr ursprüngliches Vorhaben – die Verhinderung der Kettenduldungen – verfehlten. Sie fordern weiterhin eine humanere Regelung, die den in Deutschland lebenden Geduldeten eine Zukunftsperspektive ermöglicht.

An neuen Gesetzentwürfen mangelt es nicht. SPD, Bündnis 90/Die Grünen sowie Die LINKE haben jeweils Vorschläge zur Lösung der Problematik der Kettenduldungen vorgelegt. Die Fraktion Bündnis 90/Die Grünen schlug bereits im Vorfeld der Innenministerkonferenz eine Fristverlängerung der Bleiberechtsregelung um ein Jahr vor. Die LINKE fordert in ihrem Gesetzentwurf ein umfassendes Bleiberecht auf Bundesebene sowie die Erteilung einer Aufenthaltserlaubnis, wenn „eine Abschiebung aus rechtlichen oder tatsächlichen Gründen in absehbarer Zeit nicht möglich ist." Ein dauerhaftes Bleiberecht soll nach spätestens fünf Jahren gewährt werden, für Familien mit Kindern nach drei Jahren bzw. noch früher für „besonders schutzbedürftige Personen". Gefordert wird ferner die Erteilung von Aufenthaltserlaubnissen unabhängig von der Lebensunterhaltssicherung (vgl. BT-Drs. 17/19).

Mitte Dezember 2009 schlugen die Abgeordneten der SPD in einem Gesetzentwurf zur Änderung der Aufenthaltsregelung vor, die Anforderungen zur Sicherung des Lebensunterhaltes weitgehend abzusenken. Bereits ernsthaftes Bemühen um Arbeit soll als ausreichend erachtet und die Mindestaufenthaltszeit für Minderjährige auf vier Jahre reduziert werden. Die SPD ist der Auffassung, dass eine neue Regelung stichtagsunabhängig sein sollte (vgl. BT-Drs. 17/207). Die Fraktion Bündnis 90/Die Grünen plädiert für ähnliche Veränderungen und will im Laufe des Jahres 2010 einen eigenen Vorschlag zur Reform der Bleiberechtsregelung vorlegen (vgl. Winkler 2009b). Der FDP-Innenexperte Hartfrid Wolff äußerte die Erwartung, in den nächsten zwei Jahren eine „nachhaltige Lösung" zu finden (vgl. Wolff 2009). Gerade die FDP müsse derzeit dafür sorgen, dass der unzureichende Beschluss der Innenministerkonferenz nicht das letzte Wort bleibe. Als am 17.12.2009 die bereits erwähnten Gesetzentwürfe der SPD und der Fraktion Die LINKE im Bundestag zur Debatte standen, warf der FDP-Politiker der LINKEN jedoch vor, „de facto auf jede Steuerung der Zuwanderung verzichten zu wollen." Stephan Mayer (CDU) sah den möglichen Rückfall der 30.000 Menschen in die Duldung nicht als „humanitäre Katastrophe" an, da ihnen keine Abschiebung drohe (vgl. Deutscher Bundestag 2009). Angesichts der bisherigen politischen Diskussion zum Thema Bleiberecht, die immer wieder die wirtschaftliche Komponente in den Vordergrund stellt, ist fraglich, inwieweit die bevorstehende Reform der Bleiberechtsregelung den Menschenrechten tatsächlich oberste Priorität beimessen wird.

Derzeit sind die Landesregierungen gefragt, die Anschlussregelung vom 4.12.2009 zu Gunsten der Betroffenen zu interpretieren. Unbeantwortet bleibt die Frage, was mit jenen langjährig Geduldeten geschehen wird, die von keiner der bisherigen Regelungen erfasst worden sind.

7. Ausblick

Die weltweite Migration nimmt weiter zu, weil ihre Hauptursachen nicht geringer geworden sind. Die Gefahr für Leib und Leben durch Kriege, Bürgerkriege, politische Verfolgung, Hunger, soziale Perspektivlosigkeit, Umweltkatastrophen und die wirtschaftlichen und humanitären Folgen der Kolonialgeschichte veranlassen Millionen Menschen dazu, ihre Herkunftsländer zu verlassen und anderweitig Schutz zu suchen. Derzeit befinden sich schätzungsweise 44 Millionen Menschen auf der Flucht oder in fluchtähnlichen Situationen. Wie diese Studie zeigt, wird der notwendige Schutz dieser Bedürftigen jedoch nicht ausreichend gewährt, sondern es findet ein stetiger Prozess der immer restriktiveren Entwicklung der Asylpolitik vieler Länder insbesondere im europäischen Raum statt. Die Tendenz der Asylpolitik geht dahin, die Zuwanderung der Flüchtlinge zu verhindern und den Zugang zu Asylprozeduren zu erschweren. Damit wird Flüchtlingen das ihnen zustehende internationale Recht auf Schutz verweigert. Flüchtlinge gelten in zunehmendem Maße als ein Sicherheitsrisiko. Dies betrifft nicht nur die Rechtsstellung während des Asylverfahrens, sondern vor allem auch die Aufnahmebedingungen von Flüchtlingen. Die Traumatisierung und Entwurzelung, die rechtlichen Beschränkungen und der mangelnde Zugang zu sozialen Infrastruktureinrichtungen sowie die Perspektivlosigkeit, die permanente Unsicherheit und deren negative Folgen für die psychische Gesundheit prägen jahrelang den Alltag der Flüchtlinge. Darüber hinaus machen viele die Erfahrung von Diskriminierung und gesellschaftlicher Distanzierung. Gleichzeitig avanciert „Integration" zu einem der wichtigsten Ziele in der deutschen Migrationspolitik. So fordert die Bleiberechtsregelung von langjährig Geduldeten die faktische und wirtschaftliche Integration, definiert durch Erwerbstätigkeit, ausreichende Sprachkenntnisse, ausreichenden Wohnraum sowie den Schulbesuch der Flüchtlingskinder. Viele der hier lange lebenden Flüchtlinge sind integriert, sprechen hervorragend Deutsch, die Kinder besuchen die Schule, trotz der schwierigen Lebenssituation im unsicheren Duldungsstatus. Die Praxis zeigt, dass es vielen von ihnen dennoch nicht gelingt, die Hürden zu überwinden. Die Menschen „scheitern" an der Bleiberechtsregelung, ohne jemals eine echte Chance bekommen zu haben.

Hier bleibt zu fragen, welche wirkliche Unterstützung zur Integration diesen Menschen von der Aufnahmegesellschaft angeboten wird. Es wird deutlich, dass Integration nur von einer Seite gefordert wird, der Seite der Migranten, als sei der Integrationswille dieser Menschen die einzige Voraussetzung zur erfolgreichen Integration in die Aufnahmegesellschaft. Die Analyse der gravierenden Einschränkungen der Rechte im Duldungsstatus zeigt, dass diese aufenthaltsrechtlichen Rahmenbedingungen weit davon entfernt sind, die Integrationsbereitschaft von Flüchtlingen zu unterstützen.

Für den erfolgreichen Integrationsverlauf ist jedoch die Förderung der gesellschaftlichen Partizipation der Flüchtlinge seitens der Aufnahmegesellschaft relevant. In welcher Form und in welchem Ausmaß kann die Teilhabe am Gemeinwesen denn stattfinden, wenn die Geduldeten jahrelang in einem unsicheren Status leben, ausgegrenzt und marginalisiert? Während die Kinder noch die Möglichkeit haben, durch den Schulbesuch Sprachkenntnisse zu erwerben und soziale Kontakte aufzubauen und oft gut integriert sind, ist dies vor allem für ältere Menschen viel schwieriger. Die Duldung hält sie von der gesellschaftlichen Partizipation fern und führt zu sozialer und ökonomischer Marginalisierung. Diese Tatsachen sollten bei Integrationsanforderungen gegenüber den Betroffenen in Betracht gezogen werden. Integration ist keine Einbahnstraße. Neben dem nicht zu bestreitenden Integrationswillen der Flüchtlinge ist die Aufnahmebereitschaft der Aufnahmegesellschaft von höchster Bedeutung. Es fehlt die Gewährleistung von infrastrukturellen Angeboten seitens der Aufnahmegesellschaft, die zur gesellschaftlichen Eingliederung der Geduldeten beitragen würden.

Die Innenministerkonferenz im November 2006 äußerte sich zuversichtlich, dass mit der neuen Bleiberechtsregelung Lösungen gefunden wurden, die Kettenduldung abzuschaffen und die nachhaltigen Bemühungen der Betroffenen um ihre Integration in die deutsche Gesellschaft zu fördern. Die „weitere Förderung der Integration darf jedoch nicht durch Forderungen verhindert werden, welche die Schutzbedürftigen nicht erfüllen können", so Marx (2006, S. 14).

Es wird deutlich, dass unter dem Schirm der Bleiberechtsregelung eher „die Verhinderung der Zuwanderung in die Sozialsysteme", wie das Bundesinnenministerium dies ausdrückt, in den Vordergrund gestellt wird, statt des wirklichen politischen Willens, den Flüchtlingen einen menschenwürdigen Schutz zu bieten und einen Existenzaufbau in Deutschland zu ermöglichen. So wird „der Mensch (…) nicht als Mittelpunkt der staatlichen Regulierung begriffen, sondern dessen Nutzen für den Staat, der sich zunehmend als Agentur für ökonomische Interessen begreift." (Heinhold 2007, S. 253) Der IMK-Beschluss und die gesetzliche Altfallregelung kann demnach nicht als angemessene politische Reaktion auf das humanitäre Problem der langjährig Geduldeten bewertet werden.

Entgegen der Versprechen der Politiker/innen kann die Bleiberechtsrichtlinie die Problematik der Kettenduldung nicht lösen. Sie ist auch keine angemessene Reaktion auf den allgemeinen Bedarf nach der Regulierung des Aufenthaltsrechts der in Deutschland langjährig geduldeten Flüchtlinge. Die in der Bleiberechtsregelung formulierten Anforderungen sind eindeutig zu hoch im Verhältnis zu den bisherigen rechtlichen Rahmenbedingungen und der Lebenssituation der Flüchtlinge.

Die aktuelle Anzahl der Geduldeten, die unter die Bleiberechtsregelung fielen, ist ernüchternd. Es wird sich ferner zeigen, welche Konsequenzen die Nichterfüllung der Bleiberechtsvoraussetzungen für das Schicksal von Flüchtlingen haben wird. Denn eines ist sicher: Indem sie mit der Aufforderung zur Beschaffung eines Passes folgten, um den Antrag auf das Bleiberecht überhaupt stellen zu können, haben diejenigen, denen es nicht gelingt, in der „Probezeit" eine Arbeit zu finden, eine Voraussetzung ihrer eigenen Abschiebung geschaffen. Das Bundesinnenministerium betonte bereits mehrmals, dass ein weiterer Verbleib der Menschen, die nicht durch die Bleiberechtsregelung ihren Aufenthalt in Deutschland sichern können, nicht begründbar sei und konsequent beendet werden solle.

Die Beratungsstellen sowie andere zivilgesellschaftliche Initiativen vor Ort werden weiterhin Druck auf die Ausländerbehörden ausüben und eine großzügige Interpretation der Ermessensspielräume fordern, denn solange die Bleiberechtsreglung so restriktiv konzipiert ist, ist ein guter Wille der politischen Entscheidungsträger erforderlich.

Die Flüchtlinge sind auch weiterhin auf die beratende Unterstützung sowie auf Hilfe bei der Arbeitssuche angewiesen. Das zivilgesellschaftliche Engagement sowie der Einsatz von Ehrenamtlichen bzw. Freiwilligen verdient hier besondere Beachtung. Die Präsenz der Flüchtlingsthematik in der Öffentlichkeit, in den Medien sowie im Bildungswesen ist ebenfalls von zentraler Bedeutung. Denn die „Fluchtmigrantinnen und -migranten gelten (…) als zunächst einmal unerwünscht: [Im Mittelpunkt öffentlicher Debatten] stehen nicht ihre dauerhafte Anwesenheit, soziale Integration und Einbürgerung, sondern ihre Zurückweisung bzw. Rückführung und wie sich dies möglichst effizient umsetzen lasse." (Kühne/Rüßler 2000, S. 566)

Solange die Fluchtursachen weltweit immer weiter (re)produziert werden – seien sie humanitär, kriegsbedingt, ökologisch oder wirtschaftlich – tragen die Industriestaaten eine globale Verantwortung für Menschen, die Opfer von Verfolgung und Unrecht wurden. Sie sollten Schutz gewährleisten, und zwar bedingungslos. Es muss ein humanitäres Bleiberecht und eine Perspektive für Flüchtlinge in Deutschland geben – unabhängig davon, ob sie ihren Lebensunterhalt vollständig selbst bestreiten können. Die Selektion der Menschen nach ökonomischen Prinzipien widerspricht einer humanitären Verantwortung für Flüchtlinge.

Ernst Gottfried Mahrenholz, Richter des Bundesverfassungsgerichts von 1981 bis 1994 und Vorsitzender des Senats, der die Ausländerfragen behandelte, ist ein prominenter Kritiker der aktuellen Flüchtlingspolitik. Die Erfüllung der humanitären Verpflichtungen der Bundesrepublik sei gesetzlich verankert und dürfe keineswegs mit dem Verweis auf die erforderliche Verhinderung der Zuwanderung in die Sozialsysteme ausgehebelt werden, erklärte er. Dies könne auch nicht anders sein, denn staatliches Handeln unterliege dem Gebot des Art. 1 GG. Demnach sei die Achtung und der Schutz der Menschenwürde Verpflichtung aller staatlichen Gewalt – und damit ein fundamentales Prinzip der Verfassung. Der Wunsch des Staates, Sozialkosten zu sparen, dürfe nicht ausgespielt werden gegen den Schutz der Menschenwürde, so Mahrenholz: „(E)inen Konflikt mit der staatlichen Verpflichtung des Schutzes der Würde eines jeden einzelnen Menschen hält dieses gesetzliche Ziel nicht aus; hier rangiert immer die Achtung der Menschenwürde an erster Stelle." (Verfassungsexperte Mahrenholz 2009)

Teil II

Improvisiertes Leben – gelebte Improvisation

Wie verarbeiten langjährig geduldete Flüchtlinge ein Leben in Unsicherheit und Ungewissheit?

0. Einleitung

Im Bundesgebiet lebten Ende November 2005 ca. 194.941 Ausländer/innen mit Duldung (vgl. BT-Drs. 16/164). Personen, die im Bundesgebiet als geduldete Flüchtlinge leben, haben ihre Herkunftsländer verlassen und im Bundesgebiet Asyl beantragt. Wurde ihr Antrag auf Asyl rechtskräftig abgelehnt, können völkerrechtliche oder humanitäre Gründe dazu führen, dass diese Personen zwar nicht als asylberechtigt anerkannt, jedoch auch nicht abgeschoben werden. Die im Aufenthaltsgesetz festgeschriebene Duldung bedeutet eine „vorübergehende Aussetzung der Abschiebung" von eigentlich ausreisepflichtigen Ausländern, die erteilt wird, wenn „dringende humanitäre oder persönliche Gründe oder erhebliche öffentliche Interessen" die Anwesenheit eines Ausländers/einer Ausländerin in der Bundesrepublik Deutschland erforderlich machen (vgl. AufenthG 2009, § 60a). Die Duldung gilt nicht als Aufenthaltstitel und geht einher mit zahlreichen Auflagen. Die Gründe, weshalb die weitere Anwesenheit geduldet wird, sind vielfältig: Es handelt sich um Personen, die vor nichtstaatlicher Verfolgung in ihren Herkunftsländern geflohen sind, jedoch aufgrund der damaligen Rechtslage im Bundesgebiet nicht als Flüchtlinge anerkannt wurden. Es handelt sich ferner um Personen, die aus Bürgerkriegsgebieten oder aufgrund anderer allgemeiner Sicherheitsrisiken geflohen sind. Nicht zuletzt handelt es sich um Personen, deren Flüchtlingsanerkennung unanfechtbar widerrufen wurde, obwohl sich die Lage in ihrem Herkunftsland nicht stabilisiert hat und demnach Menschenrechtsverletzungen im Fall einer Abschiebung drohen (vgl. UNHCR 2006).

Die Duldung von Ausländer(inne)n steht in unmittelbarem Zusammenhang mit einer Politik und Praxis, die es fast unmöglich macht, als Asylberechtigte/r anerkannt zu werden. Die Gesamtzahl der Anträge im Bundesgebiet ging von 104.353 im Jahr 1995 rapide auf nur noch 19.164 im Jahr 2007 zurück; gleichzeitig sank die Quote der im Erstverfahren positiv entschiedenen Anträge von 9 Prozent (1995) auf 1,1 Prozent (2007) (vgl. BAMF 2008; Kieser 2009, S. 72). Im Widerspruch dazu steht die weltweit wachsende Zahl von Flüchtlingen, Asylsuchenden, Rückkehrern und Binnenvertriebenen. So hat der UNHCR das Mandat für ca. 32 Millionen Menschen weltweit übernommen, die vor Krieg, Verfolgung und Menschenrechtsverletzungen flohen (Stand: 31.12.2007). Schätzungen des UNHCR zufolge ist die Gesamtzahl aller Betroffenen noch wesentlich höher; demnach sind weltweit ca. 40 Millionen Menschen auf der Flucht (vgl. UNHCR 2009b).

Die Lebenssituation der in Deutschland lebenden geduldeten Flüchtlinge ist geprägt durch ein hohes Maß an Prekarität: So unterliegen geduldete Flüchtlinge in fast allen Fällen der Residenzpflicht, d.h. sie dürfen den ihnen zugewiesenen Landkreis nur dann verlassen, wenn ihnen zuvor von der Ausländerbehörde eine Genehmigung erteilt wurde. Weitere Restriktionen sind auch im Bereich des Arbeitsrechtes zu finden. Bis Ende 2008 galt zudem das in der Beschäftigungsverfahrensverordnung festgeschriebene Prinzip der Vorrangigkeit. Demnach musste bei der Vermittlung einer offenen Stelle ein deutscher oder EU-Bürger vorrangig behandelt werden. Nur wenn der Arbeitsplatz nicht mit einem deutschen oder EU-Bürger besetzt werden konnte, erhielt ein sog. Drittstaatler die Chance, sich auf die offene Stelle zu bewerben. Es entwickelte sich ein segmentierter Arbeitsmarkt, in dem geduldeten Flüchtlingen vorwiegend die niedrigen Stufen der Hierarchieebene zugewiesen wurden. Das Prinzip der Vorrangigkeit wurde erst Anfang 2009 aufgehoben (vgl. BeschVerfV 2008 und Bundesagentur für Arbeit 2009).

Da die gesellschaftliche Integration der Geduldeten nicht beabsichtigt war, wurde für diese Gruppe der Flüchtlinge auch kein Konzept entwickelt. Auch die Teilnahme an Integrationskursen war zunächst nicht vorgesehen. Erst seit Inkrafttreten der neuen Verordnung (Dezember 2007) dürfen langjährig Geduldete an einem Integrationskurs teilnehmen – sofern noch freie Plätze vorhanden sind (vgl. IntV 2007).

Die Problematik der geduldeten Flüchtlinge und deren mangelnder gesellschaftlicher Integration wurde verstärkt seit dem Regierungswechsel im November 1998 thematisiert. Die vom damals amtierenden Bundesinnenminister Otto Schily eingesetzte Süssmuth-Kommission lehnte jedoch eine allgemeine Härtefallregelung zur Verbesserung der Rechtssituation Geduldeter „aus rechtspolitischen und rechtssystematischen Überlegungen" ab (Kühne 2002, S. 32 ff.).

Das am 1. Januar 2005 in Kraft getretene Zuwanderungsgesetz sieht vor, dass die oberste Behörde eines Bundeslandes – im Einvernehmen mit dem Bundesministerium des Innern (BMI) – anordnen kann, dass Ausländer(inne)n aus bestimmten Staaten oder bestimmten Gruppen von Ausländer(inne)n aus völkerrechtlichen oder humanitären Gründen oder zur Wahrung der Interessen der Bundesrepublik Deutschland eine Aufenthaltserlaubnis erteilt wird. Unter bestimmten Voraussetzungen kann auch eine weitergehende und unbefristete Niederlassungserlaubnis erteilt werden. Als weiteres Instrument sieht das Gesetz die Einrichtung von Härtefallkommissionen vor. Diese können die oberste Landesbehörde ersuchen, einer Person, die abgeschoben werden soll, eine Aufenthaltserlaubnis zu gewähren (vgl. ZuwG 2005).

Im Kontext dieser Debatte haben sich Menschenrechtsorganisationen (Amnesty International, Pro Asyl), Kirchen, Gewerkschaften, Migrantenorganisationen und auch der UNHCR zu Wort gemeldet und eine Lösung der fortbestehenden humanitären Probleme gefordert. Ungeachtet der öffentlichen Debatte über den von Rechtsunsicherheit gekennzeichneten rechtlichen Status und die durch Prekarität geprägte Lebenssituation von geduldeten Flüchtlingen blieb das Problem jedoch über die Jahre hinweg ungelöst.

Ein erster Schritt zur Linderung der humanitären Notlage ist der am 17.11.2006 von der Konferenz der Innenminister und -senatoren der Bundesländer verabschiedete Bleiberechtsbeschluss. Danach soll ausreisepflichtigen ausländischen Staatsangehörigen, die faktisch wirtschaftlich und sozial im Bundesgebiet integriert sind, ein Bleiberecht gewährt werden können. Im Gegenzug soll der Aufenthalt von Ausländer(inne)n, die nach dieser Regelung keine Aufenthaltserlaubnis erhalten, konsequent beendet werden – d.h. sie sollen zügig abgeschoben werden (vgl. IMK 2006).

Folgende langjährig geduldete Flüchtlinge konnten bis zum 31. Dezember 2009 einen Antrag auf Aufenthaltsgenehmigung nach § 104a des Aufenthaltsgesetzes stellen:

- geduldete Ausländer/innen, die sich zum Stichtag (1. Juli 2007) seit mindestens acht Jahren ununterbrochen geduldet, gestattet oder mit einer Aufenthaltserlaubnis aus humanitären Gründen versehen im Bundesgebiet aufhielten und die weiteren Voraussetzungen erfüllten;

- geduldete Ausländer/innen, die mit einem oder mehreren minderjährigen Kindern in einer häuslichen Gemeinschaft lebten und sich am 1. Juli 2007 seit mindestens sechs Jahren ununterbrochen geduldet, gestattet oder mit einer Aufenthaltserlaubnis aus humanitären Gründen versehen im Bundesgebiet aufhielten und die weiteren Voraussetzungen erfüllten.

Diese weiteren Voraussetzungen beinhalten den Nachweis ausreichenden Wohnraums, hinreichender mündlicher Deutschkenntnisse (A2 des Gemeinsamen Europäischen Referenzrahmens) und des Schulbesuchs der Kinder im schulpflichtigen Alter. Zudem dürfen keine Bezüge zu extremistischen oder terroristischen Organisationen, keine Verurteilung zu einer Straftat und keine vorsätzliche Täuschung der Ausländerbehörde vorliegen. Des Weiteren muss der Geduldete in der Lage sein, seinen Lebensunterhalt eigenständig durch Erwerbsarbeit zu sichern. Die ursprünglich am 31. Dezember 2009 ablaufende Frist für den Antrag auf Aufenthaltsgenehmigung wurde mit der Anschlussregelung vom 4.12.2009 um zwei Jahre verlängert (vgl. IMK 2009).

Anzumerken ist, dass Ende 2009 von den ca. 200.000 mit einer Duldung im Bundesgebiet lebenden Personen nur 21.432 Personen – hauptsächlich aus Serbien, Kosovo, und der Türkei – eine Aufenthaltserlaubnis nach §104a oder §104b Aufenthaltsgesetz erhalten hatten. Davon standen lediglich 6.098 Personen in einem festen Beschäftigungsverhältnis. Weitere 14.134 Personen konnten zu dem genannten Zeitpunkt ihren Lebensunterhalt nicht eigenständig sichern. Ihnen wurde infolgedessen eine Aufenthaltserlaubnis „auf Probe" erteilt und sie sind verpflichtet eine Erwerbstätigkeit zu finden. Denjenigen von ihnen, die glaubwürdig nachweisen konnten, sich in den vergangenen Monaten um eine Erwerbstätigkeit bemüht zu haben, wurde die Aufenthaltserlaubnis und damit die Zeit zur Arbeitssuche nach dem Beschluss vom 4.12.2009 um zwei Jahre verlängert (vgl. BT-Drs. 17/642).

1. Das Projekt

Im Rahmen des Projekts „Heimat auf Zeit? Bleiberecht für Flüchtlinge" führten die Verfasserinnen der vorliegenden Studie qualitative Interviews mit geduldeten Flüchtlingen, die Bleiberecht beantragten.[28]

---

[28] Wir danken der Kommission für Forschungsförderung der Hochschule Fulda für die freundliche Unterstützung dieses Projekts. Ferner bedanken wir uns herzlich bei unseren Interviewpartnerinnen und -partnern: Den Flüchtlingen, die offen über ihre Lebenssituation gesprochen haben, und den Expertinnen und Experten, die uns wertvolle Hintergrundinformationen vermitteln konnten. Unser Dank gilt vor allem Frau Prof. Dr. Anne Honer, die uns bei methodischen Problemen kompetent beriet.

Durchgeführt wurde das Forschungsprojekt mit den Methoden der qualitativen Sozialforschung, um ein möglichst umfassendes Bild des Lebens der betroffenen Personen zu erhalten. Dabei orientierten wir uns an den im Anhang dokumentierten Leitfragen und an den Daten, die wir durch die Umfrage erheben konnten. Als sehr schwierig erwies es sich, überhaupt Interviewpartner/innen für dieses Projekt zu finden. Probleme bei der Datenerhebung stellen sich nicht nur bei Interviews mit illegalisierten Migrant(inn)en; das von Jörg Alt (2003, S. 46) beschriebene „Grundmisstrauen" entspricht auch unseren Erfahrungen. Ein Interviewprojekt mit Personen ohne sicheren Aufenthaltsstatus stößt bei den Betroffenen auf Skepsis, erregt Misstrauen und wird häufig abgelehnt. Unsere Anfrage erinnerte die betroffenen Personen an die Befragungen, denen sie sich im Rahmen des Asylverfahrens unterziehen mussten. Das Misstrauen gegenüber Gesprächspartnern liegt sicherlich auch darin begründet, dass eine „Täuschung über aufenthaltsrechtlich relevante Umstände" dazu führen kann, dass der Antrag auf Aufenthaltserlaubnis abgelehnt wird (vgl. AufenthG 2009, § 104a Abs.1 Satz 4). Eine Unterscheidung zwischen offiziellen Behörden, die über den Aufenthaltstitel entscheiden (Bundesamt für Flüchtlinge und Migration (BAMF), Ausländerbehörde), und wissenschaftlichen Einrichtungen war mitunter schwer zu vermitteln. Um sich erst gar nicht dem Vorwurf einer Täuschung der Ausländerbehörde auszusetzen, zogen sich potenzielle Interviewpartner/innen zurück, ungeachtet der guten Gesprächsatmosphäre im Vorfeld der Interviews.

Jene Personen aber, die letztlich zu einem Interview bereit waren, artikulierten offen ihre Ängste vor Krieg, Verfolgung, Abschiebung und sprachen über ihre Wünsche und Hoffnungen auf ein besseres Leben in Deutschland. Insofern gelang es – nach der Überwindung zahlreicher Hürden – Interviews zu führen, die Aufschluss geben über die Lebenssituation von Menschen, die über Jahre hinweg dazu gezwungen wurden, in einer Situation der Unsicherheit und Ungewissheit zu leben. Der prekäre Rechtsstatus, die Abhängigkeit von staatlichen Transferleistungen, das Arbeitsverbot bzw. die prekäre Arbeit in den „bad jobs" hinterließen tiefe Spuren – sowohl bei den älteren Personen also auch bei den Jugendlichen und jungen Erwachsenen, die Zeit ihres Lebens nicht dazu in der Lage waren, ihr Leben zu planen und sich mit dem Leben auf Abruf arrangieren mussten.

Eine Strategie der Gewinnung von Gesprächspartnern konnte an ein früheres studentisches Interviewprojekt anknüpfen. Nach dessen Beendigung pflegten einige Studentinnen weiterhin den Kontakt zu den befragten Jugendlichen, jungen Erwachsenen und Familien, zum Beispiel in Form einer Unterstützung beim Spracherwerb „Deutsch als Zweitsprache". Einladungen zum gemeinsamen Essen oder auch die Teilnahme von geduldeten Jugendlichen an Hochschulseminaren trugen dazu bei, dass sich im Laufe der Zeit ein Vertrauensverhältnis entwickelte. Vor diesem Hintergrund erklärten sich eine Familie aus Sri Lanka und eine junge Frau aus Afghanistan dazu bereit, über ihr Leben in Deutschland, ihre Probleme, Ängste und Wünsche offen zu sprechen. Eine Interviewpartnerin wurde uns über einen Bildungsträger vermittelt, bei dem sie einen Integrationskurs besuchte und ein Praktikum im Bereich Buchführung absolvierte. Weitere Kontakte kamen zustande über eine Initiative, die sich für Arbeitsmarktintegration für Bleibeberechtigte und Flüchtlinge einsetzt.

Aufgrund der relativ guten Deutschkenntnisse unserer Interviewpartner/innen konnten wir die Interviews auf Deutsch führen, ohne dass Verständigungsprobleme auftauchten. Nur im Interview mit der Familie aus Sri Lanka übernahmen die Kinder teilweise die Übersetzung ins Tamilische bzw. ins Deutsche. Charakteristisch ist jedoch für sämtliche Gespräche, dass Probleme mit den rechtlichen Fachtermini auftauchten, so dass es mitunter zu Missverständnissen kam. Anstelle des Begriffs „Aufenthaltsgestattung" (Aufenthaltsgestattung während eines laufenden Asylverfahrens) benutzten fast alle Interviewpartner/innen den Begriff „Visum" oder „Ausweis". Da das Einverständnis aller Gesprächspartner/innen vorlag, konnten die Interviews aufgezeichnet und anschließend transkribiert werden.

Nr.	Name	Geschlecht	Alter	Herkunftsland	Familienstand	Kinder	Schulabschluss/ Bildungsniveau	Aufenthaltsdauer in Deutschland
1.	Frau Renuka	weiblich	52	Sri Lanka	verheiratet	2 (geb. in der BRD, 11 und 15 Jahre alt)	10 Jahre Schulbesuch, Realschulabschluss; Ausbildung als Schneiderin und Schwangerschaftsberaterin	Seit 1993
1.	Herr Sugath	männlich	56	Sri Lanka	verheiratet	2 (geb. in der BRD, 11 und 15 Jahre alt)	10 Jahre Schulbesuch, Realschulabschluss; kaufmännische Berufsausbildung, ICO Level	Seit 1993
2.	Frau Karina	weiblich	50	Armenien	Ledig	1 (geb. in der BRD, 15 Jahre alt)	Abgeschlossenes Chemiestudium in Armenien	Seit 1993
3.	Sahat	männlich	31	Kosovo, Serbisch-montenegrinischer Angehöriger der Minderheit Roma	Ledig	1 (geb. in der BRD, 2 Jahre alt)	8 Jahre Schulbesuch in Kosovo	Seit 1999
4.	Edona	weiblich	22	Kosovo, Angehörige der Minderheit Roma/Aschkali	Ledig		4 Jahre Grundschule und 2 Jahre Berufsschule in Deutschland	Seit 1992
5.	Ferista	weiblich	18	Afghanistan	Ledig		Hauptschulabschluss, in der Ausbildung als Restaurantfachfrau	Seit 2001

2. Subjektive Verarbeitung von Unsicherheit und Ungewissheit – eine Auswertung der Interviews mit geduldeten Flüchtlingen

Bei der Auswertung des Datenmaterials orientierten wir uns an der „Grounded Theory" (vgl. Strauss 1998). Dabei kristallisierten sich Kategorien heraus, die wir im Folgenden näher untersuchen werden. Falls erforderlich, liefern wir im ersten Schritt Hintergrundinformationen über die rechtliche Lage bzw. die politische Praxis. Im zweiten Schritt rekonstruieren wir ausgehend von den erhobenen Daten die Lebenssituation der befragten geduldeten Flüchtlinge und lassen die Personen selbst zu Wort kommen.

2.1 Flucht – Fluchtroute

Die von uns interviewten Personen kamen aus Sri Lanka, dem Kosovo, Afghanistan und Armenien. Sie flohen aus ihren Herkunftsländern aufgrund von Krieg und Bürgerkrieg, Verfolgung und Vertreibung ethnischer Minderheiten oder aufgrund der Frauenverachtung des dortigen Regimes.

Die aus Sri Lanka geflohene Familie, die der tamilischen Minderheit angehört, berichtet von Krieg und Bürgerkrieg in ihrem Herkunftsland. Im Interview betonen sie, dass sie zunächst ihr Land nicht verlassen wollten. Als sie jedoch aus ihren Dörfern fliehen und ihre Häuser und Familien zurücklassen mussten, entschieden sie ins Ausland zu gehen. Im Jahre 1993, als das Ehepaar Sri Lanka verließ und in Deutschland Asyl beantragte, war die Frau schwanger. Dass sie nach Deutschland kamen, war eher Zufall: Sie erkundigten sich nach Reisemöglichkeiten in die USA, nach Kanada und Europa – bis sich ihnen die Möglichkeit bot, nach Deutschland zu fliehen.

Bei zwei Interviews mit Angehörigen der Minderheit der Roma spielen die (Bürger-) Kriege im ehemaligen Jugoslawien eine Rolle. Der Roma Sahat, ein serbisch-montenegrinischer Staatsangehöriger aus dem Kosovo, floh zusammen mit seinen Eltern im Oktober 1999 aus dem Kosovo nach Deutschland. Den Prozess der ethnischen Säuberungen beschreibt er folgendermaßen: „NATO kommt nach Kosovo ... sind dann Albaner Kosovo gekommen und alles Leute abgeschoben die wollen dass nur Albaner in Kosovo bleiben die serbische Leute rausgeschmissen und Roma und alles <u>raus</u> die sollen nur ganz Albaner jetzt nach Kosovo bleiben ... und dann wir entscheiden nach Deutschland zu reisen oder ... ein anderes Land" (Interview Sahat, Z. 40 ff.).

Die andere Interviewpartnerin gehört dem Roma-Volk der Aschkali[29] an und machte ebenfalls im Kosovo Erfahrungen der Vertreibung und Diskriminierung: „die wollen uns nicht auf keinen Fall in diesem Land haben obwohl dieses Land mal … … das ist ja Jugoslawien" (Interview Edona, Z. 79 ff.). Sie ist sich absolut sicher, dass sie nie in dieses Land zurückkehren wird, weder freiwillig noch gezwungen. Sie möchte weder dort leben noch im Kosovo oder in Albanien beerdigt sein, denn – so ihre Einschätzung – die Friedhöfe werden dort zerstört und müssen dem Straßenbau weichen (Interview Edona, Z. 526 ff.).

Für die Interviewpartnerin aus Armenien war entscheidend, dass sie für ihre Tochter dort keine Zukunftsperspektive sah: „Ich wollte mein Kind retten … eigentlich ich war schwanger als ich nach Deutschland gekommen und dann war die Situation so schlimm in Armenien und ich dachte ich muss äh … das Kind retten ((seufzt))" (Interview Karina, Z. 3 ff.). Neben diesen push-Faktoren spielten sicherlich auch die pull-Faktoren eine wichtige Rolle. Im Interview berichtet sie, in Armenien viel Positives über die USA und Deutschland gehört zu haben. Armenische Künstler, die in die USA reisten, erzählten, Arbeitslose in Amerika erhielten umsonst Essen und Kleidung. Verwandte, die in Deutschland lebten, berichteten, ihnen werde die Wohnung, das Essen und die Kleidung bezahlt, ohne dass sie selbst arbeiten müssen (Interview Karina, Z. 17 ff.). Ermutigt durch diese Berichte über ein Land, in dem für sie gesorgt werden wird, beantragte sie in einem armenischen Reisebüro ein Touristenvisum für Deutschland, landete auf dem Flughafen in Frankfurt am Main, beantragte politisches Asyl und lebt nach Ablehnung des Antrags als Geduldete in Deutschland.

Die Interviewpartnerin Ferista ist als elfjähriges Mädchen zusammen mit ihren Eltern und fünf jüngeren Schwestern im Jahre 2001 aus Afghanistan geflüch-

---

[29] Aschkali leben als ethnische Minderheit im Kosovo, in Zentralserbien, Albanien, Bulgarien und Mazedonien. Sie sprechen mehrheitlich Albanisch als Erstsprache, Serbisch als Zweitsprache und sind Muslime. Der US-amerikanische Journalist Paul Polansky beschreibt die Lage der Minderheiten im Kosovo wie folgt: „Nach dem Ende des Krieges im Kosovo 1999 wurden 130.000 der ursprünglich 150.000 Roma, Aschkali und ‚Ägypter' aus ihren Häusern vertrieben. Zurückkehrende Albaner zerstörten 14.000 ihrer 19.000 Häuser und machten 75 von den Minderheiten bewohnte Stadtteile und Dörfer dem Erdboden gleich. Ein Resultat dieser Katastrophe war, dass die überwältigende Mehrheit der Roma, Aschkali und ‚Ägypter' aus dem Kosovo flohen." (Polansky 2005, S. 8)

tet. Sie berichtet von dem Taliban-Regime in Afghanistan, das die Rechte von Mädchen und Frauen extrem einschränkt. Ferista ist sich der Diskriminierung bewusst und weist darauf hin, dass Mädchen keine Schulen besuchen dürfen und einer traditionellen Arbeitsteilung unterworfen sind. Ihre Eltern haben sich entschieden Afghanistan zu verlassen, um ihren Töchtern eine Zukunftsperspektive und Bildungsmöglichkeiten zu sichern:

„meine Eltern die sind nur wegen uns hierher gekommen weißt du I: Was meinst du wegen uns? F: Die wollten dass wir was im Leben erreichen weißt dort konnten wir keine Schule besuchen … deshalb die wollten dass wir halt hier zur Schule gehen hier was lernen … I: Weißt du warum ihr nicht in die Schule gehen durftet? F: Ja weil Taliban gesagt haben Mädchen haben nichts in der Schule verloren die müssen zu Hause arbeiten … und Männer sollen arbeiten und die Frauen sollen zu Hause bleiben auf die Kinder aufpassen putzen und so … … also weißt du es ist so bei uns geregelt Männer gehen arbeiten und die Frauen bleiben zu Hause … … und die weißt du die wollten sich daran halten die wollten nicht dass das geändert wird" (Interview Ferista, Z. 15 ff.).

Ferista macht des Weiteren deutlich, wie diese Situation das Leben ihrer Familie mit sechs Töchtern beeinflusste. Angesichts der geschlechtlichen Arbeitsteilung kommt dem Ehemann und Vater (als dem einzigen männlichen Familienmitglied) die Aufgabe zu, für den Unterhalt und den Schutz der Familie zu sorgen. Aufgrund dieser strikten Rollen- und Arbeitsteilung ergibt sich für Ferista die Notwendigkeit, das Herkunftsland Afghanistan zu verlassen. Bemerkenswert ist, welche Szenarien sie durchspielt, um über Alternativen zur Flucht nachzudenken: „Genau wären wir jetzt Jungs zum Beispiel oder zwei drei Jungs drei Mädchen dann wäre das vielleicht weiß ich nicht aber ich glaub da wären wir in Afghanistan geblieben dann konnten unsere drei Brüders was für uns tun aber so weißt du wir sind alle sechs Mädchen dann ist klar wir haben gar keine Rechte in Afghanistan … wir dürfen nichts machen" (Interview Ferista, Z. 38 ff.).

Nicht nur die geschlechtsspezifische Diskriminierung durch das Talibanregime hat die Familie zur Flucht veranlasst, sondern auch die Kriegssituation in Afghanistan, die das Leben der Eltern gefährdete: „wenn zum Beispiel meine Eltern nicht mehr da sind irgendwie weißt du da ist Krieg und so wenn dir irgendwas passiert und so dann stehen wir sechs Mädchen da und was wollen wir da machen ... deshalb hat mein Vater gesagt (...) wir gehen halt von Afghanistan weg wir gehen in ein Land wo halt Mädchen und Jungs gleichwertig sind" (Interview Ferista, Z. 46 ff.).

2.2 Rechtlicher Status und Bleiberecht

Das Sample umfasst ausschließlich Personen, die Bleiberecht beantragt haben. Über den Antrag auf Bleiberecht wurde jedoch von Fall zu Fall unterschiedlich entschieden.

Herr Sugath und Frau Renuka – die Eltern der Familie aus Sri Lanka – beantragten Bleiberecht, erhielten im Juli 2007 eine befristete Aufenthaltserlaubnis und im Januar 2008 eine Niederlassungserlaubnis. Die Kinder hatten eine Duldung mit einer Laufzeit von einem Jahr. Ihr Antrag auf die deutsche Staatsangehörigkeit, den sie Ende 2008 stellten, wurde 2009 positiv entschieden, so dass die beiden Jugendlichen heute einen deutschen Pass besitzen.

Frau Karina aus Armenien beantragte 1993 nach ihrer Ankunft in Deutschland und der Aufnahme in einer Flüchtlingsunterkunft Asyl. Ihr Antrag wurde jedoch abgelehnt; sie sollte abgeschoben werden. Ihre Anwälte legten Widerspruch ein und sie erhielt eine Duldung, die alle drei Monate verlängert werden musste. Frau Karina unternahm verschiedene Versuche, einen legalen Aufenthaltstitel zu erhalten. Im Interview setzt sie sich ausführlich damit auseinander, dass sie nicht von der beschlossenen Altfallregelung profitieren konnte.[30] Die im Jahre 1999 von der IMK beschlossene Regelung richtete sich an Familien mit minderjährigen Kindern, die vor dem 1. Juli 1993 nach

---

[30] Die von Frau Karina angesprochene Altfallregelung für Ausländer/innen mit langjährigem Aufenthalt wurde von der Innenministerkonferenz im November 1999 beschlossen. Sie richtete sich an Familien mit mindestens einem minderjährigen Kind, die vor dem Stichtag (dem 1. Juli 1993) in das Bundesgebiet eingereist waren. Für alleinstehende Personen oder Ehegatten ohne Kinder galt als Stichtag der 1. Januar 1990. Diese Regelung sollte jenen Personen einen legalen Aufenthalt ermöglichen, deren Antrag auf Asyl nach sehr langer Dauer abgelehnt wurde und die Deutschland aufgrund der Situation in ihrem Herkunftsland nicht verlassen konnten. Bei den Personen, die von dieser Altfallregelung profitieren, sollte eine Integration faktisch stattgefunden haben. Die Antragsteller mussten einen Nachweis erbringen über ausreichenden Wohnraum, die schulpflichtigen Kinder mussten die Schule besuchen und die betreffende Person durfte nicht straffällig geworden sein. Waren diese Voraussetzungen erfüllt, wurde der Aufenthalt gewährt und eine Aufenthaltsbefugnis mit einer Laufzeit von zwei Jahren erteilt.

Deutschland eingereist sind. Da ihre Tochter erst im Laufe des Monats Juli zur Welt gekommen ist, ging die Behörde davon aus, dass sie die Voraussetzungen nicht erfüllt und gewährte keinen Aufenthaltstitel. Frau Karina argumentiert, dass sie als Schwangere nicht allein gewesen sei und sieht einen Widerspruch darin, dass der Mord an einer schwangeren Frau als Doppelmord zähle, sie jedoch als Schwangere so behandelt worden sei wie eine alleinstehende Person.

Als sie 2006 von der Möglichkeit erfuhr, Bleiberecht zu beantragen, versuchte sie innerhalb kürzester Zeit die erforderlichen Voraussetzungen zu erfüllen. Um ihre Mitwirkungspflicht zu erfüllen, bemühte sie sich bei der armenischen Botschaft um einen gültigen Reisepass. Zudem begann sie eine intensive Jobsuche. 2007 erhielt sie – zunächst ohne Vorliegen der erforderlichen Erwerbsarbeit – die Aufenthaltserlaubnis „auf Probe". Eine Verlängerung dieser Aufenthaltserlaubnis war jedoch an die Voraussetzung geknüpft, dass es ihr bis zum 1. April 2009 gelungen sein musste, eine Erwerbsarbeit (mit mindestens 400 Euro Einkommen) zu finden.[31]

Sahat, der zusammen mit seinen Eltern aus dem Kosovo floh, erhielt nach einem zweijährigen Asylverfahren eine Duldung, die er alle drei Monate verlängern musste. Wie alle Geduldeten unterlag er einer Residenzpflicht und hatte zunächst keine Arbeitserlaubnis. Sein Antrag auf Bleiberecht wurde im November 2008 abgelehnt – mit der Begründung, er habe am Stichtag, dem 1. Juli 2007, noch nicht acht Jahre mit einer Duldung in Deutschland gelebt. Tatsächlich fehlten weniger als vier Monate Aufenthalt, um den Nachweis eines achtjährigen Aufenthalts erbringen zu können und damit die Voraussetzungen zu erfüllen.

Bei Personen, die in häuslicher Gemeinschaft mit ihren minderjährigen Kindern leben, verkürzt sich diese Frist auf sechs Jahre; Stichtag wäre demnach der 1.7.2002. Zum Zeitpunkt des Interviews – Januar 2009 – war Sahat auch Vater einer fast zweijährigen Tochter, lebte mit ihr jedoch nicht zusammen. Die Trennung von Partnerin und Tochter war jedoch nicht Ergebnis seiner freien Entscheidung: Der Antrag seiner Partnerin auf einen Umzug wurde ab-

---

[31] Aufgrund zahlreicher Proteste und Interventionen von Menschenrechtsorganisationen wurde die Frist zunächst vom 1.4.2009 bis zum 31.12.2009 verlängert. Derzeit gilt die Anschlussregelung vom 4.12.2009, wonach eine Aufenthaltserlaubnis „auf Probe" bis Ende 2011 gültig ist. Zum Zeitpunkt des Interviews galt jedoch noch der 1.4.2009 als endgültiger Termin für den Nachweis über den eigenständigen Lebensunterhalt.

gelehnt, so dass die beiden keine Chance hatten zusammen zu leben. Entscheidend war in dem Zusammenhang das Argument, dass er auf Sozialhilfe angewiesen sei und nicht in der Lage sein werde, seine Familie zu unterhalten. Das heißt: Wäre der Antrag auf die Zusammenlegung der Haushalte bewilligt worden und hätte er mit Tochter und Freundin zusammenleben dürfen, wäre auch der Antrag auf Bleiberecht bewilligt worden.

Sahat empört sich über die ungleiche Behandlung von Deutschen und Ausländern hinsichtlich der Familienzusammenführung: „da gibt's für Ausländer kein Recht ... nur für Deutsche gibt's Recht aber für Ausländer gibt's kein Recht das ist ein Gesetz was ist Unterschied ((unterstreicht das mit kräftigen Gesten)) Mensch gegen Mensch (...) da muss auch Ausländer auch Recht haben so wie die Deutschen eine Familienführung zusammen zu führen" (Interview Sahat, Z. 136 ff.).

Sahat hat gegen den Ablehnungsbescheid keinen Widerspruch eingelegt. Es bleibt etwas unklar, weshalb er dies nicht getan hat. Möglicherweise war er sich nicht bewusst, dass er innerhalb der vorgegebenen Fristen hätte Widerspruch einlegen können: „Ohne Anwalt weil ich hab das bekommen abgelehnt warum soll ich ein Antrag wieder stellen ((irritiert)) bis 26.9.2008 ... aber das ist schon fertig ... ... ((sammelt alle Dokumente))" (Interview Sahat, Z. 483 ff.).

Seine Partnerin und Tochter erhielten eine Aufenthaltserlaubnis „auf Probe". Sahats Antrag auf Aufenthaltserlaubnis scheiterte faktisch an der Tatsache, dass er erst wegen der Geburt seiner Tochter eine Arbeitserlaubnis erhielt und deshalb erst seit zwei Jahren die Möglichkeit hat, auf 400-Euro-Basis zu arbeiten: „ich hab Ein-Euro-Job lange gearbeitet sechs Jahre schon ... und Chef hat mich versucht schon zwei Mal fest ähm einzustellen an die Stelle zu machen hab ich damals keine Arbeitserlaubnis gehabt und kein Chance ... und schon jetzt ... hab ich mit meiner Freundin ein Kind bekommen ... und dann ... hab ich das Arbeitserlaubnis bekommen ... wegen das Kind ... hab ich das bekommen weil ich muss arbeiten um für das Kind weiter zu zahlen und hab ich die Stelle im Krankenhaus wieder bekommen wo ich hab das sechs Jahre gearbeitet früher ... und dafür jetzt ich arbeite als Basis für vierhundert Euro" (Interview Sahat, Z. 58 ff.).

Da dies jedoch nicht ausreicht, um den Lebensunterhalt seiner Familie zu sichern und er voraussichtlich auf Sozialhilfe angewiesen sein wird, wurde der

Antrag auf Familiennachzug abgelehnt. In den letzten Jahren gelang es ihm nicht, diesen Teufelskreis von Arbeitsverbot und unsicherem Aufenthaltsstatus zu durchbrechen. An das Interview hatte er die Hoffnung geknüpft, dass die Interviewerin ihm in diesen Fragen behilflich sein könnte. Die anfängliche Bereitschaft, offen über seine Lebenssituation zu sprechen, ließ abrupt nach, als sich herausstellte, dass auch die Interviewerin ratlos ist, keinen Weg aus dieser schwierigen rechtlichen Lage weisen und ihm keinen Aufenthaltsstatus verschaffen kann.

Edona ist im Jahre 1992 gemeinsam mit ihren Eltern aus dem Kosovo geflohen. Sie war zu dem Zeitpunkt sechs oder sieben Jahre alt und hatte zwei Schwestern; ihre beiden Brüder wurden in Deutschland geboren. Nach Ablehnung des Asylantrags wurde die Familie geduldet. Als Kind und auch später als Jugendliche wusste sie überhaupt nicht, was Duldung bedeutet. Sie dachte, ihre Familie führe ein normales Leben, „aber ich wusste nie dass wir … ein Land haben" (Interview Edona, Z. 41 f.). Erst als ihr Vater ihr Fotos von Verwandten zeigte, wurde sie sich bewusst, dass ein Teil ihrer Familie im Kosovo bzw. in Serbien lebt und sie über keinen Aufenthaltstitel in Deutschland verfügen (Interview Edona, Z. 39 ff.; Z. 93 ff.).

Von der Bleiberechtsregelung erfuhren sie durch einen Brief der Ausländerbehörde, der sie dazu aufforderte, eine Aufenthaltsverlängerung zu beantragen. In ihrer Wahrnehmung überwogen jedoch Misstrauen und Skepsis: „Ausländerbehörde wir sollen hin Aufenthalt das wir Aufenthaltsverlängerung geben ach ich hab mich erst gewundert ich mein es kann nicht sein die verarschen uns wieder weil letztens haben die zu uns gemeint ja bringen sie *paschas* …ähm Ausweis *paschas*? I: Pass" (Interview Edona, Z. 113 ff.).

Im Rahmen der Mitwirkungspflicht fuhr ihre Mutter zum Konsulat nach Frankfurt und ihr wurden die Pässe für die gesamte Familie ausgehändigt. Die Ausländerbehörde forderte sie dazu auf, sie vorzulegen, damit eine Aufenthaltsverlängerung erteilt werden könne. Sie erhielten den Status der Aufenthaltserlaubnis „auf Probe"; die Pässe jedoch wurden von der Ausländerbehörde einbehalten. Nun fürchtet Edona, die Familie könne nach Ablauf der sechs Monate in den Kosovo abgeschoben werden, da die Behörde über ihre Pässe verfügt und damit ein bisheriger Hinderungsgrund einer Abschiebung entfallen ist (Interview Edona, Z. 117 ff.).

Feristas Eltern sind mit ihren sechs Töchtern aus Kabul geflohen. Während ihres Asylverfahrens hatte die Familie den rechtlichen Status einer Aufenthaltsgestattung (Interview Ferista, Z. 358 ff. und Z. 423). Seit anderthalb Jahren ist die Familie geduldet – und damit von Abschiebung bedroht. Um mit Aussicht auf Erfolg einen Antrag auf eine Aufenthaltserlaubnis „auf Probe" stellen zu können, ist die Familie drei Monate zu spät nach Deutschland eingereist. Stichtag war der 1. Juli 2001 – die Familie kam jedoch erst im Herbst 2001. Vom Bleiberecht erfuhren Ferista und ihre Familie vom Sozialamt und von ihrem Anwalt. Resigniert konstatiert die junge Frau: „aber wir waren drei Monate zu spät und deshalb sind wir nicht in diesem Gesetz dabei" (Interview Ferista, Z. 1157 f.). Den Antrag haben sie dennoch gestellt; er wurde jedoch gar nicht erst angenommen, da sie diese erforderliche Frist nicht einhalten konnten. Die achtköpfige Familie lebt daher immer noch unter dem Status der Duldung und hat somit keinen legalen Aufenthaltstitel.

Zusammenfassend lässt sich feststellen, dass der Antrag auf Bleiberecht bei den von uns interviewten Flüchtlingen verschiedene Konsequenzen nach sich zog. Die Familie aus Sri Lanka erhielt den sichersten Status: Die beiden Töchter haben mittlerweile den deutschen Pass, die Eltern seit Januar 2008 eine Niederlassungserlaubnis.

Frau Karina aus Armenien erhielt die Aufenthaltserlaubnis „auf Probe", muss jedoch eine Erwerbsarbeit finden und nachweisen, dass sie ihren Lebensunterhalt und den ihrer Tochter überwiegend eigenständig durch Erwerbsarbeit sichert – als Voraussetzung dafür, dass ihre Aufenthaltserlaubnis über den 31.12.2009 hinaus verlängert wird.

Auch Edonas Antrag wurde bewilligt. Sie erhielt die Aufenthaltserlaubnis „auf Probe", ebenfalls geknüpft an die Bedingung eine Erwerbsarbeit zu finden. Edona hat jedoch die Befürchtung, dass ihre Familie abgeschoben werden könnte, da sie nun über Pässe verfügen, die die Ausländerbehörde eingezogen hat.

Abgelehnt wurde der Antrag von Sahat mit der Begründung, er habe am Stichtag 1.7.2007 noch keine acht Jahre in Deutschland gelebt. Da er im Oktober 1999 zusammen mit seinen Eltern aus dem Kosovo floh, fehlen ihm weniger als vier Monate, um in den „Genuss" der Bleiberechtsregelung zu gelangen. Dass er Vater einer zweijährigen Tochter ist, wurde bei der Entscheidung ignoriert, da er nicht mit ihr in häuslicher Gemeinschaft lebt bzw. leben darf.

Abgelehnt bzw. erst gar nicht angenommen wurde der Antrag der Familie aus Afghanistan; ebenfalls wegen verpasster Fristen. Der Familie „fehlen" drei Monate Aufenthalt in Deutschland, um zu dem Kreis der berechtigten Antragsteller zu zählen.

Abgesehen von der Familie aus Sri Lanka sind alle anderen interviewten Flüchtlinge nach wie vor von Abschiebung bedroht – sei es aufgrund des Status einer Aufenthaltserlaubnis „auf Probe" oder aufgrund eines Ablehnungsbescheids der Ausländerbehörde.

2.3 Arbeit und Ausbildung

Das Arbeitsrecht für Flüchtlinge wurde in den letzten zwei Jahrzehnten häufig verändert und immer wieder neu geregelt. Vorübergehend galten Arbeitsverbote für einen Zeitraum von fünf Jahren; dieser Zeitraum wurde zunächst auf ein Jahr, dann auf drei Monate verkürzt. Die restriktivste Regelung war der sog. Blüm-Erlass, der alle nach dem 15. Mai 1997 eingereisten Flüchtlinge dauerhaft einem absoluten Arbeitsverbot unterwarf. Aufgrund zahlreicher Proteste und gerichtlicher Entscheidungen gegen diese rigide Regelung wurde dieser Erlass jedoch Ende 2000 wieder aufgehoben. Seit Anfang 2001 unterliegen Flüchtlinge nach ihrer Einreise einem einjährigen Arbeitsverbot.

Erst nach Ablauf dieser Frist erhalten Asylbewerber/innen und geduldete Flüchtlinge eine Arbeitserlaubnis – geknüpft jedoch an die Voraussetzung, dass es der Agentur für Arbeit nicht gelungen ist, eine offene Stelle einem Deutschen, EU-Bürger oder anderen Bevorrechtigten zuzuweisen. Diese Arbeitsmarktüberprüfung ist die zentrale Voraussetzung für die Einstellung eines Asylbewerbers bzw. eines Geduldeten. Aus der Perspektive des potenziellen Arbeitgebers ist der Prozess der Einstellung eines Flüchtlings ein hürdenreicher Weg, der häufig abschreckend wirkt. Mit Inkrafttreten des Zuwanderungsgesetzes erhalten Asylberechtigte und Personen, denen das BAMF die Flüchtlingseigenschaft zuerkannt hat, uneingeschränkten Zugang zum Arbeitsmarkt. Andere Flüchtlinge jedoch werden weiterhin als nachrangig behandelt, selbst wenn sie über eine Aufenthaltserlaubnis verfügen. Mitunter verhängen die Ausländerbehörden auch Arbeitsverbote, um die Flüchtlinge unter Druck zu setzen und deren „freiwillige" Ausreise voranzutreiben (vgl. Kühne 2009).

Die interviewten Personen im erwerbsfähigen Alter litten bzw. leiden alle in der ein oder anderen Weise unter dem Arbeitsverbot, der Arbeitsmarktüberprüfung, den prekären Arbeitsbedingungen (niedrige Löhne, ungünstige Arbeitszeiten, unregelmäßige Beschäftigung etc.) oder unter Diskriminierung am Arbeitsplatz. Der Leidensdruck ist immens, da einerseits der Zugang zum Arbeitsmarkt über Jahre hinweg verhindert bzw. erschwert und andererseits eine unbefristete Aufenthaltserlaubnis nur unter der Voraussetzung erteilt wird, dass die Flüchtlinge dazu in der Lage sind, ihren Lebensunterhalt durch eine legale Erwerbsarbeit zu sichern.

Herr Sugaths Tochter berichtet, welche Strategien ihr Vater bei der Jobsuche angewandt hat: „T: Also mein Vater ist immer ähm also überall hingegangen wo er wusste wo vielleicht Arbeit geben kann und hat immer gefragt ob sie jemanden suchen ja er hat immer selber musste immer selber überall hingehen" (Interview Sugath/Renuka, Z. 261 ff.). Schließlich fand er 1997 einen Job in einem Blumengeschäft, dann in einem italienischen Restaurant: „S: Erste Mal Teller waschen Italienisch Restaurant dann bis langsam Salat ... Pizza backen gemacht dann hab ich gelernt bisschen kochen was kochen italienisch dann ... was machen Bolognese was machen Tomatensoße was machen Nudeln bisschen gelernt ... und dann Chef zusammen Arbeit gelernt" (Interview Sugath/Renuka, Z. 271 ff.). Dieser Aufstieg vom Tellerwäscher zum Koch erfüllt Herrn Sugath mit Stolz. Er arbeitet täglich 10 Stunden und 60 Stunden die Woche; einen Tag – zumeist Dienstag – hat er frei. Seine tägliche Pause beginnt in der Regel um 14.30 Uhr und endet um 17 Uhr. Kommen zu Beginn der Mittagspause noch Gäste, so verkürzt sich die Arbeitsunterbrechung. An einigen Tagen wie Rosenmontag fällt die Pause ganz aus, weil im Restaurant zu viel Betrieb ist.

Herr Sugath ist mit dem Arbeitsklima zufrieden, wünscht sich jedoch regelmäßigere und kürzere Arbeitszeiten, vielleicht nur acht Stunden am Tag. Er besucht zur Zeit einen Deutschkurs, den er selbst bezahlt. Dieser beginnt um 8 Uhr und endet um 12 Uhr; aufgrund seiner Arbeitszeiten muss er ihn jedoch immer schon um 11 Uhr verlassen. Seine berufliche Tätigkeit fordert ihn so sehr, dass er nicht dazu in der Lage ist, die eigentlich notwendigen Hausaufgaben zu bewältigen: „T: Ja und die Hausaufgaben konnte er sowieso nicht machen weil er (X) von drei bis um fünf und manchmal morgens konnte auch nicht aus (X) weil er dann Schmerzen hatte von der Arbeit gings ihm nicht so gut" (Interview Sugath/Renuka, Z. 477 ff.).

Die Ehefrau Renuka arbeitet seit Januar 2000 als Reinigungsfrau in einer Arztpraxis. Ihre Arbeit beginnt morgens um 5.30 Uhr (Interview Sugath/Renuka, Z. 280 ff.), so dass sie nicht gemeinsam mit ihrem Mann den Sprachkurs besuchen kann. Nach Aufnahme dieser Beschäftigung war die Familie nicht mehr auf Sozialhilfe angewiesen und konnte ihr Leben unabhängig von staatlicher Unterstützung gestalten. Deutlich wird anhand der Äußerungen, welch große Bedeutung Arbeit in ihrem Leben spielt.

Zentrale Themen sind: Die Selbstständigkeit, die Unabhängigkeit von staatlicher Unterstützung, Sicherheit, eigenes Geld: „**R:** Warum zu Hause bleiben? ((lächelt)) das ist arbeiten das ist so **S:** Weil lustiger arbeiten selber **R:** Selbstständig **S:** Selbstständig **T:** Also nicht jetzt irgendwie dass man sich auf den Staat verlässt oder so auch selber weißt dass man das jetzt auch (XX) (...) **S:** Ja immer da Sozialamt gehen fragen deshalb will ich (...) **R:** Jetzt das ist besser keine Sozialhilfe **S:** Jetzt keine Sozialhilfe eigene Bezahlung **T:** Also eigene Sicherheit **R:** Eigen Geld" (Interview Sugath/Renuka, Z. 348 ff.).

Im Falle von Frau Karina stellt sich die Situation anders dar. Sie hat in Yerevan in Armenien Chemie auf Lehramt studiert und war anschließend tätig als Büroleiterin im Arbeitsministerium und bei der Armenischen Zentralbank. Nach ihrer Ankunft in Deutschland und der Geburt ihrer Tochter war sie nicht mehr berufstätig. Sie hatte sich erkundigt, ob sie sich als Chemielehrerin bewerben könne. Ihr wurde jedoch mitgeteilt, dass man zwei Fächer auf Lehramt studiert haben müsse, um an deutschen Schulen zu unterrichten; daher hätte sie noch ein zweites Fach auf Lehramt zu studieren. Deprimiert wegen dieser Auskunft entschied sie sich gegen ein weiteres Studium. Sie berichtet, sie sei sogar von einer Schule direkt als Chemielehrerin angefragt worden, habe jedoch nach einer Arbeitsmarktprüfung aufgrund der Vorrangigkeit von Bundes- und EU-Bürgern keine Arbeitserlaubnis erhalten.

Als Frau Karina von der Möglichkeit der Bleiberechtsregelung erfuhr, entfaltete sie gezielte Aktivitäten, um einen Job zu finden. Sie schrieb zahlreiche Bewerbungen und erhielt – wenn überhaupt geantwortet wurde – nur Absagen. Dann ging sie dazu über, bei den Firmen direkt vorbeizugehen, um sich vorzustellen. Sie besorgte sich Telefonbücher der benachbarten Städte und rief bei Firmen an. Nicht zuletzt wandte sie sich auch an Hilfsorganisationen. Alle Versuche waren jedoch vergeblich.

Seit Dezember 2008 arbeitet sie nun im Rahmen der Nachmittags- und Hausaufgabenbetreuung in der Schule ihrer Tochter und übernimmt manchmal auch eine Unterrichtsvertretung. Sie arbeitet jedoch nur zwei- bis dreimal in der Woche auf Honorarbasis, und in den Ferien erfolgt keine Beschäftigung. Daher reicht das Honorar nicht aus für den Nachweis, dass sie ihren Lebensunterhalt selbst bestreiten kann. Ob die Aufenthaltsgenehmigung „auf Probe" in eine unbefristete Aufenthaltsgenehmigung umgewandelt wird, ist deshalb sehr fraglich.

Sahat war sechs Jahre im Rahmen eines Ein-Euro-Jobs in einem Krankenhaus beschäftigt, wobei er zwischen 120 und 130 Stunden monatlich arbeitete. Er berichtet von dem niedrigen Verdienst und davon, dass im Laufe seiner Beschäftigungszeit sein Stundenlohn minimal erhöht und später wieder gesenkt wurde: „mit zweihundertfünfzig Euro kannst du nicht leben und so so war zu wenig und dann hab ich noch ein paar … Arbeitsstunden bekommen hundertzwanzig da war ein Euro dreißig pro Stunde … hundertzwanzig Stunde das war hundert fünfzig Euro und dann nach der … … fünfte Jahre gearbeitet und dann wird das ein Euro fünf gemacht von ein Euro dreißig haben sie runtergemacht auf ein Euro fünf" (Interview Sahat, Z. 119 ff.).

Sein Chef beantragte bereits zwei Mal eine Festanstellung für ihn, der Antrag auf Arbeitserlaubnis wurde jedoch abgelehnt. „Ja da war keine Chance … weil keiner Arbeitserlaubnis gehabt … und der Chef vom Krankenhaus hatte auch versucht mich festzustellen (...) bei Arbeitsamt hat angerufen und Arbeitsamt hat gesagt er gibt er hat keine Arbeitserlaubnis … und dann hat gesagt ich kann dir einen Deutsche schicken arbeiten … mein Chef hat gesagt die Deutsche brauch ich doch net weil den kenn ich doch schon fünf oder sechs Jahre schon die macht die Arbeit sehr gerne" (Interview Sahat, Z. 113 ff.).

Diese Erfahrungen waren für Sahat sehr frustrierend, so dass er beschloss, die Arbeit ganz aufzugeben: „Weil du darfst nicht arbeiten haben sie das gesagt und dann hab ich nichts dagegen du darfst nicht du darfst nicht arbeiten du darfst nicht arbeiten ich hab gedacht OK ich bleibe dann zu Hause und dann hab ich das Arbeit verlassen … wenn ich darf nicht arbeiten warum und dann darf ich nur Ein-Euro-Job arbeiten und dann hab ich das Arbeit ganz gelassen ... so ist das" (Interview Sahat, Z. 126 ff.).

Erst als er Vater wurde, erhielt Sahat eine Arbeitserlaubnis, um seine Tochter unterstützen zu können (Interview Sahat, Z. 62 ff.). Nun hat er im selben Krankenhaus einen 400-Euro-Job. Mit seiner Arbeit ist er zufrieden und würde gerne mehr arbeiten, darf dies aber nicht (Interview Sahat, Z. 116 ff.). 400 Euro reichen jedoch nicht als Lebensunterhalt für eine Familie mit einer kleinen Tochter, so dass der Antrag auf Familiennachzug abschlägig beschieden wurde.

Während Edona als geduldeter Flüchtling nicht dazu berechtigt war eine Ausbildung zu beginnen, darf sie nun – seitdem sie eine Aufenthaltserlaubnis „auf Probe" hat – eine Lehre beginnen. Vermittelt durch das Arbeitsamt absolvierte Edona einen als Probezeit gedachten Ein-Euro-Job in einem Altenheim, in dem sie auch eine Ausbildung beginnen wollte. Sie berichtet von der eigenen Erfahrung und der ihrer Freunde und Bekannte, dass Ein-Euro-Kräfte gerne beschäftigt, jedoch nicht für eine Ausbildung übernommen und schon gar nicht regulär eingestellt werden: „und dann wo der Zeitpunkt kam dass ich Ausbildung mache haben die irgendein was gefunden weshalb die mich nicht wollen (...) die Mädchen wo die in Tagespflege waren die haben (...) zu mir gemeint geh von hier weg ... mach das nicht hier (...) wenn du anfangst dass du Ausbildung machen sollst werden die dich rausschmeißen (...) nur wenn du ein zwei Tage krank wärs die schmeißen dich raus" (Interview Edona, Z. 169 ff.)

Zugleich ist Edona bewusst, dass ein Ein-Euro-Job – wenn es um das Bleiberecht geht – nicht als Sicherung des Lebensunterhalts zählt: „aber wie ich das weiß für Ein-Euro-Job das nutzt das nicht" (Interview Edona, Z. 156 f.). Hinsichtlich der Ein-Euro-Jobs ist sie sehr sensibilisiert, da ihr Vater einen solchen Job im Krankenhaus hat, 160 Stunden im Monat dort arbeitet (Interview Edona, Z. 131 ff.) und auch Bekannte davon betroffen sind (Interview Edona, Z. 215 ff.).

Ungeachtet dieser prekären Lebenssituation betont sie, dass ihr die Arbeit mit älteren Menschen in der Pflege viel Spaß macht. Bereits seit ihrem achtzehnten Geburtstag wollte sie Altenhelferin werden, weil sie sich mit den älteren Menschen „sehr sehr gut super gut" versteht (Interview Edona, Z. 166 ff.):
„mit den alten Leute verstehe ich mich sehr sehr gut dazu kann man nichts

sagen halt mit denen ... die werde ich auch sehr vermissen (...) die sind mir so am Herzen gewachsen" (Interview Edona, Z. 200 ff.).

Ungeachtet des hohen Maßes an Empathie mit älteren Menschen und ihres Engagements in der Altenpflege erhielt sie jedoch nicht die Möglichkeit, in diesem Bereich eine Ausbildung zu absolvieren. Weil sie einige Tage wegen Krankheit zu Hause blieb, musste sie die Einrichtung nach Ablauf der Probezeit wieder verlassen. Sie litt unter einer Grippe und rief einen Mitarbeiter an, der ihr riet, besser zu Hause zu bleiben, um die älteren Menschen nicht anzustecken. Nach der Krankheitsphase wieder zurückgekehrt, nahm die Chefin dies jedoch zum Anlass, ihr zu kündigen bzw. die Probezeit nicht zu verlängern und die ursprüngliche Zusage eines Ausbildungsplatzes rückgängig zu machen: „aber nein halt die andere Chefin meint ne so was kommt nicht in Frage ... ... so was gibt's nicht bei uns ob man krank ist ... muss man kommen" (Interview Edona, Z. 408 ff.).

Wegen ihres Status Aufenthaltserlaubnis „auf Probe" fühlt sie sich unter Druck gesetzt, da sie bis zum 1.4.2009 eine Ausbildungs- oder Arbeitsstelle gefunden haben muss.[32] Über ihr schwebt das Damoklesschwert einer drohenden Abschiebung ab Januar 2010. Der Arbeitssuche nicht zuträglich ist die Residenzpflicht, der sie immer noch unterliegt. Nachdem sich ihre Hoffnungen auf eine Ausbildung zerschlagen haben, sieht sie nur noch die Möglichkeit, einen 400-Euro-Job in einem Krankenhaus oder einer Boutique zu finden – wohl wissend, dass dies bei der Antragstellung nicht zu einem positiven Bescheid führen wird.

Da Ferista (Afghanistan) immer Krankenschwester werden wollte, absolvierte sie nach ihrem Schulabschluss ein dreiwöchentliches Praktikum in einem Klinikum. Die Arbeit mit Menschen machte ihr viel Spaß und vermittelte ihr das Gefühl, dass sie Menschen helfen kann und von ihnen ein hohes Maß an Dankbarkeit erfährt: „du hast dieses Glänzen in den Augen gesehen wie dankbar die dafür waren weißt du das war richtig schönes Gefühl ... weißt du als ob du kleines Kind fütterst OK das kleine Kind ist dir nicht so dankbar wie diese ältere Damen die weißt du die haben viele erlebt und so und auch wie manche erzählt haben <u>was</u> die schon alles erlebt haben <u>richtig</u> schönes Gefühl" (Interview Ferista, Z. 982 ff.).

---

[32] Die Frist wurde inzwischen bis zum 31.12.2011 verlängert. Zum Zeitpunkt des Interviews galt jedoch noch der 1.4.2009 als endgültiger Termin.

Andererseits machte sie in Zusammenhang mit dem dort herrschenden Personalmangel Erfahrungen, die sie dazu veranlassten sich beruflich umzuorientieren. Sie berichtet von einer älteren Dame, die nicht eigenständig essen konnte. Ihr wurde zwar das Essen gereicht, aber keine Pflegekraft fand die Zeit, ihr auch bei der Nahrungsaufnahme behilflich zu sein. Die Klingel funktionierte nicht, das Sitzen bereitete ihr Schmerzen, und das Essen wurde kalt: „ich guck so in einem Zimmer so ne Oma die sitzt so auf einem Stuhl und sagt na endlich ist jemand da (...) ich sitz schon voll lange hier jemand hat mir das Essen gebracht hat mich auf den Stuhl gesetzt und kommt zu mir niemand ich will eigentlich essen ich hab Hunger das Essen ist jetzt auch kalt geworden und so das war _richtig_ alte Oma so über achtzig das hat mir so leid getan (...) die hat mir _richtig_ leid getan" (Interview Ferista, Z. 989 ff.).

Ferista reflektierte die Ambivalenzen ihres lange angestrebten Berufs vor dem Hintergrund ihrer Erfahrungen im Praktikum und entschied sich schließlich gegen diese Arbeit. Ihre Befürchtung war, dass die alltäglichen Erfahrungen in der Klinik, das Wissen um das zu knappe Personal und die Konfrontation mit Krankheit, Leiden und Tod sie zu sehr beschäftigen und deprimieren würden: „also Krankenhaus ist es ist nichts für mich das hab ich gemeint ich mach so was nicht dann sonst weiß ich genau ich wird _jeden_ Tag nicht gut drauf sein weißt du wenn ich sehe wie die leben also im Krankenhaus das war ich so nein _niemals_" (Interview Ferista, Z. 1007 ff.).

Ein weiteres Praktikum in einem Hotel und Restaurant weckte in ihr den Wunsch, sich beruflich in diese Richtung zu orientieren. Seit August 2008 absolviert sie nun in einer benachbarten Stadt eine Ausbildung zur Restaurantfachfrau.[33] Nicht thematisiert wird in dem Interview die Frage, ob und unter welchen Voraussetzungen ein geduldeter Flüchtling eine Ausbildung absolvieren darf. Hier ist anzumerken, dass der/die Geduldete eine Ausbildung absolvieren darf, sofern er/sie eine Arbeitserlaubnis erhält. Im Falle von Ferista war dies – so ist anzunehmen – nicht weiter problematisch, zumindest hat sie dies nicht im Interview thematisiert.

---

[33] Das am 13.11.2008 im Deutschen Bundestag verabschiedete Arbeitsmigrationssteuerungsgesetz sieht vor, dass Geduldete nach zwölf Monaten Aufenthalt eine Ausbildungserlaubnis ohne Vorrangprüfung erhalten und eine Ausbildung aufnehmen können (vgl. BT-Drs. 16/10288 und Arbeitsmigrationssteuerungsgesetz 2008).

In der neunten Klasse absolvierte sie – zusammen mit einer Freundin – ein Praktikum in einem Hotel. In diesem Rahmen hatte sie Gelegenheit, in verschiedenen Bereichen zu arbeiten (Zimmer putzen, Küche, Restaurant). Trotz der anstrengenden Arbeit und dem Zeitdruck war ihre Bilanz positiv: „wir hatten richtig nette Arbeitskollegen die waren richtig witzig (...) dann in der Mittagspause haben wir dann alle zusammen geredet ... aber trotz dem es war richtig schön" (Interview Ferista, Z. 1026 ff.). Auch mit der Arbeit in der Küche war sie zufrieden: „da waren voll nette Typen (...) und wir haben dann dort gearbeitet und das war irgendwie voll witzig immer OK Kartoffeln schälen" (Interview Ferista, Z. 1034 ff.). Auch die Vorbereitung des Frühstücksbuffets und die Betreuung von Tagungsgästen hat ihr Spaß gemacht: „dann hat das richtig Spaß gemacht so eigene ... Buffet fertig zu haben (...) Boah ich hab das gemacht und so dann war schon cool" (Interview Ferista, Z. 1040 ff.). Sie fühlte sich ernst genommen und ihr wurde vieles erklärt.

Um ihre Sprachkenntnisse zu verbessern, möchte sie ein Jahr in England in einem renommierten Hotel und Restaurant arbeiten: „Ja jetzt mach ich genau als Restaurantfachfrau weiter und dann überleg ich mir ich lerne Englisch ich geh vielleicht nach ein für ein Jahr nach England um dort besser Englisch zu können und dann will ich wer weiß vielleicht hab ich Glück und ich kann in ... Dings arbeiten in ... ... ich heißt das das größte Hotel (...) oh Mann wie heißt das jetzt hab ich den Namen vergessen (...) wo alles aus Gold ist und so ... so richtig schönes Hotel (Interview Ferista, Z. 1092 ff.).

Die junge Frau ist stolz darauf, ein eigenes Einkommen zu haben, merkt aber auch an, wie anstrengend es ist, eigenständig Geld zu verdienen und für den Lebensunterhalt aufzukommen: „ich so Boah ist nicht so leicht Geld zu verdienen ... weißt du dann merkst du den Unterschied bekommst du immer das Geld Geld Geld und dann auf ein Mal musst du selbst dafür arbeiten ... ist schon dann anders aber weißt du wenn du wenn dir Arbeit Spaß macht dann merkt man das eigentlich nicht so dass man arbeitet ... das war schönes Gefühl sein erstes Geld in der Hand zu haben ich so ((lächelt)) Mama hier mein Geld und so # ich hab eigenes Geld verdient und so war schon schönes Gefühl das ist schönes Gefühl" (Interview Ferista, Z. 1114 ff.).

Sie übernimmt auch für ihre Familie finanzielle Verantwortung, indem sie ihrer Mutter Geld gibt, auch wenn diese sich zunächst hartnäckig weigert, das anzunehmen: „OK und dann nimmt sie das und dann wird für irgendwas ausgegeben ... und das ist auch besser so weißt du weil meine Mutter kauft weißt wenn sie irgendwas sieht oder so kauft sie für uns alle die Klamotten oder weißt du das bezahlt sie von sein eigenes Geld und ... dann will ich das ja nicht und dann wenn ich Geld hab selbst verdient dann geb ich ihr das und sag hier gibt das aus und so" (Interview Ferista, Z. 1132 ff.).

Auch ihre jüngeren Schwestern sind beruflich ambitioniert: Eine will ebenfalls Krankenschwester werden, die beiden jüngsten, die demnächst das Gymnasium besuchen werden, wollen Ärztin werden (Interview Ferista, Z. 1147 ff.). Ihr Vater arbeitete zunächst fünf Jahre als Küchenhilfe in einer benachbarten Großstadt, vor zwei Jahren fand er einen Job im Bereich der Medizintechnik und muss nun nicht mehr pendeln (Interview Ferista, Z. 1162 ff.). Ihre Mutter arbeitete zwei Monate in einem großen Supermarkt, erhielt jedoch keine Arbeitserlaubnis – mit der Begründung, sie solle zu Hause bleiben und sich um ihre Töchter kümmern (Interview Ferista, Z. 1203 ff.).

Obwohl Ferista wie ihre gesamte Familie keinen Aufenthaltstitel hat und demnach von Abschiebung bedroht ist, schmiedet sie Pläne für ihre Zukunft in Deutschland und Europa. Sie macht sich Gedanken über berufliche Perspektiven, konfrontiert sich im Rahmen von Schulpraktika mit den Realitäten des Arbeitsalltags, hat Träume, Wünsche und Hoffnungen, die sie mit der Realität abgleicht. Zugleich spricht sie offen über die drohende Abschiebung und darüber, was es für sie bedeuten würde, wieder in Afghanistan leben zu müssen.

Zusammenfassend bleibt festzuhalten: Alle Interviewpartner/innen waren bzw. sind bestrebt, einer Erwerbsarbeit nachzugehen oder eine Ausbildung zu absolvieren. Die Familie aus Sri Lanka arbeitet bereits seit ca. neun Jahren in den Bereichen Gastronomie bzw. Reinigungsgewerbe und ist aufgrund der eigenen Erwerbsarbeit nicht mehr auf staatliche Unterstützung angewiesen. Frau Karina aus Armenien fand als Akademikerin keine adäquate Beschäftigung in Deutschland und ist nun im Bereich der Nachmittagsbetreuung tätig, jedoch nur wenige Stunden wöchentlich auf Honorarbasis. Sahat aus dem Kosovo war sechs Jahre im Rahmen eines Ein-Euro-Jobs im Krankenhaus beschäftigt und konnte dies aufgrund der Geburt seiner Tochter zu einem 400-Euro-Job ausbauen. Edona aus dem Kosovo war ebenfalls mit einem Ein-Euro-Job in einem Altenheim beschäftigt. Eine Ausbildung in diesem Bereich ließ sich wegen Konflikten mit der Chefin jedoch nicht realisieren, so dass sie sich auf die Suche nach anderen Beschäftigungsmöglichkeiten begeben hat. Die Bereiche, in denen die Interviewpartner/innen beschäftigt sind, bieten keine oder kaum Entwicklungsmöglichkeiten, sieht man von Ferista ab, der es gelungen ist, einen Ausbildungsplatz im Hotel- und Gaststättengewerbe zu erlangen, der zu einem hohen Maß an Zufriedenheit beiträgt. Als Barriere der beruflichen Integration erwies sich das einjährige Arbeitsverbot und vor allem die Vorrangprüfung, die erst am 1.1.2009 mit Inkrafttreten des Arbeitsmigrationssteuerungsgesetzes gelockert wurde.[34] Konkret berichteten Sahat und Frau Karina, dass sie eine ihnen angebotene offene Stelle wegen dieser Vorrangprüfung nicht erhalten haben.

2.4 Spracherwerb und Kontakt zu Deutschen

Was den Spracherwerb von Deutsch als Fremdsprache angeht, bestehen in den Biographien der Befragten einige Ähnlichkeiten. Während die Kinder und Jugendlichen die Möglichkeit hatten, in der Schule oder durch soziale Kontakte Deutschkenntnisse zu erwerben, besuchten die Erwachsenen (bis auf wenige Ausnahmen) über längere Zeit ihres Aufenthaltes in Deutschland aus unterschiedlichen Gründen keinen Sprachkurs oder machten dies zu einem späteren Zeitpunkt.

Frau Karina berichtet ausführlich von ihren ersten Erfahrungen und der Überwindung von Sprachproblemen im Alltag. Als sie nach Deutschland kam, sprach sie gar kein Deutsch. Heute erzählt sie darüber mit Humor, weist jedoch darauf hin, dass diese Zeit sehr schwierig für sie gewesen sei: „ich weiß nicht jetzt kann man natürlich mit Lächeln ((leiser)) darüber sprechen aber da war es nicht lustig ... als ich nach Deutschland kam ... ich konnte kein Wort Deutsch ich hatte keine Adresse gehabt ... nur ein Sprachbuch hatt ich in Hand gehabt" (Interview Karina, Z. 46 ff.).

Da sie zweieinhalb Monate nach der Einreise ihr Kind zur Welt brachte, musste sie ihre neugeborene Tochter einer medizinischen Untersuchung un-

---

[34] Aufgrund neuer Durchführungsanweisungen der Bundesagentur für Arbeit zur Beschäftigungsverfahrensverordnung (BeschVerfV) entfällt mit Beginn des Jahres 2009 die Vorrangprüfung bei geduldeten Flüchtlingen, sofern sie einen vierjährigen ununterbrochenen Aufenthalt in Deutschland nachweisen können und nicht einem Arbeitsverbot nach § 11 BeschVerfV unterliegen. Falls der betreffende geduldete Flüchtling diese Voraussetzungen erfüllt, muss die Zustimmung ohne Vorrangprüfung und ohne Lohnprüfung erfolgen (vgl. Bundesagentur für Arbeit 2009).

terziehen lassen. Mithilfe eines Russisch-Deutschen Wörterbuches (die Interviewpartnerin verfügt als Armenisch-Muttersprachlerin auch über gute Russischkenntnisse) bereitete sie sich auf den Arztbesuch vor. So bildete sie provisorische Sätze, um Fragen und Sorgen zu den gesundheitlichen Problemen ihres Kindes klären zu können. Bis heute ist sie sich unsicher, ob die Ärzte sie verstanden haben. Sie wiederum verstand die Erklärungen der Ärzte nicht: „weil ich meine Tochter sie sie war klein hatte irgendwelche Probleme gehabt als Baby ... da musste ich zum Arzt ich musste erklären was sie hat dann hab ich ((lächelt)) im Wörterbuch die Wörter rausgesucht also Sätze gemacht und dann hab ich erzählt ob die was verstanden haben weiß ich nicht aber was die mir geantwortet haben ich hab kein Wort verstanden ((lächelt))" (Interview Karina, Z. 774 ff.).

Obwohl sie selbst kein Deutsch sprach und auch keinen Sprachkurs besuchte, bemühte sich Frau Karina sehr, ihrer Tochter beim Spracherwerb zu helfen und kaufte deutschsprachige Kinderbücher und Märchenkassetten: „Kommunikation OK Fernseher hatten wir damals schwarz weiß zwei Programme konnte ich auch nicht ständig anlassen aber ich hab viel Mühe gegeben ich hab Kassetten gekauft also Kindergeschichten dass sie immer was hören kann" (Interview Karina, Z. 795 ff.).

Das Kind begann schließlich mit drei Jahren zu sprechen, was die Befragte als sehr spät einschätzt. Frau Karina konsultierte aufgrund dieser langsamen sprachlichen Entwicklung der Tochter einen Logopäden. Sie sucht jedoch auch eine Erklärung in ihrer damaligen Situation. Sie wohnte zu der Zeit in einem Dorf und hatte wenig Kontakt zu den Einwohner(inne)n dieses Ortes. Sie weist dabei auf die – in ihren Augen – distanzierte Haltung dieser Menschen hin: „weil ((seufzt)) wir hatten Kommunikationsprobleme gehabt nicht weil ich nicht es wollte wir waren in einem Dorf und die Leute waren immer ich glaub in Hessen sind die Leute so ... distanziert" (Interview Karina, Z. 786 ff.).

Frau Karina berichtet über den Kontakt zu ihrer Vermieterin. Sie sei mehrmals darauf hingewiesen worden, dass die Deutschen sich Distanz wünschten. Dies wunderte sie sehr, da sie, ihre Tochter und die Familie der Vermieterin sich häufig wechselseitig besuchten und die Kinder der Vermieterin viel Zeit bei ihr verbrachten. Für Frau Karina war dies ein Zeichen dafür, dass sie einen guten Kontakt zur deutschen Mehrheitsbevölkerung hatte: „ich wusste es nicht zum Beispiel erste Erfahrung war mit meiner Vermieter die Kinder waren ständig bei mir ne und wir waren da auch unter und ähm ich dachte ... wir haben Kontakt also oft als ich was gefragt habe sie hat gesagt weißt du was ... die Deutschen mögen Distanz ... hat sie auch gezeigt (...) ich rede nicht von Distanz aber ... das war erste Erfahrung die meinte Distanz Distanz vorsichtig" (Interview Karina, Z. 790 ff.).

Hier wird deutlich, dass die Befragte ihre Einstellung und Wahrnehmung der damaligen Situation revidiert. Obwohl sie den Kontakt zu ihrer Vermieterin wohl zunächst als freundschaftlich empfand, übernahm Frau Karina, konfrontiert mit ihren Aussagen, jedoch die Meinung, dass die Deutschen doch eher eine distanzierte Haltung hätten.

Sahat aus dem Kosovo besuchte ebenfalls keine Sprachschule. Er lernte die Sprache anfangs von seinen – wie er sie bezeichnet – „ausländischen" Kollegen. Durch die Arbeit im Krankenhaus erweiterte er später seinen Wortschatz: „Deutsch hab ich gelernt so mit paar Freunden (...) haben sich zusammen angefangen und dann auf der Arbeit und jedes Mal jede Worte gelernt und so weiter und so weiter und sonst keine Schule gar nichts Anfang nur ausländisch gelernt (...) ich hab einfach so gelernt" (Interview Sahat, Z. 267 ff.).

Er ist sich bewusst, dass er noch Schwierigkeiten mit dem Lesen hat und beim Sprechen manchmal Fehler macht: „zum Lesen ist kann nicht so gut lesen aber sprechen manche Worte ja manche nicht Fehler mach ich manchmal und so weiter" (Interview Sahat, Z. 269 f.).

Sahat sagt nicht viel zu seinen sozialen Kontakten, betont aber mehrmals während des Gesprächs, dass eine gute und freundliche Atmosphäre an seiner Arbeitsstelle herrschte. Er habe auch einen guten Kontakt zu seinem Chef. Auf die Frage hin, ob deutsche Sprachkenntnisse für ihn von Bedeutung seien, antwortet er lakonisch: „Aaa ja wenn man ohne Sprache ist ... weiß man schon wie das ist" (Interview Sahat, Z. 273).

Ferista – die achtzehnjährige junge Frau aus Afghanistan – erzählt fast mit Wehmut, wie sie angefangen hat, die neue Sprache zu lernen. Nach der Ankunft in Deutschland wurde ihre Familie zunächst für drei Monate in einem Asylheim untergebracht. Zu der Zeit gingen sie und ihre fünf Schwestern noch nicht zur Schule. Sie besuchten stattdessen einen Sprachkurs, der speziell für die im Asylheim wohnenden Kinder angeboten wurde (Interview Ferista, Z. 449 ff.). Viele dort lebende Kinder hatten unterschiedliche kulturelle und sprachliche Hintergründe, keines von ihnen sprach Deutsch. Ihre Kommunikation beschränkte sich daher anfangs nur auf die „nonverbale Kommunikation". Erst mit Hilfe der Lehrerin lernte Ferista die ersten Vokabeln: „wir waren ja alle Asylanten keiner konnte Deutsch sprechen und wir konnten uns noch nicht verständigen (X) wenn die von anderem Land waren oder so wir haben irgendwie mit dem (X) Finger und so geredet ((lächelt)) das wir uns verstehen # und mit der Lehrerin haben wir dann weiß du bisschen so gelernt so was Ja heißt was Nein heißt was wie geht's heißt oder so ganz wenig immer so gelernt" (Interview Ferista, Z. 438 ff.).

Auch Fernsehen war für Ferista sehr hilfreich: „dann haben wir Fernseher geguckt da haben wir richtig gelernt also vom Fernsehen weißt du siehst was sie machen und dann so Cartoons und so und da haben wir eigentlich das meiste gelernt find ich" (Interview Ferista, Z. 444 ff.). Weiterhin betont sie, dass Computer, Kinderbücher und Spielsachen sowie die einfühlsame Hilfe der Lehrerin, die langsam mit den Kindern gesprochen hat, zu dem Lernerfolg beigetragen haben: „und da war auch Computers und so weil wir konnten uns ja mit Computer nicht aus und so das war für die die für längere Zeit da waren und da haben wir uns Bücher angeguckt mit Bilder haben wir nur geblättert Hauptsache Bilder und so schön und das oder dort immer gespielt da waren voll viele Spielsachen und da haben wir mal gespielt oder so und diese Frau die hat wirklich so richtig langsam geredet dass du's verstanden hast" (Interview Ferista, Z. 451 ff.).

Nach Ablauf von drei Monaten besuchte Ferista die Grundschule. Während ihre Mitschüler/innen Religions- oder Ethikunterricht hatten, wurde sie in der deutschen Sprache unterrichtet und lernte Schreiben, Orthographie und Grammatik: „danach kamen wir in die richtige Klasse Schulklasse und dort haben wir eigentlich das meiste gelernt weil da sind sie dann in so ein Kurs so die Leute zum Beispiel haben Ethik gemacht und … ne die haben Religion gemacht und wir haben son extra Kurs gemacht die letzten zwei drei Stunden wo wir Deutsch gelernt haben zum Beispiel so richtig mit – der die das – ähm mit ähm wer was das heißt also diesen Kurs hatten die extra für … uns gemacht sozusagen da haben wir richtig viel gelernt die haben uns alles zum

Beispiel so zum Beispiel wie man Arzt oder so schreibt" (Interview Ferista, Z. 461 ff.).

Ferista vermittelt den Eindruck, dass sie sich ihres Sprachlernerfolgs bewusst ist. Sie betont, dass sie ihrer Lehrerin sehr dankbar für ihre Hilfe ist. Dies ergibt sich unter anderem auch aus einer Passage des Gesprächs, in dem sie von einer Übung erzählt, die die Kinder dazu veranlassen sollte zu schreiben, warum sie etwas Besonderes sind. Sie und noch andere Kinder konnten dies zu der Zeit noch nicht schriftlich ausdrücken, da sie noch nicht schreiben konnten. Deswegen sollten sie ein Bild zu dem Thema malen. Bemerkenswert ist, wie Ferista sich selbst in dieser Übung wahrnimmt. Sie versuchte auf dem Bild den Satz „Ich bin etwas Besonderes" aufzuschreiben, schrieb jedoch das Wort „Besonderes" falsch: „ich hab so ein Bild noch das haben wir damals dort gemalt das sollten wir aufschreiben ... ääh warum wir was Besonderes sind ... und wir konnten ja nicht schreiben also sollten wir das malen und ich hab geschrieben ich bin was Besonderes und ich hab Besonderes nicht mal richtig geschrieben ich hab Be-son-deen oder so was Komisches geschrieben und da haben irgend Bild gemalt" (Interview Ferista, Z. 466 ff.).

Dennoch stellt sie mit Stolz und Bewunderung fest, dass dank der Betreuung durch die Lehrerin sowohl sie als auch andere Kinder innerhalb eines Jahres große Fortschritte im Spracherwerb gemacht haben: „aber weißt du wenn ich das angucke weiß ich oh ha da hab ich richtig bei dieser Lehrerin richtig viel Deutsch gelernt ... die hat mir richtig die hat immer so langsam geredet nach und nach weißt du dann hab ich richtig gut verstanden also nach wir konnten <u>alle</u> nach einem Jahr wir Kinder konnten wir eigentlich Deutsch so reden wie jetzt ... also wir haben schon nach einem Jahr oh Gott wir haben Deutsch richtig schnell gelernt" (Interview Ferista, Z. 472 ff.).

Ferista ist sich dessen bewusst, dass das Deutschlernen für ihre Eltern im Vergleich zu den Kindern nicht einfach war, da sie auf sich alleine gestellt waren. Ihr Vater arbeitete anfangs als Küchenhilfe und hatte keine Möglichkeit, mit anderen längere Gespräche zu führen: „für meine Eltern wars halt bisschen schwieriger ... für meinen Vater auch weil der hat dann in Frankfurt in der Küche gearbeitet und da hat er konnte er mit niemandem reden ... weißt du die haben am Anfang vielleicht geredet Anfang des Arbeits ... hallo wie geht's und so dies das und sobald Arbeit angefangen hat dann war jeder richtig beschäftigt weil da war richtig immer zu tun und der hat gemeint mit wem soll ich sprechen mit der Spülmaschine … der meinte da konnte kein Deutsch lernen" (Interview Ferista, Z. 477 ff.).

Als ihr Vater seine Arbeit wechselte, finanzierte ihm die Firma, bei der er nun beschäftigt war, einen Sprachkurs. Dieser führte zu Fortschritten sowohl im schriftlichen als auch im mündlichen Ausdruck (Interview Ferista, Z. 485 ff.). Feristas Mutter ist Hausfrau und besuchte keinen Deutschkurs. Sie hatte jedoch gute Kontakte zu ihren Nachbarn geknüpft, die zwar auch nicht gut Deutsch sprachen, aber durch „Frauengespräche" – wie Ferista diese nennt – verbesserten sich ihre Sprachkenntnisse enorm: „die war die ist immer zu Hause gewesen und immer durch mit Nachbar haben wir immer geredet die sind immer zu uns gekomen dann haben die immer geredet und beide halt weißt du so wie Frauen geredet haben die haben beide extra so langsam geredet so beide konnten nicht so gut Deutsch und darum haben die immer so geredet dann nach ne Zeit konnten beide richtig gut Deutsch weißt du meine Mama hat eigentlich vieles von Freunden gelernt" (Interview Ferista, Z. 491 ff.).

Ferista betont immer wieder die Bedeutung von Kommunikation im Prozess des Spracherwerbs, so z.B. die wichtige Rolle von Gesprächen mit Nachbarn und Freunden. Als sehr positiv bewertet sie den herzlichen Kontakt zu ihren Nachbarn am früheren Wohnort, mit denen sie und ihre Familie zahlreiche Geburtstage zusammen feierte: „wir haben unten hatten wir Nachbarn und so mit den haben wir uns immer voll gut verstanden mit den hat doch meine Mutter immer Deutsch gelernt so zu reden und so … wenn einer von uns Geburtstag hat wenn meine Schwester hat Geburtstag und die unteren Nachbar hatten Geburtstag dann haben wir alle zusammen gefeiert und das war eigentlich richtig schön … wir wären niemals dort ausgezogen wenn wir da nicht ausziehen mussten war wirklich richtig schön" (Interview Ferista, Z. 729 ff.).

Die freundlichen nachbarschaftlichen Beziehungen spielen auch für die Familie aus Sri Lanka eine wichtige Rolle. Frau Renuka trifft ein Mal in der Woche ihren Nachbarn, um mit ihm Deutsch zu lernen. Sie und ihr Ehemann Sugath besuchten zu Beginn ihres Aufenthaltes in Deutschland sechs Monate lang einen vom Sozialamt finanzierten Sprachkurs. Diesen mussten sie jedoch kurz nach der Geburt ihrer ersten Tochter abbrechen, um sich um ihr neugeborenes Kind kümmern zu können. Ihre ältere Tochter erklärt das folgendermaßen: „Ja also ganz am Anfang ähm haben meine Eltern sechs Monate gemacht und dann ähm war ich ja dann da ähm ((lächelt)) mussten sie sich um mich kümmern" (Interview Sugath/Renuka, Z. 446 ff.).

Herr Sugath besucht zurzeit zwei Mal wöchentlich einen Sprachkurs an der Volkshochschule, den er selbst finanziert. Zeitlich allerdings seien die Unterrichtsstunden mit seiner Arbeit schwer zu vereinbaren, so der Befragte. Wie bereits oben beschrieben, arbeitet Herr Sugath sechs Tage in der Woche und hat nur nachmittags eine zweistündige Pause, in der er oft müde ist und Schmerzen von der Arbeit hat. Daher sieht er sich eher dazu gezwungen, den Sprachkurs abzubrechen.

Am Ende des Gesprächs erklärt Frau Renuka auf die Frage hin, was sie sich wünscht, sie wolle ihre Deutschkenntnisse verbessern. Dies sei ihr deswegen besonders wichtig, weil sie viele nette deutsche Bekannte und Freunde habe und sie dazu in der Lage sein möchte, sich besser mit ihnen unterhalten zu können. Sie schätze diese Bekanntschaften sehr. Bis jetzt sei sie jedoch mit ihren Deutschkenntnissen unzufrieden: „ich möchte gut Deutsch sprechen und ich möchte alles deutsche Leute gut sprechen aber ich spreche immer schlecht das ist traurig ((lächelt))". Ihre Tochter fügt noch hinzu, dass ihre Mutter wohl genügend Deutsch spreche, im Gespräch jedoch zu aufgeregt sei und sich nicht zutraue, sich auf Deutsch zu unterhalten: „Also die Mama (…) will also weiter Deutschkurs machen oder also dann will sie aber so richtig wie die Deutschen <u>richtig reden können</u> weil sie traut sich also (…) sie kann eigentlich schon … aber sie traut sich nicht oder sie hat ist zu nervös wenn sie mit jemandem spricht. **R:** Ich kenne viele deutsche Familien deutsche Freundin aber ich nicht Deutsch sprechen … das ist schade ((lächelt))" (Interview Sugath/Renuka, Z. 462 ff.).

Genauso wie Frau Renuka und ihre Familie spricht Edona von nachbarschaftlicher Hilfe, in diesem Fall eines älteren deutschen Ehepaars, das die Befragte und ihre Familie zum Deutschlernen und zum Lesen deutscher Bücher motivierte. Sie lernten sich im Sozialamt kennen, und seitdem besuchten sie sich täglich gegenseitig. Zu Edonas Bedauern ist das Ehepaar bereits gestorben: „Deutsch gelernt … … das hab ich … leider ist sie gestorben (…) so sind voll nett (…) dann kamen die jeden Tag bei uns waren aber auch alt … die kamen jeden Tag hatten <u>Bücher</u> mitgebracht Deutsch zu lernen … von den hab ich das ((lächelt)) (…) die waren sehr sehr gute Leute mit den hab ich mich auch sehr gut verstanden ... von den hab ich das gelernt ((lächelt)) Deutsch" (Interview Edona, Z. 389 ff.).

Danach gefragt, inwiefern sie auch Deutsch in der Schule lernte, betont Edona ausdrücklich, dass die Bücher, die sie von dem älteren Ehepaar bekam, am meisten zum Lernerfolg beitrugen: „Ja in der Schule auch ... in der Schule ... aber meistens sozusagen die mit Büchern und ... ((nachdenklich)) das war schon gut" (Interview Edona, Z. 403 f.).

Zusammenfassend lässt sich sagen, dass bei allen Interviewpartner(inne)n soziale Kontakte eine sehr wichtige Rolle spielen, sowohl im Sprachlernprozess als auch – wie im Falle von Frau Renuka – als Motivation, um die deutsche Sprache zu erlernen. Unsere jungen Befragten betonten mehrmals, dass die Hilfe von Bekannten (seien es Nachbar(inne)n oder Lehrer/innen) ihnen sehr viel bedeute. Vergleicht man jedoch die Möglichkeiten des Spracherwerbs von Kindern und Erwachsenen, so wird deutlich, dass es Kindern und Jugendlichen vor allem aufgrund des Schulbesuchs, aber auch aufgrund von Betreuungsangeboten im Asylheim wesentlich leichter fällt, die deutsche Sprache zu erlernen. Sprachkurse besuchte nur die Familie aus Sri Lanka. Sahat, Frau Karina und Edona haben sich hingegen die deutsche Sprache überwiegend autodidaktisch angeeignet.

2.5 Erfahrung als Migrant/in und als Geduldete/r

Wie in der Einführung bereits dargestellt, sind die Rechte von Flüchtlingen, die mit einer Duldung leben, sehr stark eingeschränkt, so dass auch die Möglichkeiten zur sozialen, politischen und gesellschaftlichen Teilhabe stark limitiert sind. Die befragten Flüchtlinge sind sich dessen bewusst; einige von ihren sprechen offen darüber, dass sie sich ungerecht behandelt und missachtet fühlen, beispielsweise in ihren Freiheits- und Familienrechten. Die Interviewpartner/innen erfuhren Diskriminierung auch in einigen sozialen Bereichen.

Eine besonders drastische Beschreibung der Erfahrung von Diskriminierung findet sich in dem Interview mit Frau Karina. Wie bereits erwähnt, war Frau Karina im sechsten Monat schwanger, als sie nach Deutschland kam. Da sie – für armenische Verhältnisse, wie sie betont – sehr spät schwanger wurde, hatte sie große Angst vor der Geburt ihres Kindes. In Deutschland erhoffte sie sich jedoch bessere Betreuung und Bedingungen im Krankenhaus, als sie diese in Armenien zu erwarten hatte. In ihrer damaligen Vorstellung (noch vor der Einreise nach Deutschland) ging sie davon aus, dass das deutsche Gesundheitssystem dem armenischen weit überlegen sei.

Diese Überzeugung beruhigte sie ein wenig, obwohl ihre Freundinnen sie mehrmals vor den Konsequenzen der späten Schwangerschaft gewarnt hatten: „als ich nach Deutschland kam bei uns ist so man sagt ... bis vierundzwanzig ... Jahre alte Frau soll eigentlich Baby bekommen nachdem ist mehr schwer ganz schwer ((bebende Stimme, leiser)) ... ((seufzt)) und dann die Freundin haben schon Angst gehab gemacht ... wie willst du machen ... ich war ja noch vierunddreißig ... was ist falls was schief geht ... und dann ... dachte ich ach! ... in Deutschland ich hab bestimmt die tollste Ärzte wie immer ... hat man gedacht (...) ((seufzt)) man denk in Europa ist alles besser ... dann dachte ich tolle Ärzte Reparatur ich brauche keine Angst zu haben ((seufzt))" (Interview Karina, Z. 62 ff.).

Trotz dieser Erwartung bezeichnet sie mit bebender Stimme die Erfahrung, die sie im Krankenhaus während der Geburt ihrer Tochter machte, als das „schlimmste schlimmste Erlebnis" in ihrem Leben (Interview Karina, Z. 61). Da der Tag der Geburt auf ein Wochenende fiel, herrschte im Krankenhaus Personalmangel, worunter die Betreuung der Patientinnen litt. Zumal sprach sie zu der Zeit, wie bereits erwähnt, kein Deutsch, was sie in der Situation noch mehr verunsicherte. Eine polnische Krankenschwester, die damals Geburtshilfe geleistet hat, verwies auf den sehr guten Zustand der deutschen Klinik, in der Frau Karina ihr Kind bekommen sollte. Die Befragte machte hingegen eine andere Erfahrung. Sie weist darauf hin, dass an dem Tag, an dem sie im Krankenhaus war, sehr viele deutsche Frauen entbunden haben. Sie sei dadurch – als Nichtdeutsche – in der Betreuung als nachrangige Patientin behandelt oder gar missachtet worden: „wie immer hatte ich oft ((lächelt)) Pech im Leben und dann dieser Tag war Wochenende ... da waren so viele deutsche Frauen und so wenig ... Ärzte ... ja ((tiefer Atemzug)) dass ich musste # warten bis alle deutsche Frauen die Babys bekommen und dann ... war jemand für mich da ... (...) und als ich da war ... ich weiß noch war auch lustig ... eine polnische Frau war Geburtshilfe sie kam rein ... weil die denken ach! aus Russland oder Armenien die haben schlimme Kliniken oder Krankenhäuser und sie hat gesagt guck mal! dieser Platz wie für Rai Raissa Gorbatschowa ... die meinte die Klinik ist so schick! für mich ((lacht)) ich hab so was noch nie gesehen wie für Raissa Gorbatschowa ((seufzt)) oh ja sie war da ... und dann hat noch Infusion gemacht dass ich ((lächelt)) Baby schneller bekomme ((lächelt)) und sie war weg" (Interview Karina, Z. 58 ff.).

Nach dieser Infusion wurde Frau Karina alleine im Raum gelassen. Eine Betreuung wurde ihr mehrmals verweigert, da – wie sie berichtet – zur gleichen Zeit eine deutsche Frau ihr Kind zur Welt brachte. Erst nach langer Zeit, als sie anfing vor lauter Verzweiflung nach Hilfe zu schreien, kam jemand zu ihr. Sie vermutete, ihr Kind zu spät bekommen zu haben. Während sie von dieser Erinnerung erzählt, sind in ihrer Stimme noch die Gefühle von Angst, Panik und Hilflosigkeit spürbar: „dann ... ja dachte ich ... ich alleine und ich weiß ich hab <u>keine</u> Ahnung erste Kind denke ich hä ... stimmt was nicht und von Panik ich weiß nicht mal ... ob ich Schmerzen hatte aber von Angst und Panik und ich konnte kein Deutsch ((lächelt)) ... und dann hab versucht Hilfe zu rufen Hilfe Hilfe ... und dann kamen sie ... ach die müssen noch warten ... da bekommt eine deutsche Frau ihr Baby ... und dann wieder ist keiner da ... und dann denke ich soll ich aufstehen die ganze Zeit liegen bleiben denk ich was ist wenn Baby was passiert ... soll ich doch aufstehen dann ... dann kam keiner dann hab ich wieder gerufen und dann kam wieder die Frau ähm ... noch eine andere Frau auch bekommt ihr Baby ((seufzt)) I: Waren sie alleine in dem Raum? K: Alleine und dann als ich schon paar ich hab geschrien richtig die haben die Tür zugemacht und ... das war's ... und dann ich weiß nicht wann irgendwann kam so paar (XXX) ((lächelt)) ich weiß es nicht ((lächelt)) und die wollten mich helfen ... aber ich war schon ich weiß es nicht ich hab gedacht ich verliere mein Verstand ... und als ich meine Tochter gekriegt ha habe ... ich ich glaube war ... fast ... zu spät weil sie hat nicht geschrien weil normalerweise die Babys schreien ... und die haben so ... miteinander so geguckt ich dachte ... war scho ((unterbrochen)) ... ja ((seufzt))" (Interview Karina, Z. 74 ff.).

Die Art, wie die Befragte von diesen Ereignissen berichtet, ist sehr emotional gefärbt. Frau Karina stockt mehrmals, während sie erzählt. So entsteht der Eindruck, dass es der Befragten sehr schwer fällt, sich an diese Situation zu erinnern. Die Ereignisse während der Geburt ihrer Tochter waren so prägend und traumatisierend für sie, dass selbst heute situationsähnliche Bilder im Fernsehen in ihr Panikgefühle hervorrufen: „<u>bis heute</u> ich kann kein wenn im Fernseher was läuft dann wenn die plötzlich zeigen so was ... ich reagiere ((bebende Stimme)) hysterisch … ich reagiere hysterisch und dann … ich hätte mein Baby verloren … … ja und dann … was soll ich sagen" (Interview Karina, Z. 93 ff.).

Da Frau Karina zu der Zeit in einer Erstaufnahmeeinrichtung für Asylbewerber/innen untergebracht war, musste sie nach dem kurzen Aufenthalt im Krankenhaus mit ihrer neugeborenen Tochter dorthin zurückkehren. Drei Tage nach der Entbindung erhielt sie einen Brief von der Ausländerbehörde, in dem ihre bevorstehende Abschiebung angekündigt wurde. Da sie kein Deutsch sprach, verstand sie den Inhalt des Briefes nicht. Eine der Bewohnerinnen der Unterkunft übersetzte den Brief und empfahl ihr dringend, nun einen Anwalt zu konsultieren: „ich kam vom Klinik raus und dann habe ich Abschiebung in die Hand gedrückt direkt also … dritter Tag (…) … und ich hatte keine Ahnung was darin steht und dann eine Frau hat gesagt du brauchst Anwalt die haben gemacht da … ich habe keine Ahnung die haben jemanden gefunden" (Interview Karina, Z. 95 ff.).

Die Befragte thematisiert dies nicht ausführlicher. Den Fokus ihrer Erzählung verlegt sie auf die Umstände im Lager, wo sie und ihre Tochter sich zu der Zeit aufhalten mussten. Sie erinnert sich gut daran, wie hilflos sie sich in der für sie neuen Situation als Mutter fühlte. Außerdem bekam sie keinerlei Unterstützung oder Betreuung durch eine Hebamme: „was war noch schlimmer … war nur Sozialarbeiter da … ich stand mit Baby alleine … und nach und nach hab ich gehört … eigentlich soll da eine Hebamme da sein ja … niemand ich hatte Angst gehabt Baby zu baden … bei uns wartet man bis dieser Nabelschnur bis das Ding abgeht ich hab aufgemacht und denk ich was soll ich da jetzt Wasser rein tun was wenn es rutscht und was passiert und da oft war blutiger Nabel ich wusste nicht wohin mit dem soll ich sprechen bei wem soll ich Hilfe rufen ((leiser undeutlich)) wartet man da" (Interview Karina, Z. 105 ff.).

Mit der Bitte um eine ärztliche Nachuntersuchung ihrer Tochter und Hilfestellung bei der Säuglingsbetreuung wandte sie sich an das Sozialamt.[35] Nach 40 Tagen wurde ihr ein Zimmer in einem Asylheim zugewiesen. Da dort eine mehrköpfige Familie im benachbarten Zimmer wohnte, war es sehr laut, so dass ihre kleine Tochter nicht schlafen konnte: „da waren so viele Familien große Familien da … jugoslawische mit sechs Kinder … ich allein in Zimmer und … da haben getobt und gekracht … meine Tochter konnte nicht einschlafen" (Interview Karina, Z. 118 ff.).

Sie teilte dies dem Sozialamt mit; ihr Anliegen wurde jedoch ignoriert. Mit Empörung imitiert sie die Reaktion eines Mitarbeiters des Sozialamtes. Dieser behauptete, dass die Probleme ihrer Tochter nicht möglich seien, da so kleine Kinder in den ersten zwei Monaten ihres Lebens nichts hören und nichts sehen würden: „Sozialamt oder Sachbearbeiter meinte ((empört)) das kann nicht sein die Babys die hören nicht die sehen nicht # das ich gesagt habe ist zu laut sie kann nicht schlafen sie schreit noch … die hören nicht die sehen nicht … (…) Die Sachbearbeiter meinte zwei Monate … die sehen nichts die hören nicht … sie hat nicht geglaubt" (Interview Karina, Z. 123 ff.).

Daraufhin kehrte sie resigniert und erschöpft in ihr Zimmer im Asylheim zurück. Sie sagt, sie sei froh, dass diese Zeiten vorbei sind, wobei der Gedanke der Abschiebung seitdem präsent sei: „denk ich ich kann nicht machen und ich war schon so denk ich am Ende … es war Sommer ich kam im Zimmer ich ich hab gezittert … mir war kalt ((nervös)) ich hab die Heizung angemacht ((lächelt)) im Sommerzeit … ich weiß es nicht … aber ((leise)) ich bin froh dass die Zeiten vorbei sind # … aber trotz dem da musste ich immer regelmäßig … zum Anwalt … gegen Abschiebung kämpfen … ständig …" (Interview Karina, Z. 130 ff.).

Edona – die Interviewpartnerin aus dem Kosovo – erzählt von ihrem Arbeitsplatz in der Altenpflege und signalisiert dabei vorsichtig, dass sie sich dort ungerecht behandelt fühlte. Sie arbeitete – quasi „auf Probe" – in einem Altersheim, um später eine Ausbildung dort anfangen zu können. Da sie sich

---

[35] Die medizinische Versorgung von Asylbewerberinnen und Asylbewerbern ist nach dem Asylbewerberleistungsgesetz geregelt und beschränkt sich – von einigen Ausnahmen abgesehen – auf die „Behandlung akuter Erkrankungen und Schmerzzustände" (AsylbLG 2008, § 4, Abs. 1). „Werdenden Müttern und Wöchnerinnen sind ärztliche und pflegerische Hilfe und Betreuung, Hebammenhilfe, Arznei-, Verband- und Heilmittel zu gewähren." (AsylbLG 2008, § 4, Abs. 2)

schon immer wünschte, als Altenpflegerin tätig zu sein, mochte sie ihre Arbeit sehr. Es kam jedoch zu Konflikten zwischen Edona und ihrer Chefin. Edona vermutet, dass diese Spannungen einen ausländerfeindlichen Charakter hatten – eine Meinung, die auch ihre Freunde vertraten.

Auf Nachfrage berichtet sie, dass auch andere ausländische Mitarbeiter/innen öfter hinter ihrem Rücken schlecht gemacht wurden: „aber mit die Chefin hab ich mich nicht so gut verstanden halt weil Freundinnen über mit mir auch darüber geredet haben die hat was gegen … … solche Menschen I: Wie meinst du solche Menschen? E: Halt solche Menschen halt sie hat Freundin von mir sie ist Grieche … die hat auch da mal gemacht dann noch eine Freundin von mir die war Türkin … die haben mitgekriegt halt dass die im Zimmer weil die Chefin halt das ist nicht die größte Chefin … die uns die beste Freundin machen da arbeitet da als Pflege die immer hinter den gelästert haben … immer … oder gesagt haben ach ausländisch" (Interview Edona, Z. 172 ff.).

Edona kommentiert oder bewertet die Haltung der Chefin nicht. Stattdessen fragt sie sich, warum diese überhaupt in den Köpfen präsent sei, da – wie sie reflektiert – alle Menschen gleich seien und sich eigentlich gut verstünden: „aber mein Gott weshalb? Wir sind Mensch sie ist Mensch wir haben auch nichts gegen euch halt wir verstehen uns auch gut" (Interview Edona, Z. 179 f.). In Hinblick auf ihren Wunsch, diese Ausbildung zu absolvieren, sagt sie: „aber halt egal weißt du ich halte das aus für meine Ausbildung egal ich halte das aus" (Interview Edona, Z. 180 f.).

Mit einem „Wir" – als ob sie sich auch mit anderen Menschen ausländischer Herkunft identifizieren würde – betont sie, dass sie keine Vorbehalte gegen Menschen deutscher Herkunft (in der zitierten Passage vermutlich mit „Euch" gemeint) habe. In der Analyse dieser Passage stellt sich die Frage, ob sich diese Trennung zwischen dem „Wir" („Ausländer") und „Ihr" („Deutsche") durch die gemachte Erfahrung bei Edona verfestigt hat oder möglicherweise sogar erst dadurch entstanden ist. Die Situation im Altenheim offenbart jedoch die ethnische Segmentierung zwischen einer deutschen Stammbelegschaft und ausländischen Randbelegschaft. Lediglich Deutsche erhalten, so die Einschätzung von Edona, einen Ausbildungsplatz bzw. werden fest angestellt, während Ausländer/innen nur als Aushilfen in prekären Beschäftigungsverhältnissen tätig sind.

Selbst ein älterer deutscher Arbeitskollege wies Edona auf die unangenehme Arbeitsatmosphäre hin, die auch für ihn belastend sei: „da kam der Anderer und meint so zu mir halt der ist auch wohl korrekt der ist alt ... da meint er du tust mir voll Leid ... halte das bis zehnte aus und dann geh weg von hier lass dich nicht mehr hier blicken bei denen meinte hier ist nicht gut ... der ist auch alt genug und dann guck mal <u>wie ich</u> es alles aushalte hier obwohl ich ((lauter)) <u>Deutsche bin</u> meint er die ist auch ne Deutsche aber trotz dem ... die hat so Herz aus Stein ... aber mir war das <u>egal</u> halt ich hab geschluckt geschluckt aber irgendwann hab ich hab ich auch mal <u>ein Mal</u> nur bin ich ehrlich hab ich mein Mund aufgemacht" (Interview Edona, Z. 196 ff.).

Aufgrund ihrer Erfahrungen und Beobachtungen kommt Edona zu der Auffassung, dass Menschen ausländischer Herkunft (sowohl sie als auch ihre Freundinnen) überwiegend lediglich für einen Ein-Euro-Job eingestellt werden. Die anderen Mädchen an ihrer Arbeitsstelle (vermutlich deutscher Herkunft) absolvierten dort eine Ausbildung: „da sind viele Mädchen da gemacht haben (...) ... halt die haben auch nicht Ein-Euro-Job gemacht und aber die wie ich zum Beispiel die andere Griechin die Türkin die haben Ein-Euro-Job gemacht" (Interview Edona, Z. 214 ff.).

Edona macht sich darüber Gedanken, warum ethnische Zugehörigkeit und nationale Herkunft herangezogen werden, um Differenzen zwischen Menschen zu betonen. Ausgehend von dem Gedanken der universellen Gleichheit aller Menschen konstatiert sie, dass es nur Unterschiede zwischen den Sprachen gebe, die Menschen als Angehörige einer bestimmten Gruppe oder Minderheit sprechen. In einer Passage des Interviews erwähnt die Befragte kurz ihre Erinnerung an eine Busfahrt, während der sie hörte, wie zwei Personen aus Albanien von den zu der Minderheit Aschkali zugehörigen Menschen verächtlich sprachen. Empört und enttäuscht kommentiert sie das Verhalten dieser Personen: „<u>du spinnst ey Mensch ist Mensch</u> mein Gott was ist er <u>bist du auch nur andere Sprache</u>" (Interview Edona, Z. 81).

Sahat ist ein Interviewpartner, der sich in seinen Rechten als Geduldeter besonders stark eingeschränkt fühlt. Viele seiner Aussagen sind voller Empörung oder gar Resignation. Da ihm das Recht auf familiäre Lebensgemeinschaft mit seiner Partnerin und Tochter verweigert wurde, kommt er zu der Überzeigung, dass es für Menschen ausländischer Herkunft in Deutschland keine Rechte gäbe. Sahat kritisiert ferner die eingeschränkte Arbeitserlaubnis und die Residenzpflicht, denen die Geduldeten in Deutschland unterliegen. Um in eine andere Stadt reisen zu dürfen, müsse er zuvor bei der Ausländerbehörde eine Genehmigung beantragen und dafür bezahlen.[36] Gefragt nach dem wichtigsten Ereignis während des Aufenthaltes in Deutschland antwortet er: „Wichtigste ist <u>gar</u> nicht passiert ist immer schlimmer und schlimmer … kannst du Gesetze sind so viel streng … kannst du überhaupt nicht irgendwo reisen oder Besucherlaubnis die Gesetz ist streng … willst du Erlaubnis musst du dort vorher noch zahlen … so ohne das kannst du nicht reisen oder so Familie besuchen oder so weiter … und <u>arbeiten auch</u> kannst du nicht" (Interview Sahat, Z. 51 ff.).

Wie bereits beschrieben, wurde sein Antrag auf familiäre Lebensgemeinschaft mit seiner Partnerin, die zur Zeit mit ihrer gemeinsamen Tochter in Wiesbaden wohnt, abgelehnt. Zur Begründung hieß es, Sahat sei nicht in der Lage, eigenständig den Lebensunterhalt der Familie zu sichern.[37] Den fehlenden Kontakt zu seiner Freundin und zu seinem Kind bewertet er als sehr belastend. Es entsteht der Eindruck, dass er sich gegenüber den Gesetzen hilflos fühlt und sehr frustriert ist: „Ich war noch nicht mit meiner Freundin zusammen nur manchmal hab ich da in Wiesbaden sie besuchen Samstag Sonntag oder sie ist zu mir hier gereist Samstag Sonntag und die Kind war am meisten alleine <u>ohne mich</u> mit Mutter war jeden Tag aber mit mir nicht und das find ich überhaupt nicht gut … … ((langsamer)) Gesetz ist … Gesetz <u>muss</u> … ein Gesetz sein" (Interview Sahat, Z. 137 ff.).

In Sahats gegenwärtiger Lebenssituation kann der Wortlaut eines Briefes der Ausländerbehörde schon fast als zynisch angesehen werden: „Sie sind vollziehbar ausreisepflichtiger serbisch-montenegrinischer Staatsangehörige aus dem Kosovo und gehören dem Volk der Roma an. Zwar erfolgt derzeit <u>keine</u> Abschiebung in den Kosovo, aber eine <u>freiwillige</u> Ausreise ist jede Zeit mög-

---

[36] „Der Aufenthalt eines vollziehbar ausreisepflichtigen Ausländers ist räumlich auf das Gebiet des Landes beschränkt." (AufenthG 2009, § 61, Abs. 1) Ausländerbehörden beschränken den Aufenthalt für Geduldete häufig auf den jeweiligen Landkreis. Ein Geduldeter, der diese aufenthaltsbeschränkenden Maßnahmen (wiederholt) verletzt, kann zu einer Geldstrafe oder zu einer Freiheitsstrafe bis zu einem Jahr verurteilt werden (vgl. AufenthG 2009, § 95, Abs. 1). Eine vorübergehende Aufhebung der räumlichen Beschränkung, z.B. um in eine benachbarte Stadt zu fahren, muss bei der Ausländerbehörde beantragt werden.

[37] Dabei ist anzumerken, dass Sahat aufgrund einer begrenzten Arbeitserlaubnis zurzeit nur auf 400-Euro-Basis arbeiten darf.

lich. Da dies auch für ihre Tochter und ihre Mutter gilt, besteht die Möglichkeit in Kosovo gemeinsam zu leben" (vorgelesen aus einem Brief der Ausländerbehörde, Interview Sahat, Z. 374 ff.).

Ähnlich wie Sahat empfindet Ferista die Residenzpflicht, der auch sie als geduldete junge Frau unterliegt, als ungerecht. Der Befragten wurde seitens der Ausländerbehörde nicht erlaubt, an einer Klassenfahrt nach Amsterdam teilzunehmen. Diese Entscheidung enttäuschte sie sehr, zumal sie geplant hatte, während dieser Klassenfahrt ihren 18. Geburtstag zu feiern: „das war damals richtig schlimm für mich wir wollten Klassenfahrt wegfahren nach Holland ... das ist ja nicht so weit von Deutschland ... und ich durfte nicht mitgehen weil ich Duldung hab ... und da hat weißt du ich hab schon alles geplant ich werd meinen achtzehnten Geburtstag dort feiern und ähm in der Hauptstadt in Am also in Amsterdam und so ... ich hatt alles geplant und so und dann haben die mir nicht erlaubt dass ich da mitgehe auch wenns ne Klassenfahrt ist" (Interview Ferista, Z. 684 ff.).

Sie vergleicht die Duldung und die damit verbundenen Einschränkungen mit den Rechten bei einem geregelten Aufenthaltsstatus. Neidvoll stellt sie dabei fest, dass Menschen, die einen Pass besitzen, jederzeit verreisen dürfen und dadurch ihr Leben genießen können. Sie sieht sich stattdessen in ihrem Recht sich frei zu bewegen stark eingeschränkt und beschreibt die Prozeduren, die Geduldete durchlaufen müssen, wenn sie die Stadt, in der sie wohnen, verlassen wollen. Neben dem Antrag, den sie bei der Ausländerbehörde einreichen muss, werde die betreffende Person befragt, wohin sie reise, bei wem sie untergebracht sei und wie sie ihren Gastgeber kennen gelernt habe: „wenn du Pass hast oder so dann kannst du hin wo du willst weißt das interessiert niemanden du musst keinem fragen ob du jetzt dahin darfst oder nicht ... oder ... zum Beispiel andere Leute die genießen das Leben weißt du die gehen Urlaub dahin wenn die zum Beispiel frei haben oder so ... haben zwei drei Wochen Urlaub gehen die nach da und genießen sein Urlaub ... und halt wir können das nicht weil bei uns du arbeitest oder Urlaub hast oder so trotz dem bleibst du zu Hause ... (...) ... für zwei ok für ein Tag oder so ... aber länger darfst du nicht und wenn musst du das vorher zwei drei Wochen vorher ankündigen dass wenn du dort bei jemandem schlafen will dann werden die fragen sch gefragt bei wem willst du dort schlafen? dann sagst du bei Bekannten wie hast du die kennengelernt? und woher und dies und das ... und dann ... ja hast du keine Lust ... das alles zu machen und so" (Interview Ferista, Z. 694 ff.).

Nur die Familie aus Sri Lanka berichtet von keinerlei Erfahrungen von Diskriminierung. Frau Renuka und Herr Sugath haben kurz vor dem Interview eine Niederlassungserlaubnis bekommen. Sie erwähnen zwar, dass sie zu der Zeit, in der sie geduldet wurden, aufgrund der geltenden Residenzpflicht nicht verreisen durften; jetzt, nachdem ihr Aufenthaltsstatus verfestigt ist, dürften sie neue Pläne machen. Ihre einzige Sorge gilt der laufenden Duldung ihrer Töchter, da zur Zeit des Interviews die Mädchen noch keinen Pass besaßen.

In der Analyse der oben zitierten Interviewpassagen wird deutlich, dass die Duldung und die damit verbundenen Pflichten und eingeschränkten Rechte einen entscheidenden Einfluss auf die individuellen Lebensumstände der Interviewpartner/innen haben. Die Formen sind dabei äußerst vielfältig: Frau Karina ist seit den belastenden Erfahrungen im Krankenhaus traumatisiert; Sahat sieht für sich keine Perspektiven, mit seiner Partnerin und seinem Kind zusammen zu leben; Edonas berufliche Pläne bezüglich einer Ausbildung können zur Zeit nicht realisiert werden und auch Feristas Wunsch, an einer Klassenfahrt teilzunehmen, ging nicht in Erfüllung.

2.6 Gesundheit – Krankheit – Alter

Die Lebensbedingungen in Deutschland sind für viele Flüchtlinge ohne gesicherten Aufenthaltsstatus alles andere als sicher. Viele von ihnen haben jahrelange Wartezeiten hinter sich, um dann doch nicht als Flüchtling anerkannt, sondern nur geduldet zu werden. Die damit verbundene Perspektivlosigkeit sowie traumatische Erlebnisse im Heimatland und auf der Flucht hinterlassen tiefe Spuren in der psychischen Gesundheit dieser Menschen. Dies wurde durch einige Studien nachgewiesen. Hinzu kommen auch die sog. „postmigratorischen Stressoren".[38] Dazu gehören Anpassungsschwierigkeiten, der Verlust des kulturellen Kontex-

---

[38] Im Rahmen der Studie „Psychische Gesundheit und Rückkehrvorstellungen am Beispiel von Flüchtlingen aus dem ehemaligen Jugoslawien" wurden 50 Flüchtlinge interviewt, die sich mindestens elf Jahre in Deutschland aufhielten und teilweise von Kettenduldung betroffen waren. Gefragt wurde nach ihrer aktuellen Lebenssituation, ihrer Einstellung zum Heimatland und zur freiwilligen Rückkehr sowie zu ihrer psychischen Gesundheit. Der Studie zufolge lag bei 78 Prozent der Befragten mindestens eine psychische Störung vor; dabei war die Posttraumatische Belastungsstörung (PTSD) am häufigsten vertreten, gefolgt von affektiven Störungen und Angststörungen. Ferner wurden Zusammenhänge zwischen der Lebenssituation in Deutschland, ihrer Rückkehrbereitschaft und psychischen Gesundheit deutlich. Das Fazit lautet: „Die psychische Belastung der Befragten ist sehr hoch, Ursachen hierfür sind sowohl die erhöhte Vulnerabilität auf Grund der Kriegsereignisse als auch die Belastung durch Postmigrationsfaktoren im Exil." (Lersner u.a. 2008, S. 1) Die Stichprobe gilt als repräsentativ für die in Deutschland verbliebenen Flüchtlinge aus dem ehemaligen Jugoslawien.

tes und der Unterstützung sowie allgemein die Asylsituation. Die langjährig Geduldeten wie unsere Interviewpartner/innen müssen sich jeden Tag mit drohender Abschiebung, gekürzten Sozialleistungen, Erfahrungen von Diskriminierung, beengten Wohnverhältnissen und mit dem eingeschränkten Zugang zur gesundheitlichen Regelversorgung auseinandersetzen. Im Vordergrund stehen die Angst und Unsicherheit, die sie in ihrem Alltag zu bewältigen haben. Dies führt oft zu gesundheitlichen Schäden, sowohl auf körperlicher als auch auf psychischer Ebene.

Edona, die junge Interviewpartnerin aus dem Kosovo, erzählt während des Interviews mehrmals von den gesundheitlichen Problemen ihrer Familie. Sie selbst gibt an, stark von der Unsicherheit des Lebens mit Duldung belastet zu sein. Als eine Ursache des schlechten gesundheitlichen Zustands nennt sie den Kampf um „die Papiere". Vermutlich handelt es sich hier um ihre Bemühungen zur Verfestigung ihrer aufenthaltsrechtlichen Situation. Da ihre Mutter sich um die Zukunftsperspektiven ihrer Kinder (Edona hat noch zwei jüngere, minderjährige Brüder) sorgte, leide sie seit der Einreise nach Deutschland unter Bluthochdruck und Herzproblemen, so Edona: „meine Mutter hat <u>am meistens</u> drunter gelitten seit sie diese Krankheit hat wegen diese Papiere ... weil sie hat an meine Brüder gedacht an uns wir waren ja noch Kinder I: Deine Mama ist krank? E: Ja die ist sehr krank ... ist sie immer noch halt durch diese Krankheit hat sie nicht mehr aber ... ... die hat mal zwei mal Blut gespuckt aber jetzt ist das zum Glück nicht mehr irgendwas mit Hochblut auch noch Herzprobleme ... ... halt es sind so sehr viele Krankheiten an ihr" (Interview Edona, Z. 117 ff.).

Problematisch scheint diese Situation auch aus folgenden Gründen: Edonas Familie erhielt nach der Bleiberechtsregelung die Aufenthaltserlaubnis „auf Probe". Um diese zu behalten, muss Edonas Mutter arbeiten. Dies darf sie jedoch auf Anraten des Hausarztes nicht. Ein fehlender Nachweis über die eigenständige Sicherung des Lebensunterhalts durch eine Erwerbstätigkeit schließt Edonas Mutter und somit die ganze Familie aus der Bleiberechtsregelung aus. Die Ausländerbehörde verlangt eine Erwerbstätigkeit im Rahmen von ca. zwei Arbeitsstunden pro Tag, was für die Betroffene jedoch nicht möglich ist und zudem gesundheitsschädlich sein könnte, so Edona: „sie hat auch ähm vom Arbeits beim Arzt Arbeitsarzt hat genau hat gemeint du kannst nicht arbeiten ... das geht nicht I: Und trotz dem hat die Ausländerbehörde gesagt sie muss jetzt Arbeit finden? E: Zwei Stunden wenigstens sagt die

Ausländerbehörde für meine Mutter aber meine Mutter darf nicht mal für zwei Stunden arbeiten halt I: Zwei Stunden pro pro Tag oder was genau? E: Genau pro Tag jeden Tag zwei Stunden aber das Problem ist meine Mutter kann das nicht die darf keine schwere Sachen tragen oder sich bücken halt (…) die darf das nicht weil im Krankenhaus die haben zu ihr gemeint das nächste Mal wirst du operiert du darfst keine schwere Sachen tragen und nicht Stress sehr viel Stress ist auch nicht gut" (Interview Edona, Z. 281 ff.).

Die Befragte erwähnt auch kurz, dass ihr Vater ebenfalls im Krankenhaus sei. Sie sagt jedoch nichts zu den Gründen seines Klinikaufenthaltes. Schließlich berichtet sie auch von ihren eigenen gesundheitlichen Problemen. Deutlich wird anhand der Interviewpassagen, dass sich Edona im Kampf um die Verlängerung der Aufenthaltserlaubnis für sich und ihre Familie enorm unter Druck setzt, eine Arbeit oder eine Ausbildungsstelle zu finden. Sie erzählt von einem Arztbesuch, bei dem sie sich wegen Herz- und Magenbeschwerden untersuchen ließ. Der Arzt fragte anfangs nach ihren Essgewohnheiten oder nach möglichem Liebeskummer und wies schließlich darauf hin, dass die Beschwerden auch stressbedingt sein könnten. Edona gestand letztlich ein, dass sie sich viele Sorgen um ihre aufenthaltsrechtliche Situation macht: „beim Hausarzt war ich auch wegen mein Magen er hat zu mir gemeint ähm das irgendwas Beschwerden entweder liegt das an dem Koch ((lächelt)) oder anderen Mann weil du nicht … essen tust oder du hast Blinddarm oder du hast Stress du hast Stress kann das sein? Ich meine ich hab kein Stress er meint doch du hast Stress um was geht das dann? ich mein ja … ach wie immer <u>Papieren Papieren Aufenthalt</u> ich mein und was soll es dann gehen nur mit Papieren er meinte mach dir kein Kopf" (Interview Edona, Z. 244 ff.).

Auch Ferista erwähnt indirekt, dass ihre Mutter durch die Unsicherheit und Ängste, die mit dem Leben in Duldung verbunden sind, psychisch sehr belastet ist. Auf die Frage hin, was ihr größter Wunsch sei, antwortet sie unter anderem: „der größter Wunsch … ich glaub erst mal dass wir alle Pass kriegen … und dann weißt du dass wir meine Fam meine Mutter erst mal meine Mutter und so sieht weißt du dass sie alles loslässt also so … weißt dann würde sie wenigstens da bisschen glücklich sein und dann würde sie alles loslassen und dann … dass ist erst mal das Schönste dass meine Mutter alles vergisst und so … dass sie alles hinter sich hat und so … das wäre eigentlich das … weißt" (Interview Ferista, Z. 1196 ff.). Ferista berichtet jedoch nicht genau, welche körperlichen oder psychischen Beschwerden ihre Mutter hat. Die Äußerung „dann würde sie wenigstens da bisschen glücklich sein" verweist auf die permanente Anspannung und Angst, mit der Feristas Mutter zu kämpfen hat.

Eine ähnliche Beschreibung des psychischen Zustands „sich nicht freuen können" bzw. fehlende Lebenszufriedenheit findet sich im Interview mit Frau Karina. Die Befragte erzählt, sie sei nicht in der Lage, Freude zu empfinden, auch wenn sie eigentlich Gründe dafür hätte, wie zum Beispiel einen erfolgreich durchgeführten Umzug in eine größere Wohnung. Bedauernd bringt sie zum Ausdruck: „ja ähm ich hab festgestellt ((stottert)) ich ich ka lange schon ich kann mich ... nicht freuen" (Interview Karina, Z. 605 ff.).

Als Ursachen für diesen Zustand nennt sie das Leben in permanenter Angst vor drohender Abschiebung und die damit verbundene psychische Anspannung. Im Laufe des Gesprächs stellt Frau Karina bilanzierend fest, dass die vergangenen Jahre sie sehr geprägt haben, so dass es ihr heute sehr schwer fällt, ihr Alter und Schicksal zu akzeptieren: „wenn das Leben einfach vorbei geht ja und man lebt nicht (...) wenn ich mich im Spiegel guck dann ich hab ich fang an mich zu hassen ...(...) denk ich was ist aus mir geworden ... ich weiß es nicht ich komm damit nicht klar ... ((seufzt)) (...) und ich hab oft dieses Gefühl ist alles vorbei" (Interview Karina, Z. 1149 ff.).

Zusammenfassend bleibt festzustellen, dass Ähnlichkeiten bei unseren Interviewpartner(inne)n in der Art bestehen, wie die psychische Belastung aufgrund der permanenten Ungewissheit ihren eigenen gesundheitlichen Zustand sowie den der Familienangehörigen beeinflusst. Äußern kann sich dies in Form von Bluthochdruck und Herzproblemen (Edona und ihre Mutter), aber auch in Gestalt von Resignation und fehlender Lebensfreude (Frau Karina und Feristas Mutter).

Zu der unsicheren Aufenthaltssituation im Aufnahmeland kommt ein weiterer Faktor, der das psychische Wohlbefinden von Flüchtlingen beeinträchtigen kann: Das Wissen um die herrschenden politischen Bedingungen (wie z.B. Kriege) sowie Armut oder Hunger, denen die im Heimatland zurückgebliebenen Familienangehörigen, Freunde und Bekannten immer noch ausgeliefert sind. Oft identifizieren sich Flüchtlinge, wie auch unsere Interviewpartner/innen, mit den Leiden von Verwandten und Freunden im Herkunftsland.

2.7 Bezüge zum Herkunftsland / Religion und Kleiderordnung

Alle Interviewpartner/innen hielten sich zum Zeitpunkt des Interviews bereits seit längerer Zeit in Deutschland auf. Viele von ihnen stehen – soweit es möglich ist – noch in Kontakt zu Familienmitgliedern, Freunden und Bekannten, die sie in den Herkunftsländern zurückgelassen haben. Einige Interviewpartner/innen haben positive Erinnerungen an ihre Heimat, vor allem an enge soziale Beziehungen zu ihrer Familie im weiteren Sinne. Andere wiederum berichten von ihren Ängsten, die durch Erinnerungen an das Herkunftsland ausgelöst werden. Die jüngeren Befragten, die als Kinder nach Deutschland kamen oder hier geboren wurden, kennen die Herkunftsländer ihrer Familie – wenn überhaupt – nur aus den Erzählungen ihrer Eltern. Deutlich wurde in den Interviews, dass einige der jüngeren Befragten sehr viel über die Herkunft der Eltern erfahren haben, während andere fast nichts über deren Heimatland wussten.

Ferista berichtet ausführlich von den kulturellen und gesellschaftlichen Normen, die in Afghanistan gegenüber Frauen vorherrschen. Sie beschreibt, wie sich diese unter dem Regime der Taliban verändert haben. Ihre Mutter durfte beispielsweise noch – im Gegensatz zu Ferista – die Schule besuchen. Auch der Kleidungskodex war früher nicht so streng festgelegt, so die Befragte: „Ne ... es war nicht früher so ganz früher wenn meine Mutter zum Beispiel die war jung ... die haben zum Beispiel nicht richtig fest ein Kopftuch getragen die hat ganz normal so ganz normal Schleier ... so ganz wie Kopftuch aber ganz leicht getragen nicht so richtig fest zu ... und die ist ganz normal zur Schule gegangen nach der Schule haben dann ganz normal sind die durften raus gehen ... und eher später kam dann weißt früher war eigentlich wäre Deutschland so also Afghanistan so gewesen wäre eigentlich fast ganz Afghanistan fast genauso wie Deutschland gewesen aber Taliban wollten nicht dass Afghanistan so wird wie Deutschland die wollten dass diese muslimische Land genauso muslimisch bleibt die wollten nicht dass sich da was ändert die konnten nicht damit klar kommen" (Interview Ferista, Z. 27 ff.).

Im Vergleich zu ihren gleichaltrigen Cousinen und Freundinnen, die in Afghanistan geblieben sind, führt Ferista ein völlig anderes Leben. Über Briefe, Telefon oder Internet bleibt sie in Kontakt zu ihrer Familie und verfolgt interessiert, wie die jungen Frauen in ihrem Heimatland leben. Während ihre Cousinen bereits verheiratet sind und sich ausschließlich um den Haushalt kümmern müssen, schmiedet Ferista Pläne für ihre eigene berufliche Zukunft in Deutschland. Das Heiraten steht für sie eher im Hintergrund oder gehört zu den Plänen der ferneren Zukunft. Sie schätzt die Möglichkeiten, die Rechte und die Entscheidungsfreiheit, die sie als junge Frau in ihrem Herkunftsland nicht genießen dürfte. Die Realisierung ihrer zukünftigen Berufspläne hat für sie Priorität, was in Afghanistan undenkbar wäre. So verneint sie eindeutig die Frage, ob sie sich vorstellen könnte, wieder in Afghanistan zu leben.

Da sie die Lebensstile in beiden Ländern kennt und die westliche Gleichberechtigung von Mann und Frau sehr zu schätzen gelernt hat, würde sie sich nicht mehr den gesellschaftlichen Normen in Afghanistan (Kleiderordnung, eingeschränkte Bewegungsfreiheit von Frauen etc.) unterwerfen. Es würde ihr sehr schwer fallen, das von Traditionen diktierte Schicksal junger afghanischer Frauen als ihr eigenes zu akzeptieren: „Zum Beispiel meine eine Cousine die ist jetzt verheiratet mit der war auch mal gut befreundet (…) und meine andere Cousinen die leben zu Hause ok die sagen ok das Leben hier ist <u>schon schwer</u> … aber weißt du die sind ja dran gewöhnt die kenn ja das nicht anders die können sich auch das anders nicht vorstellen aber ich kenn ja beides und ich kann mir ich kann mir für paar Tage für paar Wochen so vorstellen wie das andere leben aber nicht für immer ich könnte mich nicht dran gewöhnen weißt du so zu dort zu laufen oder überhaupt nicht rausgehen das weißt du für mich ist das hier selbstverständlich das ich rausgehen wann ich will dass mir niemand sagt nein du geht's jetzt nicht raus … … oder du <u>darfst</u> jetzt nicht raus" (Interview Ferista, Z. 122 ff.).

Die Befragte betont, dass sie zwar gerne ihre Familie und Freunde besuchen würde. Sie sei jedoch an einen völlig anderen Lebensstil gewohnt. Es sei bereits absehbar, dass ihre eigene Offenheit mit den in Afghanistan geltenden Gewohnheiten und Vorschriften in Konflikt geraten werde: „Ich muss mich dann ganz anders … anziehen ich müsste ganz anders da rumlaufen überhaupt ich bin so ein Mensch weißt du wenn irgendwas ist oder so also ich bin offen und da dürfen halt Frauen nicht so offen sein und reden und so und vor allem … zum Beispiel wenn da wenn ich jetzt hier aus dem Fenster gucke <u>ist meine Sache</u> und wenn du dort aus dem Fenster guckst dann denken die gleich schlecht das über dich warum du aus dem Fenster guckst hast du vielleicht einen Typen beobachtet oder die reden dann halt komisches Zeug ich kann mir so was nicht vorstellen …(…) zum Beispiel wenn ich mich da ich ziehe gerne bunt an wenn ich mich da bunt anziehe die würden mich angucken was mit der passiert? ((lächelt)) Autofahren oder so Mädchen und Autofahren das geht <u>gar nicht</u> ((lächelt))" (Interview Ferista, Z. 1148 ff.).

Hier ist anzumerken, dass die Befragte zum Zeitpunkt des Interviews gerade ihren Führerschein machte und die theoretische Prüfung bereits bestanden hatte.

Der Religion hingegen, mit der sie in Afghanistan groß geworden ist, schreibt Ferista große Bedeutung auch in ihrem gegenwärtigen Leben zu. Da es in ihrem Wohnort eine türkische Moschee gibt, ging sie anfangs regelmäßig dorthin, um zu beten und besuchte dort auch den Religionsunterricht. Weil dieser jedoch auf Türkisch gehalten wurde und sie ferner feststellte, dass die türkische Tradition sich von ihrer stark unterscheidet, beschloss sie, die religiösen Rituale zu Hause durchzuführen und betet seitdem zusammen mit ihren Schwestern. Es sei ihr auch sehr wichtig, sich im religiösen Bereich weiterzubilden, betont die junge Interviewpartnerin. Um sich mehr Wissen über den Islam anzueigen, besuche sie regelmäßig Internetseiten, dank derer sie die erwünschten Informationen erhalte. Den Koran lese sie auf Deutsch, um die Bedeutung der Gebete verstehen zu können: „weißt du die erklären alles ... zum Beispiel da kannst du selbst zu Hause wenn du zu Hause bist kannst du das sind voll viele Videos haben die aufgenommen kannst du einfach nur zuhören und dann lernst du eigentlich voll vieles aber zum Beispiel ich und meine Schwester ... wir haben Koran <u>auf Deutsch</u> und ich und sie wir lesen das oft weißt du damit wir für uns selbst wissen was überhaupt die Bedeutung ist da steht auf Arabisch eine Seite die andere Seite steht alles auf Deutsch dann lernen wir halt zu Hause" (Interview Ferista, Z. 248 ff.).

Sie betet gemeinsam mit ihren jüngeren Schwestern und berichtet mit Stolz davon, dass es ihr gelinge, fünf Mal pro Tag das Gebet durchzuführen, obwohl ihr dies anfangs nicht leicht gefallen sei. Sie reflektiert, dass dieses Ritual für sie mit der Zeit an Bedeutung gewonnen habe. Die Erfahrungen, die sie mache, seitdem sie sich mit der Religion näher beschäftigt, seien für sie sehr prägend. Allgemein bewertet Ferista dies als äußerst positiv. Jetzt seien auch andere Rituale, wie beispielsweise das Fasten, selbstverständlich für sie:

„am Anfang dacht ich das ist voll schwer und so aber wenn du es danach machst dann fällt das total leicht I: Wie wichtig ist das für dich? F: Eigentlich sehr wichtig ... Weil am Anfang ich dachte ähm Gebet ist nicht so wichtig weißt du du kannst auch so zeigen dass du Allah liebst und weißt du das gehört einfach zu unserer Religion ... zum Beispiel das unterscheidet uns von den anderen ... Moslems weißt du du musst dir so denken du tust egal was du tust tust du für deine eigene Seele es egal weißt du was du tust ... jeder musst das für sich selbst wissen ... und weißt du ich hab angefangen zu beten ... ich wollte erst mal gucken ob ich das schaffe ... fünf mal am Tag weil das hört sich so viel an und so ... und dann hab ich angefangen und am Anfang ich hab mich immer nach meinem Gebet <u>richtig</u> gut gefühlt ich hab mich <u>richtig</u> wohl gefühlt das war das war ganz andere Gefühl wenn ich nicht gut drauf war oder so ich hab dann gebetet und dann war ich irgendwie gut drauf und so ... also das war richtig schönes Gefühl aber das Gefühl lässt auch nach ... weißt du (...) dann musst du wieder beten ... dann musst du irgendwie ... weißt du so viel wieder dazu lernen und so damit du wieder dieses Gefühl kriegst ... also es ist eigentlich richtig schön dieses Gefühl und dann will man dieses Gefühl haben und deshalb tut man alles dann dafür ... zum Beispiel Fasten oder so müssen wir machen wir ja auch ... und Fasten ist genauso weißt wenn du fastest dann hast du kein Hunger mehr ... wenn du weißt du tust das für was Gutes und so" (Interview Ferista, Z. 299 ff.).

Auch Feristas Mutter fing wieder an, mit ihren Töchtern gemeinsam zu beten. Für ihre kleinen Schwestern ist Ferista ein Beispiel: „Eltern haben früher eigentlich auch immer gebetet aber die haben jetzt langsam nachgelassen und aber jetzt meine Mutter weißt die sieht dass wir <u>beten</u> die kommt dann jetzt langsam auch wieder zurück ((lächelt)) die betet jetzt auch manchmal ... und meine kleine Schwestern die sehen dass wir beten dann gucken die ich sag dann Nurja Terina es ist Zeit zum beten und dann kommen die (...) und dann beten die immer mit mir" (Interview Ferista, Z. 318 ff.).

Die Verbundenheit mit dem Herkunftsland thematisiert die Familie aus Sri Lanka auf eine andere Art. Frau Renuka und Herr Sugath haben aufgrund des in ihrer Heimat herrschenden Krieges den Kontakt zu ihrer Familie und ihren Freunden verloren. Sie verfolgen jedoch die Nachrichten und machen sich Sorgen über das politische Geschehen in Sri Lanka. Obwohl die Befragten in Deutschland zufrieden und glücklich sind, begleitet sie tagtäglich der besorgte Gedanke an das tragische Schicksal der in Sri Lanka zurückgebliebenen Menschen, die unter dem Kriegszustand sehr leiden. Zusammen mit ihren Töchtern berichtet das Ehepaar vom Krieg, Vertreibungen und überfüllten Flüchtlingslagern: „**R:** Schönes Land ... ähm Bisschen war das alles Familie das ist gut aber das Krieg so lange das ich sorge meine Familie und Verwandte wir alles viel Krieg und ähm niemand (X) meinen Land **T:** Also meine Mama ist halt traurig **R:** Wir sind zufrieden hier aber meine Familie und Verwandte in Sri Lanka auch immer Krieg immer Krieg das viele **S:** Viele Leute (X) umzogen keine bleibt gar nichts **T:** Also die ziehen ... also so Massenwanderungen also ganze Dörfer sind dann leer und die Leute die gehen in andere Stadt aber da ist ja eigentlich nur Platz für so und so viele Leute und die wissen gar nicht wo sie schlafen sollen oder was die da machen **R:** Oder Kinder **T:** Ja da sind halt auch halt viele Kinder und dann auch die Familie von meiner Mutter die hatten auch ein Haus die mussten aber auch weggehen ja **S:** ((spricht Tamilisch)) **T:** Also jetzt wissen wir gar nicht wo sie sind ((spricht Tamilisch)) **I:** Also sie haben kein Kontakt jetzt **T:** Im Moment nicht mehr weil die immer ... immer umziehen müssen **S:** Nicht umziehen das ist keine Wohnung ((T. spricht Tamilisch)) **R:** Ja jeden Tag mein Land Nachrichten hören das ist sehr traurig **I:** Bitte? **R:** Mein Land Nachricht hören und dann immer denken mein Land ... Familien ... viele Kinder" (Interview Sugath/Renuka, Z. 513 ff.).

Die Befragten sehnen sich sehr nach ihren im Heimatland zurückgelassenen Familien. Herr Sugath würde sehr gerne seine Eltern wiedersehen, weiß jedoch gar nicht, ob sie noch am Leben sind, da aufgrund der Bürgerkriegssituation ein Kontakt zu ihnen nicht möglich ist. Eine endgültige Rückkehr nach Sri Lanka kann er sich nur unter der Voraussetzung vorstellen, dass sich die dortige politische Situation stabilisiert. Seine Frau betont jedoch, dass es für sie am wichtigsten ist, mit ihren Kindern zusammen leben zu können – unabhängig davon, ob die Familie nun in Sri Lanka oder in Deutschland lebt: „**S:** Ja ich muss noch mein Papa mein Mama leben noch ein Mal gucken **T:** Wie meinst du jetzt für immer oder? **S:** Ja ich will ich würde aber solange wir nicht bleiben noch **I:** Also sie würden nicht mehr dort wohnen wollen **S:** Ne ne weil noch nicht Problem fertig wir haben diese Problem fertig ich will da bleiben **I:** Also wenn die politische Situation sich ändern würde dann könnten sie sich vorstellen da zurück zu gehen und wieder dort zu leben aber wenn es dort Frieden gibt **S:** Ja ((T. übersetzt ins Tamilische und S. antwortet auf Tamilisch)) **R:** Mein Mann möchte das Sri Lanka vielleicht ... nichts Krieg Sri Lanka zurück leben aber ich möchte meine Kinder zusammen Sri Lanka oder hier zusammen gehen **T:** Also meine Mama die möchte ähm also wo wir hingehen will sie auch mitkommen ((R. lacht)) und mein Papa der will wenn dort nicht so wild ist will er zurückgehen ... ich glaub schon dass er da bleibt ((lächelt))" (Interview Sugath/Renuka, Z. 485 ff.).

Die beiden Töchter wurden bereits in Deutschland geboren und kennen Sri Lanka nur aus Erzählungen der Eltern. Sie würden zwar gerne dorthin zu Besuch fahren, aber nicht, um dort zu leben. Als positiv bewerten sie die Tatsache – die sie aus Erzählungen ihrer Mutter kennen –, dass in Sri Lanka die Familie (im weiteren Sinne: mit anderen Familienmitgliedern wie Onkel, Tanten, Cousinen) viel näher zusammen wohnt. Dieses Gemeinschaftsgefühl fehlt den beiden Mädchen in Deutschland, da keine weiteren Verwandten hier leben: „Also ich find es nur schön weil meine Mama erzählt immer wenn als sie dort gewohnt hat da hat sie immer also gegenüber war ihr Brüder oder ähm ihr Familie also die waren immer so nah und bei uns ist halt <u>gar</u> keiner so auch nicht in andere Familie nicht von uns ... also halt allgemein die Familie mein ich jetzt bei uns ist halt keiner das find ich schön aber für immer dort wohnen könnte ich nicht I: Aber zu Besuch würdest du gerne hin? T: Ja" (Interview Sugath/Renuka, Z. 503 ff.).

Im Gegensatz zu Ferista oder der Familie aus Sri Lanka weiß Edona weder etwas über den Kosovo noch kennt sie ihre dort lebenden Verwandten. Sie kam im Alter von ca. sechs Jahren nach Deutschland, wohnte seitdem hier mit ihrer Familie und war davon überzeugt, dass die Bundesrepublik auch ihr Herkunftsland ist. Den unsicheren Aufenthaltsstatus der Familie bemerkte die Befragte als Kind nicht. Sie berichtet von einem Gespräch mit ihrem Vater, in dem sie erstmals im Alter von etwa 17 Jahren (die Befragte kann es nicht genau einschätzen) etwas über die Fluchtgeschichte ihrer Familie aus dem Kosovo erfuhr und ihr Bilder von Verwandten gezeigt wurden. Nach den Gründen, weshalb ihre Familie die Heimat verließ, fragte Edona nicht: „als ich noch fünfzehn sechszehn war wusste ich ja gar nicht was Duldung ist Aufenthalt ... ich dachte das ist man kann normal leben weil ehrlich zu sein (XXX) ein Kind ich dachte ... wie leben wir aber ich wusste nie dass wir ... ein Land haben oder so was ... erst wo mein Vater mich angesprochen hat du hast Tanten durch Bilder und so ... weil Bilder meine Tante Bilder geschickt hat ... von daher hat er mir gesagt so und so ich mein <u>wie das denn</u>? Wir bleiben doch hier wir leben doch hier wie ... meint er so so so ist die Sache ... aber ich wusste halt nie was ähm" (Interview Edona, Z. 38 ff.).

Edona berichtet, dass es für sie merkwürdig gewesen sei, so spät von ihrer Familie zu erfahren. Als die Schwester ihres Vaters eines Tages nach Deutschland zu Besuch kam, traf Edona erstmals ihre Tante. Im Gespräch entsteht der Eindruck, dass erst aufgrund des Besuchs ihrer Tante für Edona die Geschichte ihrer Familie greifbarer wurde. Ausgelöst durch diese Begegnung macht sie sich Gedanken zum Thema Krieg in Jugoslawien und fragt nach den politischen Hintergründen: „Schon komisch ... das war sehr komisch halt und ich wusste gar nicht dass ich hab ... Tanten ich dacht ... ich wusste gar nicht dass mein Vater Schwestern hat ... erst als gekommen ist ... meine Tante von Jugoslawien die ist ehrlich zu sein abg (X) weil es gabs doch da Krieg wegen Albaner" (Interview Edona, Z. 49 ff.).

Sahat, der auch aus dem Kosovo stammt, und Frau Karina aus Armenien erzählen nicht viel von ihren Herkunftsländern. Sahat spricht kurz über die Diskriminierung von Angehörigen der Roma und über das im Kosovo vorherrschende Demokratiedefizit. Frau Karina thematisiert ihr Herkunftsland Armenien fast überhaupt nicht. Da sie ihre Familie seit über 15 Jahren nicht mehr gesehen hat, sehnt sie sich nach einer Reise in ihre Heimat, um Verwandte besuchen zu können.

Zusammenfassend lässt sich sagen, dass alle Interviewpartner/innen auf unterschiedliche Art über ihre Herkunftsländer sprechen. Obwohl sich die Befragten (wie zum Beispiel Ferista und die Familie aus Sri Lanka) kulturell, familiär und religiös mit ihren Heimatländern verbunden fühlen, ist die Rückkehr für sie – in erster Linie wegen der politischen Situation – völlig undenkbar. Ferista reflektiert vor allem die unterschiedlichen Lebensstile in Afghanistan und Deutschland. Die starr festgelegte Verteilung der Geschlechterrollen in ihrem Herkunftsland ist für sie inakzeptabel, zumal sie danach strebt, ihre Zukunft selbst zu bestimmen und ihre Pläne eigenständig zu realisieren. Ungeachtet der räumlichen Distanz und des kritischen Blicks auf ihr Herkunftsland beschäftigt sie sich mit dem Islam, eignet sich dessen Quellen und religiöse Praktiken an und entwickelte sich aus eigenem Antrieb zu einer praktizierenden Muslimin.

Zwar vermissen die in Deutschland lebenden Interviewpartner/innen aus Sri Lanka das Leben in einer größeren familiären Gemeinschaft, sind sich jedoch dessen bewusst, dass in Sri Lanka Krieg herrscht und eine Rückkehr äußerst riskant wäre. Regelmäßig verfolgen sie Medienberichte über das politische

Geschehen in ihrem Heimatland. Es wurde schließlich auch deutlich, dass die Befragten ein hohes Maß an Empathie für die zurückgelassenen Verwandten und Freunde haben. Die Kinder, obwohl in Deutschland geboren, wissen vieles über die Fluchtgeschichte ihrer Eltern. Im Gegensatz dazu lebte die junge Befragte Edona lange in Unwissenheit über ihr ursprüngliches Herkunftsland, den Kosovo, und die dort lebenden Angehörigen ihrer Familie.

Unabhängig davon, wie und was die Interviewpartner/innen über ihre Heimatländer berichten, bleibt eines noch zu erwähnen: Zu Hause unterhalten sie sich alle untereinander in ihren Muttersprachen. Selbst wenn die Kinder in Deutschland auf die Welt kamen, bringen die Eltern ihnen ihre Muttersprache bei. Die Sprache ist also ein wichtiger Bestandteil der Kultur und auch ein Bezug zum Herkunftsland, der in Deutschland tagtäglich aufrechterhalten wird.

2.8 Angst vor der Abschiebung

Abgesehen von den Interviewpartnern aus Sri Lanka, die einen legalen Aufenthaltstitel erhalten haben, leiden alle anderen Gesprächspartner/innen unter einer massiven Angst vor Abschiebung in ihre Herkunftsländer, denn Duldung bedeutet nur „vorübergehende Aussetzung der Abschiebung" (AufenthG 2009, § 60a).

Am stärksten thematisiert dies Frau Karina. Bereits drei Monate nach ihrer Einreise nach Deutschland bzw. drei Tage nach der Geburt ihrer Tochter war sie mit einer drohenden Abschiebung konfrontiert. Aus der Klinik in die Sammelunterkunft zurückgekehrt, erhielt sie einen Brief von der Ausländerbehörde, in dem ihr mitgeteilt wurde, dass sie nun nach Armenien abgeschoben werde. Da Frau Karina zu dem Zeitpunkt noch nicht dazu in der Lage war, deutsche Briefe zu lesen, war sie auf die Unterstützung durch andere Bewohner angewiesen. Eine Bekannte übersetzte den Brief und besorgte ihr einen Anwalt, um die vorübergehende Aussetzung der Abschiebung zu erwirken (Interview Karina, Z. 96 und Z. 102 ff.). In dieser Phase musste Frau Karina regelmäßig zum Anwalt, um gegen die drohende Abschiebung vorzugehen (Interview Karina, Z. 134 ff.). Da ihre neu geborene Tochter noch sehr klein war, war diese Lebensphase für sie extrem anstrengend und belastend. Neben der psychischen litt sie unter der finanziellen Belastung, denn sie musste monatlich 100 DM für Anwaltskosten überweisen.

Nach der Ablehnung des Asylantrags in erster und zweiter Instanz schwebte das Damoklesschwert einer drohenden Abschiebung ständig über ihr. Sie berichtet von Schlaflosigkeit, da ihr gesagt wurde, die Polizei komme gegen sechs Uhr morgens und man habe nur eine halbe Stunde Zeit, um die persönlichen Sachen zusammenzusuchen. Obwohl ihr von einer Freundin dazu geraten wurde, eine Tasche mit den persönlichen Erinnerungsgegenständen zu packen, war sie emotional dazu nicht in der Lage.

Nach einem Umzug bewohnte sie zusammen mit ihrer Tochter eine Dachgeschosswohnung mit Balkon im dritten Stock. Da das Dach nicht so steil war, hatte sie die Idee, sie und ihre Tochter könnten im Falle einer drohenden Abschiebung vom Balkon aus auf das Dach klettern und somit eine Abschiebung verhindern. Da sich ihre Tochter jedoch weigerte, probeweise auf das Dach zu klettern, musste sie die Idee wieder verwerfen. Zudem fiel ihr ein, dass auch Hunde an einem solchen Einsatz beteiligt sein könnten, so dass sie von dieser Fluchtidee Abstand nahm: „nachher hab ich gedacht das ist wirklich verrückt hey ich hab Angst da muss ich sie auch nicht Angst machen ... ich hab alles Mögliche überlegt Kletterzeug besorgen wenn die kommen aber wenn die kommen habe ich gehört die kommen die mit Hunden ((seufzt)) oder ... weiß was ich es ist gruselig wenn man sich vorstellt" (Interview Karina, Z. 258 ff.).

Schließlich konnte sie in Erfahrung bringen, dass die Deportationsflüge nach Armenien nur freitags starten, so dass auch nur in der Nacht von Donnerstag auf Freitag Abschiebungen nach Armenien durchgeführt werden. Sie fragte gute Bekannte, ob es vielleicht möglich sei, dass sie und ihre Tochter in den betreffenden Nächten bei ihnen übernachten könnten. Die Bekannten sagten jedoch: „weißt du wenn Gott will dass du ... gehst dann musst du gehen ... ((seufzt)) denk ich mein Gott ... wenn ich so gedacht hätte ja ... gewartet habe was Gott will da hätt ich nicht mal meine Tochter gekriegt ((lacht))" (Interview Karina, Z. 267 ff.). Auch andere Bekannte, die in einem großen Haus lebten, waren nicht dazu bereit, ihr zu helfen und ließen sie nicht in ihre Kellerräume, wo sie übernachten wollte.

Diese Interviewpassagen, in denen Frau Karina von ihren Ängsten berichtet, sind geprägt von einer sehr großen Enttäuschung über die (vermeintlich) guten Freunde und Bekannte, auf die sie glaubte sich verlassen zu können. Eine Konsequenz dieser Enttäuschung ist die Abschottung, der Rückzug in die

Privatsphäre und die soziale Isolation: „ich war so enttäuscht ... seit dem ich habe niemanden in meine Wohnung rein gelassen früher hab ich immer Besuche ... gehabt immer ja ... so nette Gespräche dann denk ich ... ja wozu brauch ich denn das geht wirklich ... um Leben und Tod und keiner bereit ist keiner will das verstehen (...) und dann hab ich gedacht den sind wir aus dem Weg gegangen und immer hatte ich Ausreden gehabt ich wollte niemanden rein lassen ((leise)) ich weiß nicht wie lange ... Jahr lang ich hab niemandem die Tür aufgemacht" (Interview Karina, Z. 275 ff.).

Schließlich entschloss sie sich dazu, ihre eigenen Kellerräume leer zu räumen. Mit einer Couchgarnitur aus ihrer Wohnung und einem gebraucht gekauften Gästebett richtete sie ihren Keller provisorisch wohnlich ein und übernachtete fortan ein Mal wöchentlich in diesen Räumen. Während sie auf dem Zweisitzer nicht gut schlief, konnte ihre Tochter – wohl wegen des Gefühls der Sicherheit – umso besser schlafen. Um sicher zu gehen, dass die eventuell am Einsatz beteiligten Hunde ihre Spur nicht bis in den Keller verfolgen können, streute sie Pfeffer, um die Hunde zu irritieren, und Mehl, um morgens prüfen zu können, ob in der Nacht der Versuch einer Abschiebung unternommen worden war: „Ok wir sind hier wenn die kommen ... ich hab gehört die kommen mit dem Vermieter der macht die Tür auf denk ich wie soll ich wissen waren die da oder nicht ((lächelt)) ... oder wenn die mit Hunden kommen dann finden die uns auch im Keller dann eine Russin hat gesagt weißt du was du nimmst weiße Pfeffer ... und streust vor die Tür ... und dann wenn die Hunde das riechen die können da die Spuren nicht finden ... die Russen sind gut die wissen ((lacht)) da hab ich gedacht ok ((hustet)) ... wie soll ich feststellen dass die da sind und jeden Freitag Abend hab ich Mehl gestreut ((lacht)) das meinte ich dass ich gesagt habe es war auch lustiges dabei aber ok ... ich weiß es nicht ob das so lustig ist aber ich hab vor die Tür als wir rauskam die Mehl gestreut und ((lauter)) Pfeffer" (Interview Karina, Z. 296 ff.).

Bevor sie zusammen mit ihrer Tochter in den gefährlichen Nächten in den Keller „umziehen" konnte, musste sie warten, bis die Nachbarn schliefen. Ihre Tochter litt unter Asthma, wohl wegen der ständigen Angst. Die Ärzte machten ihr Vorwürfe, die Tochter zu sehr zu belasten und rieten ihr, sie sollte die drohende Abschiebung gegenüber ihrer Tochter verschweigen. Frau Karina bezweifelt jedoch, dass dies möglich gewesen wäre: „wie soll sie nicht mitbekommen wenn ich die Briefe habe ich muss rumtelefonieren ich muss Leute finden Anwälte ((seufzt)) sie bekommt sowieso mit naja und Mitternacht hat gehustet und (XXX) gebrochen im Bett ich weiß nicht was schrecklich aber im Keller hat sie so gut geschlafen und dann morgens denk ich hä um acht Uhr kann man schon hochgehen ((lächelt)) aber sie wollte nicht # ... ja ich weiß es nicht das kann man nicht vergleichen da waren immer solche Phasen" (Interview Karina, Z. 308 ff.).

Frau Karina berichtet von weiteren Situationen, in denen die Gefahr einer Abschiebung bestand (Interview Karina, Z. 363 ff.). Sie bringt zum Ausdruck, welche Macht die Beamten und Angestellten der Abschiebe- und Ausländerbehörde über sie haben: „ich hab die Frau nicht gesehen aber es ist eine Frau ... ((mit bebender Stimme)) wie kann man mit Menschen so spielen ja # und warum was Spaß macht bekommt sie davon was für Spaß ist das?" (Interview Karina, Z. 350 ff.) „dann dieser Mann hat gesagt ja ((imitiert den Mann)) ja sind sie <u>sicher</u> dass sie ... sie sind betroffen? # sag ich ja klar bin ich sicher ach warten sie mal ich telefoniere mal mit der Abschiebebehörde hat er gemacht und die Frau ((imitiert die Frau von der Abschiebebehörde)) nein nein kommt nicht in Frage sie muss <u>weg</u>" (Interview Karina, Z. 361 ff.).

Die immer präsente Angst vor einer Abschiebung wirkt sich auch dahingehend aus, dass Frau Karina und ihre Tochter nicht langfristig planen können. In einer Interviewpassage vergleicht Frau Karina ihr Leben als Jugendliche mit dem Leben ihrer Tochter. Während Frau Karina seit der fünften oder sechsten Klasse wusste, was sie beruflich machen möchte, hat ihre Tochter keinen Plan. Hin- und hergerissen zwischen den Berufswünschen Künstlerin oder Chemikerin entschied sich Frau Karina schließlich für den Beruf der Chemikerin, da sie damals glaubte, dies besser mit Haushalt und Familie vereinbaren zu können. Ihre Tochter hingegen hat – so ihre Einschätzung – keinerlei Pläne und Visionen für ihre Zukunft: „aber meine Tochter weiß ich nicht es ist wahrscheinlich so weil wir nie was planen konnten ja wir konnten nie was planen wenn wir irgendwas wollten hab ich immer warte mal Ada ob wir hier bleiben können was ist wenn wir Abschiebung wir können das nicht mitnehmen und lassen können wir nicht immer wieder und da weiß ich nicht" (Interview Karina, Z. 769 ff.).

Die Auskunft des Leiters der Ausländerbehörde – sie werde nicht abgeschoben, solange ihre Tochter die Schule besuche und fleißig lerne – rief Skepsis hervor. Frau Karina berichtet von einem Film, der sie sehr beeindruckt habe. Unklar bleibt, ob es sich um einen Dokumentar- oder Spielfilm handelt. Eine Familie aus Georgien wurde abgeschoben, die 15-jährige Tochter aber versteckt sich bei Freunden. Das Mädchen konnte sehr gut singen, hatte bereits Verträge zur Produktion von CDs und Filmen und ihre Geschichte wurde im Fernsehen dokumentiert. Nach einigen Monaten jedoch wurde die 15-Jährige nach Georgien abgeschoben: „und was meinen sie nach ein paar Monate haben die gezeigt wie die das Mädchen mit Gewalt in Flugzeug geschoben haben und dann musste die wegfliegen ... abgeschoben" (Interview Karina, Z. 984 ff.).

Frau Karina erzählt diese Geschichte in Zusammenhang mit der Frage, ob eine öffentliche Thematisierung von Flucht und Bleiberecht wirksam sein könne, um Abschiebung zu verhindern und den rechtlichen Status zu verbessern. Dieser Film und ihre eigenen Erfahrungen tragen zu einem hohen Maß an Resignation bei – bezogen auf die Frage der Wirksamkeit öffentlicher Debatten.

Die Angst vor Abschiebung zieht sich wie ein roter Faden durch die Interviewpassagen. Die Erfahrung der Geburt ihrer Tochter ist mit dieser Angst verknüpft, ebenso wurden Freundschaften und Bekanntschaften durch die drohende Abschiebung überlagert. Sie und ihre Tochter bilden psychosomatische Krankheiten aus (Schlaflosigkeit, Asthma), ihre Tochter hat aufgrund der ständigen Unsicherheit keine Zukunftsperspektiven und selbst die Aussicht auf eine Aufenthaltserlaubnis „auf Probe" ist verknüpft mit der Angst vor einer Abschiebung. Insofern ist das Bild eines über ihr schwebenden Damoklesschwerts sehr zutreffend, denn die rechtliche Unsicherheit hindert sie daran, ihre Zukunft zu planen, Visionen zu entwickeln und Lebensfreude zu empfinden.

Auch in den Interviews von Sahat und Edona spielen diese Ängste eine wichtige Rolle. Edona spricht in Zusammenhang mit der Bleiberechtsregelung über eine drohende Abschiebung. Ihre Mutter fuhr zur Botschaft des Kosovo nach Frankfurt am Main, um dort die gültigen Pässe für die ganze Familie abzuholen. Die Papiere wurden – so berichtet sie – von der Ausländerbehörde einbehalten. Edona äußert die Befürchtung, dies könne eine Strategie sein, um die Familie abzuschieben (Interview Edona, Z. 111 ff.). Die Interviewpassagen dokumentieren, dass sie eine sehr große Angst vor einer Abschiebung in den Kosovo hat. Da sie selbst keine Erinnerungen an den Kosovo hat, sind dies vermutlich die Ängste ihrer Mutter bzw. ihres Vaters, deren Erfahrungen mit Diskriminierung und Verfolgung sie sich zu eigen gemacht hat. In verschiedenen Varianten bringt sie zum Ausdruck, dass sie lieber in Deutschland sterben bzw. beerdigt sein möchte als in den Kosovo abgeschoben zu werden und dort leben zu müssen: „dann bringe ich mich lieber in Deutschland um dass die mich in Deutschland beerdigen als dass die mich dahin <u>das kann ich nicht</u> ich was soll ich dahin? ... ich bin doch hier dran gelernt das wird schon schlimm für mich sein deswegen mach ich mir die ganze Zeit Kopf ich weiß auch nicht wie es weiter geht ... es ist schwer halt ich versuche auch Arbeit zu finden ... aber es ist schwer ich mach mir auch die ganze Zeit Kopf halt Schule hab ich nicht lange gemacht weil meine Mutter krank war ... ((seufzt))" (Interview Edona, Z. 97 ff.).

Während Ferista über eine Abschiebung nach Afghanistan nachdenkt, zählt sie auf, wen und was sie alles vermissen würde: Sie würde ihre beste Freundin und alle Freunde und Bekannte in Deutschland vermissen, sie würde darunter leiden, dass man sich in Afghanistan anders anziehen muss und nicht bunt kleiden darf, sie werde darunter leiden, dass sie als Frau nicht so offen sein darf, z.B. nicht aus dem Fenster schauen und nicht Auto fahren darf. Ferista thematisiert die drohende Abschiebung nach Afghanistan in zahlreichen Interviewpassagen. Ihre Ängste sind jedoch nicht so dominant, dass sie alles andere in den Schatten stellen und alle Lebensbereiche überlagern.

Sehr ausführlich berichtet sie über ein Gespräch mit ihrer besten Freundin, einer Türkin, die sehr große Angst hat, dass Ferista abgeschoben werden könnte. Ferista sieht sich in der Rolle, ihre Freundin zu trösten. Sie verspricht ihr, dass sie sie für den Fall einer Abschiebung anrufen werde und eröffnet ihr die Perspektive, dass sie sie auch in Afghanistan besuchen könnte. Die Ängste ihrer Freundin haben sie sehr berührt, weil diese Ängste ihr verdeutlichen, dass sie als beste Freundin eine große Bedeutung hat und unverzichtbar ist: „zum Beispiel meine Freundin ich kann mich noch erinnern damals weißt du wo wir Duldung bekommen haben war für sie weißt du auch richtig schlimm das war dann für sie vielleicht geht meine Freundin morgen oder übermorgen einfach weg und so ... dann ist meine Freundin nicht mehr da und so was mach ich dann und so also das war auch schrecklich das war vor allem in der Klasse weißt du ... und dann haben wir das war ja neunte Klasse letztes Jahr und dann war weißt du wir sehen uns dann weißt du nicht jeden Tag und dann hatte sie auch Angst weißt du auf ein Mal die wir telefonieren nicht mehr die denkt sich so ganz normal so und dann rufst sie an und dann bin ich nicht mehr da bin ich schon abgeschoben worden also sie hat sich schon richtig Sorgen gemacht ... weißt du richtig das war richtig schön weißt du dass du merkst öö du hast ne Freundin die dich dann wirklich sehr vermissen würde und so ... aber auch so boah ich hätte also niemals gedacht dass also so denkt und ... da hat sie auf ein Mal angefangen zu weinen und es war für mich so ... Schock so oh mein Gott ... das war aber richtig schön ich hab gemeint die soll nicht einfach dran denken und wenn falls was ist oder so ich werde sie auf jeden Fall anrufen ... Bescheid sagen und wenn die kann die kann de ist Türkin die kann mich jede Zeit besuchen und so ich würd auf gar kein Fall also mein Kontakt zu ihr abbrechen ... sie soll sich gar keine Sorgen machen und so" (Interview Ferista, Z. 1176 ff.).

2.9 Wünsche, Hoffnungen und Zukunftspläne

Gefragt nach ihren Wünschen, Hoffnungen und eventuellen Zukunftsplänen, geben die Interviewten teilweise ähnliche Antworten. Es wird jedoch deutlich, dass die Wünsche und Pläne für die Zukunft stark mit der aktuellen aufenthaltsrechtlichen Situation verknüpft und teilweise auch direkt von ihr abhängig sind.

Die Äußerung von Sahat, dem Interviewpartner aus dem Kosovo, ist voller Resignation und Zweifel. Er drückt letztlich keinen Wunsch aus, sondern fragt sich zweifelnd nach seinem weiteren Verbleib in Deutschland. Mit der Beschaffung seines Passes für die Beantragung von Bleiberecht hatte er viele Hoffnungen verbunden. Jemand hatte ihm nämlich gesagt, dieses sei die einzige Vorraussetzung, die er noch zu erfüllen habe. Alles andere „qualifizierte" ihn sicherlich für das Bleiberecht. Über die Ablehnung des Antrags auf Aufenthaltserlaubnis und über die Ablehnung des Antrags auf Zusammenführung zu einer familiären Lebensgemeinschaft mit seiner Partnerin und gemeinsamen Tochter ist er sehr enttäuscht. Er war zunächst davon ausgegangen, dass er sehr gute Chancen haben werde, seinen rechtlichen Aufenthaltsstatus zu verfestigen: „nur den Pass der hat mir gesagt ich brauch nur diesen Pass aber hat nichts geklappt ... ... und hab ich Antrag gestellt und nachher später hat das nicht geklappt ... aber ist das schwierig Deutschland ist viel strenger geworden (X) zwei Jahre ist kein Familienführung kein Chance" (Interview Sahat, Z. 336 ff.). Die Gedanken, die er mit der Zukunft verbindet, sind eher geprägt durch eine enorm große Angst vor Abschiebung: „weiß ich nicht soll ich weiter hier bleiben oder soll ich ... Abschiebung kriegen weiß ich doch net ... aber normal ist immer mit der so Angst wie die andere Leute ... ich auch" (Interview Sahat, Z. 462 ff.).

Sahat macht sich auch bereits Gedanken bezüglich der Abschiebung. Sollte er tatsächlich in den Kosovo abgeschoben werden, wünscht er sich, dass seine Partnerin und Mutter seiner Tochter ihn begleiten wird und sie ein gemeinsames Leben als Familie führen können, was in Deutschland anscheinend nicht akzeptiert wird und sich nicht realisieren lässt: „Meine Sorge ist wenn ich irgendwann zurückgehe nach Jugoslawien und meine (XXX) nach Deutschland ich hätte mal wenn ich Abschiebung kriege ich hätte mal gerne auch ... meine Freundin auch zurück ... gerne ähm <u>bekommt mit</u> ... <u>zusammen</u> und dann ich hätte mal gerne nach Jugoslawien zusammen (X) gelebt weil hier in Deutschland ist viel schwieriger hier gibt's keine Gesetze über Familie" (Interview Sahat, Z. 466 ff.).

Laut denkt er darüber nach, dass er im Falle einer Abschiebung den Kosovo sofort verlassen werde, um nach Serbien zu fliehen, denn dort gebe es – im Gegensatz zum Kosovo – Demokratie und mehr Freiheitsrechte: „Ja ich hätte auch nicht nach Kosovo gegangen zum Leben ... ne auf <u>keinen Fall</u> wenn ich hier zurückgehe ich gehe nicht nach Kosovo wenn ich fliege vielleicht mit dem Flugzeug ganz genau im Kosovo aber vom Kosovo ich nehme einfach Taxi oder Zug und sofort nach Serbien weiter zu leben ist was anderes das ist mehr Demokratie in Serbien wenn du geht's zum Leben aber in Kosovo kein Demokratie du darfst Abend Kind nicht spazieren gehen ... bekommst du Ärger oder so sofort aber in Serbien net ... kannst du locker gehen spazieren wann du willst so Demokratie so wie hier in Deutschland ... aber in Kosovo nicht" (Interview Sahat, Z. 473 ff.).

Auch Edona hofft, dass sich ihr Aufenthaltsstatus und der ihrer Familie verbessern bzw. verfestigen möge. Ihre Zukunftspläne sind abhängig vom Wohl ihrer Familie. Sie erwähnt kurz, dass ihre Schwestern bereits verheiratet seien, längst das Haus verlassen hätten und ihr eigenes Leben führten. Im Gegensatz zu ihren Schwestern könne sie jedoch erst dann ähnliche Zukunftspläne machen, wenn sie sicher sei, dass ihre Eltern in Sicherheit lebten. Nur dann sei sie dazu in der Lage, das Leben zu genießen und eigene Pläne zu machen: „halt ich kann erst wenn ich weiß dass meinen Eltern gut geht und … dass ich weiß den geht es gut … die haben diese Papiere … … ja dann wird mir besser gehen" (Interview Edona, Z. 439 ff.).

Das Leben in Unsicherheit mit allen seinen Konsequenzen ist der Befragten sehr bewusst. Sie identifiziert sich vermutlich auch deswegen mit anderen Menschen, die sich in ähnlichen Situationen befinden. Sie spricht ausführlich von der schwierigen Lage von Menschen mit einer Duldung und über ihre Probleme bei der Arbeitssuche. So wie ihrer Familie wünscht sie auch ihnen endlich Sicherheit in Form der Verfestigung ihres Aufenthaltsrechts. Sie weist auf ihre Großmutter hin, die kurz nach ihrem Tod die lang erwünschte Aufenthaltserlaubnis bekam. Zuvor habe sie sehr unter der permanenten Unsicherheit gelitten: „Für meine Brüder für meine Eltern ja … ja ich wünsche halt ich wünsche nicht nur für meine Familie ich wünsche für die Leute die auch hier in Deutschland sind die auch solche Probleme haben weil ich weiß wie das ist es ist sehr sehr schwer ((seufzt)) meine Oma ist auch gestorben sie hat auch diese Probleme gehabt wie meine Mutter denken denken denken denken da war sie krank … und wo sie gestorben ist da kam dieser Aufenthalt … halt mein Onkel ist dahin gefahren Ausländerbehörde hat das ins Gesicht (X) _jetzt oder was?_ wenn meine Mutter gestoben ist … habt ihr (XX) ((lächelt)) fand ich dann ist meine Oma gestorben die ist auch sehr früh gestorben fünfundvierzig ((leiser, denkt nach)) fünfundvierzig … ja fünfundvierzig ist sie gestorben" (Interview Edona, Z. 438 ff.).

Für sich wünscht sich Edona eine Arbeit, durch die sie für den Unterhalt ihrer Familie sorgen kann: „halt was ich mir wünsche ich hoffe dass das geht das ich (…) dass ich da an (X) da braucht mein Vater nicht für Ein-Euro-Job zu machen und draußen und der ist jetzt auch krank das _ich_ das für den mache das ich das überstehe für den für meine zwei Brüder für meine Eltern … das ich halt Mieten bezahlen kann alles drum und dran deswegen halt wegen mir" (Interview Edona, Z. 417 ff.).

Mehrmals bringt sie zum Ausdruck, dass sie sich um ihre Familie weiterhin kümmern werde. Obwohl sie nach ihren Wünschen gefragt wird, thematisiert sie ebenso wie Sahat die Angst vor einer Abschiebung. Dies macht deutlich, dass diese Sorge sehr präsent ist, sodass Wünsche und Pläne für die Zukunft immer wieder in Frage gestellt oder gar nicht erst formuliert werden.

Edona betont mehrmals, dass ihre zwei jüngeren Brüder in Deutschland geboren wurden und den Kosovo gar nicht kennen. Die mögliche Abschiebung ins Unbekannte bereite ihren Brüdern viele Sorgen: „am meisten kümmere ich mich um meine Eltern meine zwei Brüder die auch hier die sind hier geboren ... und ich ich kann mir gar nicht vorstellen dass ich abgeschoben werde dass meine zwei Brüdern ... dass ich meine beide Brüdern mit meinen eigenen Augen sehe wie die darunter leiden ... ((leiser)) meine Eltern auch" (Interview Edona, Z. 422 ff.).

Frau Karina, die Interviewpartnerin aus Armenien, beantwortet die Frage nach ihren Wünschen ziemlich lakonisch. Sicherheit und Gesundheit für ihre Tochter gehören zu ihren größten Wünschen: „Sicheres glückliches Leben ((leiser, melancholisch, langsamer)) was soll ich noch wünschen ... ... dass sie gesund wird" (Interview Karina, Z. 927 f.). Sie stellt fest, dass ihre Tochter aufgrund des rechtlichen Status der Duldung mit Skepsis und Misstrauen in die Zukunft schaut. Sie fühle sich schutzlos und werfe ihrer Mutter vor, keine Familie gegründet zu haben. Wenn ihrer Mutter etwas zustoßen sollte, so sei sie – so die Angst der Tochter – ganz auf sich allein gestellt: „ihr geht's schon viel besser als früher und ((seufzt)) ... das ((leiser melancholisch)) diese Unsicherheit das ist auch Unsicherheit dass sie sich auch endlich sicherer fühlt weil sie mir auch oft Vorwürfe gemacht sagt sie ich verzeiht dir nicht dass du keine Kinder mehr gekriegt hast ich bin alleine hier was ist wenn dir was passiert ((lächelt etwas ängstlich))" (Interview Karina, Z. 928 ff.).

Ferista, die junge Interviewpartnerin aus Afghanistan, wünscht sich und ihrer Familie eine Aufenthaltserlaubnis, ein sicheres Leben und Gesundheit für ihre Familie. Sie erkennt in dem Zusammenhang auch die gesundheitlichen Folgen für ihre Mutter, ausgelöst durch die Angst und Fluchterfahrung. Ähnlich wie Edona stellt Ferista besorgt fest, dass ihre Mutter durch die Fluchtgeschichte am meisten gelitten habe: „hab ich Angst wegen meiner Mutter ... weißt meine Mutter hat viel wirklich die hat das Meiste die hat richtig viel ... mit durchgemacht und dass die irgendwie ... weißt die soll das alles vergessen die soll ich hab Angst dass sie irgendwie dadurch so irgendwie ... kaputt geht weißt du so alles in sich und so die soll offen sein und so aber das kannst sie nicht weißt du die schluckt alles runter ... aber die sagt nichts ... ... das hat dann deshalb hab ich Angst dass wir dann weißt du irgendwann dass sie gar nicht mehr kann dass sie ((leiser)) einfach aufgibt und so" (Interview Ferista, Z. 1166 ff.).

Ferista wünscht deshalb ihrer Mutter Ruhe, so dass sie wieder glücklich sein und die vergangenen Ereignisse vergessen könne: „der größter Wunsch ... ich glaub erst mal dass wir alle Pass kriegen ... und dann weißt du dass wir meine Fam meine Mutter erst mal meine Mutter und so sieht weißt du dass sie alles loslässt also so ... weißt dann würde sie wenigstens da bisschen glücklich sein und dann würde sie alles loslassen und dann ... dass ist erst mal das Schönste dass meine Mutter alles vergisst und so ... dass sie alles hinter sich hat und so ... das wäre eigentlich das ... weißt du und halt das meine Familie jetzt gesund bleibt ... weil ich letzte Zeit gabs so viele Sachen ... dass den wirklich nicht passiert zum Beispiel wenn ich jetzt zum Beispiel manchmal im Fernsehen irgendwas sehe so ... boah kriegt ich Angst dann denk ich wirklich boah Gott sein Dank sind meine ganze Schwestern gesund" (Interview Ferista, Z. 1196 ff.).

Erst auf Nachfrage spricht sie über die Wünsche in Bezug auf sich selbst. Im Vergleich zu Edona und Sahat bringt sie jedoch zum Ausdruck, dass sie ihre Zukunft trotz der bisherigen Unsicherheit, mit der auch sie immer wieder konfrontiert wird, mit Deutschland oder gegebenenfalls mit Europa verbindet. Sie spricht motiviert über ihre Ausbildung und das zukünftige Berufsleben: „Dass ich erst mal meine Ausbildung zu Ende gut läuft dass ich die schaffe und dass ich wirklich nach meine Ausbildung weiß was ich mal machen will ... dass ich dann wirklich festen Beruf hab und ... dass ich dann das mir dieser Beruf auch richtig Spaß macht und so ... das wünsche ich mir erst mal" (Interview Ferista, Z. 1206 ff.).

Frau Renuka und Herr Sugath verfügen bereits über die verfestigte Aufenthaltserlaubnis, die sich die anderen Interviewpartner/innen so sehr wünschen. Der sichere Aufenthaltstitel gibt der Familie aus Sri Lanka eine gewisse Planungssicherheit für die Zukunft. Gleich nach der Erlangung der Niederlassungserlaubnis änderte das Ehepaar sein Leben und zog in eine größere Wohnung. Für ihre Töchter wünscht sich das Ehepaar einen Pass, damit sie gemeinsam ihre Familie in der Schweiz und Norwegen besuchen können. In dem Zusammenhang erwähnen sie, dass sie in ihrem Wohnort keine Familie hätten und allein lebten. Herr Sugath sagt sogar: „Wir sind keine *Family*" (Interview Sugath/Renuka, Z. 153). Dies bedeutet vermutlich, dass nach seinem

Verständnis zu einer „richtigen" Familie auch andere Familienmitglieder wie Geschwister, Neffen, Großeltern etc. gehören.

Frau Renuka und Herr Sugath sehnen sich deshalb danach, einen intensiveren Kontakt zu ihren Verwandten zu haben, die sich in anderen europäischen Ländern niedergelassen haben: „das war erster Plan dass wir umziehen wollen S: Erste Plan das ist wir haben das gesagt erst (X) muss umgezogen machen neue gute Wohnung finden aber wir haben findet jetzt (Interview Sugath/Renuka, Z. 148 f.). R: Ja wir möchten meine Kinder Pass bekommen ((lacht)) fahren wir nach Norwegen Schweiz oder Landen vielleicht nächstes Jahr S: Wir haben alleine hier in Deutschland wir sind keine *Family* immer alleine (…) wir fahren jetzt überall Familie gucken was sprechen" (Interview Sugath/Renuka, Z. 153 f.).

Ein Verwandtenbesuch im Ausland war zum Zeitpunkt des Interviews für die Familie aus Sri Lanka noch nicht möglich, da die Töchter noch keinen Pass besaßen. Ferner erklärte die ältere Tochter, dass ihre Familie die Einladung nicht wahrnehmen könnte, weil sie und ihre Schwester in dieser Zeit die Schule besuchen müssten. Darüber hinaus sei es für ihren Vater immer schwierig Urlaub zu bekommen. Sie sei jedoch trotzdem froh, dass sie jetzt mit ihrer Familie derartige Reisepläne überhaupt in Betracht ziehen könne. Früher sei dies völlig undenkbar gewesen: „Also wir haben jetzt eine Einladung bekommen für Dezember aber wir können nicht weil erstens wir haben Schule und zweitens und wir haben ja wir beide haben ja keinen Pass und Papa muss sowieso arbeiten deswegen denk ich nicht dass es klappt aber jetzt ja früher hatten wir nicht die Möglichkeit überhaupt an so was nachzudenken aber jetzt können wir das" (Interview Sugath/Renuka, Z. 156 ff.).

Ein guter Schulabschluss für die Töchter gehört zu den größten Wünschen der Eltern. Die Mutter hofft, dass die Kinder studieren können. Eines der Mädchen erklärt weiter, dass ihre Mutter sich eine bessere Zukunft für ihre Töchter wünscht. Sie betone gegenüber ihren Kindern häufig, dass man sich einen guten Schulabschluss und einen gut bezahlten Beruf erarbeiten müsse: „Also meine Mama sagt immer ähm uns muss es ja mal besser gehen weil uns geht's ja schon gut aber wenn wir wirklich gut also wenn wir wirklich gut haben wollen müssen wir uns auch anstrengen und auch irgendwie studieren oder also nicht nur mit dem Realabschluss da kommt man nicht so weit und was Gutes machen damit man später halt auch also gute Bezahlung hat oder

... nicht irgendwie also ... eigentlich (...) oder wir müssen immer ordentlich bleiben ((alle lachen))" (Interview Sugath/Renuka, Z. 475 ff.).

Wie bereits erwähnt, wünscht sich Frau Renuka bessere Deutschkenntnisse. Es geht ihr dabei nicht um den Spracherwerb zwecks Alltagsbewältigung. Treibende Motivation ist vielmehr ihr Wunsch, sich mit ihren deutschen Bekannten und Freunden besser unterhalten zu können: „ich möchte gut Deutsch sprechen und ich möchte alles deutsche Leute gut sprechen aber ich spreche immer schlecht das ist traurig ((lacht) (...) Ich kenne viele deutsche Familien deutsche Freundin aber ich nicht Deutsch sprechen ... das ist schade ((lacht))" (Interview Sugath/Renuka, Z. 466 f.).

Zusammenfassend lässt sich sagen, dass Wünsche nach Sicherheit und Gesundheit für die Familie sowie nach einer Festigung der Lebensumstände im Vordergrund stehen. Die Erfahrungen, geprägt durch Flucht und das Leben im Exil, haben enorme Auswirkungen auf die Einstellung gegenüber der Zukunft. Augenfällig ist, dass die verschiedenen Zukunftsdiskurse immer auch in Zusammenhang stehen zu dem rechtlichen Aufenthaltsstatus der Befragten. Erdrückend sind in einigen Interviewpassagen die dominierenden Zukunftsängste und der starke Zukunftspessimismus. Diese Ängste und pessimistischen Sichtweisen sind in einem sehr hohen Maße Ergebnis der bisherigen Erfahrungen mit rechtlicher Unsicherheit und sozialer Prekarität. Ungeachtet der unterschiedlichen Persönlichkeiten – und damit verbunden auch den unterschiedlichen pessimistischen oder optimistischen Sichtweisen – ist davon auszugehen, dass der unsichere Aufenthaltsstatus und die drohende Abschiebung in einem entscheidenden Maße zu einer Verfestigung des Zukunftspessimismus beitragen werden.

Obwohl es um Wünsche und Hoffungen ging, berichten die Befragten in dem Kontext mehrmals von ihren Sorgen, thematisieren die Angst vor Abschiebung, sowie die Tatsache, dass es in ihrem Leben an Stabilität und Ruhe mangele. Deutlich wird dies gerade im Vergleich zu der Familie aus Sri Lanka, deren Leben in Deutschland erst dann eine positive Wendung nahm, als sie eine Niederlassungserlaubnis bekam. So kann die Familie endlich positiv in die Zukunft schauen und Reisen planen.

3. Fazit

Bereits im Vorfeld der Bleiberechtsregelung der Innenministerkonferenz des Jahres 2006 und der gesetzlichen Altfallregelung hatte der UNHCR in seinem Positionspapier zur Diskussion um ein Bleiberecht für geduldete Flüchtlinge zentrale Forderungen erhoben: So plädierte er dafür, die besondere Situation der Personengruppe der Geduldeten bei der Erarbeitung der Voraussetzungen für ein Bleiberecht zu berücksichtigen. Neben der Kritik am Ausschluss irakischer Staatsangehöriger aus der Bleiberechtsregelung befasste sich der UNHCR in seiner Stellungnahme mit der Frage des Arbeitsmarktzugangs und empfahl einen uneingeschränkten Zugang. Die sog. Probezeit sollte großzügig bemessen sein, da man auch berücksichtigen müsse, dass die Betroffenen über einen Zeitraum von acht bzw. sechs Jahren weitestgehend vom Arbeitsmarkt ausgeschlossen waren. Mit Blick auf die zu erwartenden Schwierigkeiten bei der Arbeitssuche von Flüchtlingen empfahl der UNHCR: „Angesichts der insgesamt schwierigen Beschäftigungslage in Deutschland und eine durch die Duldung häufig bedingte langjährige Arbeitslosigkeit sollte ein ernsthaftes Bemühen um Arbeit ausreichen, um den Voraussetzungen einer Integrationsphase zu genügen" (UNHCR 2006, S. 2). Ferner plädierte der UNHCR dafür, die 2006 diskutierte Mindestaufenthaltsdauer von sechs bzw. acht Jahren zu überprüfen. Diese Zeiträume erschienen als sehr lang, weil ein Großteil der Geduldeten als Flüchtlinge oder anderweitig schutzbedürftige Personen zu qualifizieren seien. Darüber hinaus sprach sich der UNHCR für Öffnungsklauseln für humanitäre Härtefälle aus. In diesem Sinne sollte berücksichtigt werden, dass bestimmte Personen aufgrund ihrer sozialen Situation (z.B. schwere Erkrankung, Alleinerziehende, unbegleitete minderjährige Ausländer/innen) nur sehr schwer die erforderlichen Voraussetzung einer ökonomischen Selbstständigkeit erfüllen können. Ferner sollte der Mindestaufenthalt unter bestimmten Voraussetzungen reduziert werden. Das Positionspapier erwähnt einerseits einen reduzierten Mindestaufenthalt bei bestehender Integration, andererseits im Falle von entstehenden Härten infolge einer Abschiebung. Die im Rahmen unserer Studie erhobenen qualitativen Daten lassen deutlich werden, dass der UNHCR bereits 2006 wesentliche Aspekte in die Diskussion gebracht hat, die jedoch nicht in der Form Eingang in die Gesetzgebung fanden. Die geforderten Voraussetzungen (ökonomische

Unabhängigkeit und Mindestaufenthalt) erwiesen sich tatsächlich als fast unüberwindbare Hürden aus der Perspektive der Interviewpartner/innen.

Im Jahre 2007 hielten sich ca. 200.000 langjährig geduldete Flüchtlinge im Bundesgebiet auf. Die Einführung der Aufenthaltsgenehmigung nach § 104a Aufenthaltsgesetz sollte der Regulierung von der bisher sehr unsicheren rechtlichen Situation dieser Menschen dienen. Zuvor mangelte es an einer konsistenten Politik der gesellschaftlichen Integration gegenüber den Geduldeten. Die Bilanz der sog. Bleiberechtsregelung macht deutlich, dass sie nur für einen geringen Teil der Geduldeten eine Perspektive bietet. Diejenigen, deren Aufenthaltserlaubnis „auf Probe" bis Ende des Jahres 2011 verlängert wurde, können nur hoffen, in diesem Zeitraum eine Erwerbstätigkeit zu finden, mit der sie ihren Lebensunterhalt und ihren Aufenthaltsstatus sichern können.

Die Bleiberechtsregelung kann insofern als ein Schritt zur Veränderung des bisherigen Aufenthaltsrechts von geduldeten Flüchtlingen und somit als integrationsförderndes Instrument verstanden werden, als nun seitens der Innenpolitik auf die Problematik der Kettenduldung überhaupt reagiert wird. Die Regelung sollte ferner den Defiziten im Aufenthaltsrecht für langjährig Geduldete entgegenwirken. Doch die Bedingungen, die in der Bleiberechtsregelung an die Betroffenen gestellt werden, sind zum größten Teil nicht erfüllbar, vor allem angesichts des Status der Duldung, in dem sie bisher gelebt haben.

Die im Gesetz geforderte Integration dieser Menschen verbindet der Gesetzgeber vor allem mit der Integration in den Arbeitsmarkt, also mit der wirtschaftlichen Unabhängigkeit der Flüchtlinge im Bundesgebiet. Es stellt sich jedoch heute deutlich heraus, dass es eine hohe Hürde für die Betroffenen ist, wenn das Bleiberecht von einem festen Arbeitsplatz abhängig gemacht wird. Dabei sind es weder der mangelnde Arbeitswille noch die geringe Integrationsbereitschaft der Flüchtlinge, die die Bilanz der Bleiberechtsregelung so enttäuschend machen. Der jahrelang eingeschränkte Zugang zum Arbeitsmarkt für die Geduldeten hat deren Integration nicht gefördert. Stattdessen wurde die Angewiesenheit auf staatliche finanzielle Hilfe mit dem Arbeitsverbot aufrechterhalten. Bei der Formulierung der Voraussetzungen der Bleiberechtsregelung wurde dies nicht in ausreichendem Maße berücksichtigt.

Auch die traumatischen Erfahrungen der Flüchtlinge werden nicht hinreichend beachtet, was mit einer humanitären Flüchtlingspolitik nicht vereinbar ist. Hinzu kommt, dass der Zielgruppe der Bleiberechtsregelung die Verfestigung ihres Aufenthaltsrechtes durch die zu hohen Voraussetzungen verweigert wird. Es geht hier nicht um eine Sonderbehandlung, obwohl diese angesichts der oft traumatischen Fluchterlebnisse relevant wäre. Es geht vielmehr darum, die notwendige Unterstützung für die hilfebedürftigen Menschen bereitzustellen. Die Bleiberechtsregelung reagiert leider auf diesen Bedarf nicht ausreichend.

Die Ziele der vorliegenden Studie waren eine Bestandsaufnahme und eine Analyse der Umsetzung der Bleiberechtsrichtlinie sowie eine Erforschung ihrer Auswirkungen auf die Lebenssituation der langjährig geduldeten Flüchtlinge in Deutschland. Zusammenfassend lässt sich sagen, dass die Bleiberechtsregelung die Problematik der Kettenduldung nicht löst. Die größte Kritik richtet sich zum einen gegen die Festlegung des Stichtages, da viele Flüchtlinge trotz ihres langjährigen Aufenthaltes und ihrer Integration per se aus der Regelung ausgeschlossen werden. Zum anderen ist die Voraussetzung der eigenständigen Sicherung des Lebensunterhaltes für viele Flüchtlinge nicht zu erfüllen. Die Suche nach einer existenzsichernden Erwerbsarbeit kann in Zeiten der Weltwirtschaftskrise gravierende Probleme bereiten.

Die Folge ist bekannt: Wenn die Flüchtlinge, die das Aufenthaltsrecht „auf Probe" erhielten (ausweislich des Ausländerzentralregisters: 29.244 Menschen), bis Ende des Jahres 2011 die Voraussetzungen zur Verlängerung dieses Status nicht erfüllen, droht ihnen der Rückfall in die Kettenduldung oder gar eine Abschiebung.

Die hier vorgestellten Biographien der interviewten Personen bestätigen die oben genannten Kritikpunkte. Sie sind keine Ausnahmen und können wohl repräsentativ für andere Schicksale vieler Flüchtlinge stehen, deren Status in Deutschland nicht anerkannt wird. Im Rahmen der Auseinandersetzung mit den Interviews wurde ferner deutlich, dass nach wie vor die Angst vor Abschiebung und Unsicherheit im Alltag der Flüchtlinge präsent ist, so dass die Betroffenen kaum Zukunftspläne formulieren können.

Die Duldung, obwohl auch aus humanitären Gründen erteilt, ist ein Stolperstein auf dem Weg der Integration und des Aufbaus eines sicheren Lebens von Flüchtlingen im Bundesgebiet. Von Integration wird hier im Sinne des Zugangs und Rechts zur Partizipation dieser Menschen an den gesellschaftlichen Gütern gesprochen. Schließlich geht es auch darum, ihnen die Sicherheit und Unterstützung zu gewähren, die in ihren Herkunftsländern nicht garantiert ist. Dieses kann definitiv nicht mit der Duldung realisiert werden, und auch die Bleiberechtsregelung gewährleistet dies nicht.

Die Aussetzung der Abschiebung deutet auf die Tatsache hin, dass der betroffene Mensch zwar geduldet, aber nicht erwünscht ist. Dies wird ihm deutlich gemacht, indem seine Rechte eingeschränkt werden und ihm gleichzeitig seine Ausreise aus der Bundesrepublik zur Pflicht gemacht wird.

Heinz Drucks, Vorstand des Flüchtlingsrates Nordrhein-Westfalen, konstatiert: „Dringend erforderlich ist (...) eine Änderung des Bleiberechts unter der Maßgabe, die Menschen an sich und nicht ihr Einkommen in den Mittelpunkt zu stellen. Dabei gilt es vor allem, den vorgesehenen Stichtag ersatzlos zu streichen und so die Regelung zu einem fortdauernden Bestandteil des Aufenthaltsgesetzes zu machen. Nur so kann der Problematik der Kettenduldungen nachhaltig begegnet und verhindert werden, dass aus der so genannten Bleiberechtsregelung letztlich eine Abschieberegelung wird." (Drucks 2009)

Teil III

Anhang

1. Quellen und Literatur

Allgemeine Erklärung der Menschenrechte (1948): Resolution 217 A (III) der Generalversammlung v. 10. Dezember 1948; http://www.ohchr.org/EN/UDHR/Pages/Language.aspx?LangID=ger (16.8.2010)

Alt, Jörg (2003): Leben in der Schattenwelt. Problemkomplex „illegale" Migration. Neue Erkenntnisse zur Lebenssituation „illegaler" Migranten aus München und anderen Orten Deutschlands, Karlsruhe

Amnesty International (2006a): Evaluation des Zuwanderungsgesetzes für den Zeitraum vom 1.1. bis 31.12.2005 v. 18.3.2006; http://www.fluechtlingsinfo-berlin.de/fr/pdf/ai_evaluation.pdf (16.8.2010)

Amnesty International (2006b): Schreiben an den Vorsitzenden der Ständigen Konferenz der Innenminister und -senatoren der Länder Herrn Staatsminister Günther Beckstein; http://archiv.amnesty.de/internet/deall.nsf/docs/2006-DEU08-010-de/$FILE/BriefIMKNovember2006.pdf (14.5.2010)

Arbeit und Bildung/Hessischer Flüchtlingsrat (2008): BLEIB in Mittelhessen. Hessens erste Netzwerkberatung startet; http://www.fr-hessen.de/presse/2008-09-30_Projektstart_BLEIB.pdf (16.8.2010)

Arbeitsmigrationssteuerungsgesetz (2008): Gesetz zur arbeitsmarktadäquaten Steuerung der Zuwanderung Hochqualifizierter und zur Änderung weiterer aufenthaltsrechtlicher Regelungen, vom 20.12.2008, verkündet in Jahrgang 2008 Nr. 63 vom 24.12.2008

AsylbLG (2008): Asylbewerberleistungsgesetz in der Fassung der Bekanntmachung vom 5. August 1997, zuletzt geändert durch Artikel 2e des Gesetzes vom 24. September 2008; http://www.gesetze-im-internet.de/bundesrecht/asylblg/gesamt.pdf (16.8.2010)

AsylVfG (2008): Asylverfahrensgesetz in der Fassung der Bekanntmachung vom 2. September 2008, geändert durch Artikel 18 des Gesetzes vom 17. Dezember 2008; http://www.gesetze-im-internet.de/bundesrecht/asylvfg_1992/gesamt.pdf (16.8.2010)

AufenthG (2009): Gesetz über den Aufenthalt, die Erwerbstätigkeit und die Integration von Ausländern im Bundesgebiet in der Fassung der Bekanntmachung vom 25. Februar 2008, geändert durch Artikel 4 Absatz 5 des Gesetzes vom 30. Juli 2009; http://www.gesetze-im-internet.de/bundesrecht/aufenthg_2004/gesamt.pdf (16.8.2010)

BAMF (Bundesamt für Migration und Flüchtlinge) (2007): Asyl in Zahlen 2007; http://www.bamf.de/cln_092/nn_442496/SharedDocs/Anlagen/DE/DasBAMF/Publikationen/broschuere-asyl-in-zahlen-2007,templateId=raw,property=publicationFile.pdf/broschuere-asyl-in-zahlen-2007.pdf (16.8.2010)

BAMF (Bundesamt für Migration und Flüchtlinge) (2008): Asyl in Zahlen 2008; http://www.bamf.de/SharedDocs/Anlagen/DE/DasBAMF/Publikationen/broschuere-asyl-in-zahlen-2008,templateId=raw,property=publicationFile.pdf/broschuere-asyl-in-zahlen-2008.pdf (16.8.2010)

BAMF (Bundesamt für Migration und Flüchtlinge (2010): Aktuelle Zahlen zu Asyl; http://www.bamf.de/cln_092/nn_442496/SharedDocs/Anlagen/DE/DasBAMF/Downloads/Statistik/statistik-anlage-teil-4-aktuelle-zahlen-zu-asyl,templateId=raw,property=publicationFile.pdf/statistik-anlage-teil-4-aktuelle-zahlen-zu-asyl.pdf (16.8.2010)

Bendel, Petra (2009a): Europäische Migrationspolitik. Bestandsaufnahme und Trends, Expertise im Auftrag der Abteilung Wirtschafts- und Sozialpolitik der Friedrich-Ebert-Stiftung, Berlin; http://library.fes.de/pdf-files/wiso/06306.pdf (16.8.2010)

Bendel, Petra (2009b): Die Migrationspolitik der Europäischen Union. Inhalte, Institutionen und Integrationsperspektiven, in: Christoph Butterwegge/Gudrun Hentges (Hrsg.), Zuwanderung im Zeichen der Globalisierung. Migrations-, Integrations- und Minderheitenpolitik, 4., aktualisierte Auflage, Wiesbaden, S. 123-135

BeschVerfV (2008): Verordnung über das Verfahren und die Zulassung von im Inland lebenden Ausländern zur Ausübung einer Beschäftigung (Beschäftigungsverfahrensverordnung) vom 22. November 2004, zuletzt geändert durch Artikel 7 Absatz 2 des Gesetzes vom 21. Dezember 2008; http://www.gesetze-im-internet.de/beschverfv/BJNR293400004.html (16.8.2010)

Bleiberechtsbüro (2007a): Bleiberecht. Wer erhält ein Bleiberecht. Wie geht man vor; http://www.bleiberechtsbuero.de/docs/bleiberecht--broschuere.pdf (16.8.2010)

Bleiberechtsbüro (2007b): Zum Beispiel: 90 Tagessätze wegen Residenzpflicht; http://www.bleiberechtsbuero.de/?p=161 (16.8.2010)

BMAS (Bundesministerium für Arbeit und Soziales) (2008): Programm zur Unterstützung von Bleibeberechtigten und Flüchtlingen am Arbeitsmarkt startet; http://www.bmas.de/portal/27412/ (16.8.2010)

BMI (Bundesministerium des Innern) (2006): Bericht zur Evaluierung des Gesetzes zur Steuerung und Begrenzung der Zuwanderung und zur Regelung des Aufenthalts und der Integration von Unionsbürgern und Ausländern (Zuwanderungsgesetz); http://www.bmi.bund.de/cln_145/SharedDocs/Standardartikel/DE/Themen/MigrationIntegration/Asyl/Evaluierungsbericht.html (16.8.2010)

BMI (Bundesministerium des Innern) (2007a): Hinweise zu den wesentlichen Änderungen durch das Gesetz zur Umsetzung aufenthalts- und asylrechtlicher Richtlinien der Europäischen Union vom 19. August 2007 (BGBl. I S. 1970). Hinweise zum Richtlinienumsetzungsgesetz; http://www.infonet-frsh.de/fileadmin/infonet/pdf/BMI_HinweiseAendGesetz.pdf (16.8.2010)

BMI (Bundesministerium des Innern) (2007b): Residenzpflicht mit der Europäischen Menschenrechtskonvention vereinbar; http://www.eu2007.bmi.bund.de/nn_161630/Internet/Content/Themen/Auslaender__Fluechtlinge__Asyl__Zuwanderung/DatenundFakten/Residenzpflicht.html (23.4.2010)

BMI (Bundesministerium des Innern) (2008): Abkommen zur Erleichterung der Rückkehr ausreisepflichtiger Ausländer. Bilaterale Rückübernahmeabkommen Deutschlands, Stand Februar 2010; http://www.bmi.bund.de/cae/servlet/contentblob/151414/publicationFile/17280/RueckkehrFluechtlinge.pdf;jsessionid=4C2BC15FE5114DED3D32C12F93FFE1B9 (23.4.2010)

BT-Drs. 16/164 v. 12.12.2005: Antwort der Bundesregierung auf die Kleine Anfrage der Abgeordneten Ulla Jelpke u.a. und der Fraktion DIE LINKE: Rückführung ausreisepflichtiger Ausländer

BT-Drs. 16/369 v. 17.1.2006: Gesetzentwurf der Abgeordneten Ulla Jelpke u.a. und der Fraktion Die LINKE: Entwurf eines Zweiten Gesetzes zur Änderung des Aufenthaltsgesetzes und anderer Gesetze

BT-Drs. 16/687 v. 16.2.2006: Antrag der Abgeordneten Josef Philip Winkler u.a. und der Fraktion Bündnis 90/Die Grünen: Kettenduldungen abschaffen

BT-Drs. 16/6832 v. 24.10.2007: Kleine Anfrage der Abgeordneten Ulla Jelpke u.a. und der Fraktion Die LINKE: Ergebnisse der Bleiberechtsregelung der Innenministerkonferenz

BT-Drs. 16/7089 v. 13.11.2007: Antwort der Bundesregierung auf die Kleine Anfrage der Abgeordneten Ulla Jelpke u.a. und der Fraktion Die LINKE: Ergebnisse der Bleiberechtsregelung der Innenministerkonferenz

BT-Drs. 16/7687 v. 8.1.2008: Antwort der Bundesregierung auf die Kleine Anfrage der Abgeordneten Ulla Jelpke u.a. und der Fraktion Die LINKE: Asylstatistik des Bundesamtes für Migration und Flüchtlinge und Pressemitteilungen des Bundesministeriums des Innern

BT-Drs. 16/8321 vom 29.2.2008: Antwort der Bundesregierung auf die Kleine Anfrage der Abgeordneten Ulla Jelpke u.a. und der Fraktion Die LINKE: Zahlen in der Bundesrepublik Deutschland lebender Flüchtlinge

BT-Drs. 16/9906 v. 3.7.2008: Antwort der Bundesregierung auf die Kleine Anfrage der Abgeordneten Ulla Jelpke u.a. und der Fraktion Die LINKE: Fortführung der Bilanz zur gesetzlichen Altfallregelung

BT-Drs. 16/10288 v. 22.9.2008: Gesetzentwurf der Bundesregierung zur arbeitsmarktadäquaten Steuerung der Zuwanderung Hochqualifizierter und zur Änderung weiterer aufenthaltsrechtlicher Regelungen (Arbeitsmigrationssteuerungsgesetz)

BT-Drs. 16/10781 v. 4.11.2008: Kleine Anfrage der Abgeordneten Ulla Jelpke u.a. und der Fraktion Die LINKE: Fortführung der Bilanz zu den Bleiberechtsregelungen von Bund und Ländern

BT-Drs. 16/10986 v. 19.11.2008: Antwort der Bundesregierung auf die Kleine Anfrage der Abgeordneten Ulla Jelpke u.a. und der Fraktion Die LINKE: Fortführung der Bilanz zu den Bleiberechtsregelungen von Bund und Ländern

BT-Drs. 16/13163 v. 27.5.2009: Antwort der Bundesregierung auf die Kleine Anfrage der Abgeordneten Ulla Jelpke u.a. und der Fraktion Die LINKE: Bilanz der gesetzlichen Altfallregelung zum 31. März 2009 – drohendes Desaster zum 1. Januar 2010

BT-Drs. 16/14088 v. 25.9.2009: Antwort der Bundesregierung auf die Kleine Anfrage der Abgeordneten Ulla Jelpke u.a. und der Fraktion Die LINKE: Bilanz der gesetzlichen „Altfallregelung" zum 30. Juni bzw. zum 31. August 2009

BT-Drs. 17/19 v. 10.11.2009: Antrag der Abgeordneten Ulla Jelpke u.a. und der Fraktion Die LINKE: Für ein umfassendes Bleiberecht

BT-Drs. 17/207 v. 15.12.2009: Gesetzentwurf der Abgeordneten Rüdiger Veit u.a. und der Fraktion der SPD: Entwurf eines Gesetzes zur Änderung des Aufenthaltsgesetzes (Altfallregelung)

BT-Drs. 17/642 v. 5.2.2010: Antwort der Bundesregierung auf die Kleine Anfrage der Abgeordneten Ulla Jelpke u.a. und der Fraktion DIE LINKE: Zahlen in der Bundesrepublik Deutschland lebender Flüchtlinge zum Stand 31. Dezember 2009

Bundesagentur für Arbeit (2009): Beschäftigungsverfahrensverordnung (BeschVerfV). Durchführungsanweisungen zur Ausländerbeschäftigung; http://www.arbeitsagentur.d e/zentraler-Content/A01-Allgemein-Info/A015-Oeffentlichkeitsarbeit/Publikation/pdf/DA-Beschaeftigungsverfahrensverordnung.pdf (16.8.2010)

Busch, Nicholas (2006): Baustelle Festung Europa. Beobachtungen, Analysen, Reflexionen, Klagenfurt

Butterwegge, Carolin (2009): Fit für die Globalisierung? Deutschland auf dem Weg zur Modernisierung seiner Migrations- und Integrationspolitik, in: Christoph Butterwegge/Gudrun Hentges (Hrsg.), Zuwanderung im Zeichen der Globalisierung. Migrations-, Integrations- und Minderheitenpolitik, 4., aktualisierte Auflage, Wiesbaden, S. 137-170

Classen, Georg (2008): Sozialleistungen für MigrantenInnen und Flüchtlinge. Handbuch für die Praxis, Karlsruhe

Deutscher Anwaltsverein (2005): Stellungnahme Nr. 53/05 des Deutschen Anwaltsvereins durch den Ausschuss Ausländer- und Asylrecht zum Erfordernis einer Bleiberechtsregelung für langjährig Geduldete; http://anwaltverein.de/downloads/stellungnah men/2005-53.pdf (16.8.2010)

Deutscher Bundestag (2009): „Bleiberecht verlängern"; http://www.bundestag.de/dokum ente/textarchiv/2009/28081159_kw50_bleiberecht/index.html (16.8.2010)

Diakonie/Caritas (2006) Informationsblatt zur Bleiberechtsregelung für Ausländer ohne Aufenthaltserlaubnis in Baden Württemberg; http://www.proasyl.de/fileadmin/proasyl/f m_redakteure/Themen/Bleiberecht/BleibeRBeschluss_IMK_17.11.06/BaWue_Diakonie _Caritas_Infoblatt (16.8.2010)

Drucks, Heinz (2009): Bleiberecht droht zu scheitern; http://www.fluechtlingsrat-nrw.de/316 5/index.html (16.8.2010)

EMRK (1950): Konvention zum Schutze der Menschenrechte und Grundfreiheiten in der Fassung des Protokolls Nr. 11, Rom/Rome, 4.XI.1950; http://conventions.coe.int/Trea ty/ger/Treaties/Html/005.htm (16.8.2010)

EQUAL-Entwicklungspartnerschaft SAGA (2007): Arbeit, Bildung und Gesundheit für Asylsuchende und geduldete MigrantInnen, Abschlussdokumentation der EQUAL – Projektverbünde SPuK und SAGA; http://www.equal-saga.info/docs/sagadoku.pdf (16.8.2010)

Eurodac (2000): Verordnung (EG) Nr. 2725/2000 des Rates vom 11. Dezember 2000 über die Einrichtung von „Eurodac" für den Vergleich von Fingerabdrücken zum Zwecke der effektiven Anwendung des Dubliner Übereinkommens; http://www.aufenthaltstitel.d e/rl_2725_2000_eg.html (16.8.2010)

Europäischer Gerichtshof für Menschenrechte (2007): Entscheidung über die Zulässigkeit der Individualbeschwerde Nr. 44294/04 S. E. O. gegen Deutschland; http://www.coe.i nt/t/d/menschenrechtsgerichtshof/dokumente_auf_deutsch/volltext/entscheidungen/200 71120-SEO.asp (16.8.2010)

Flüchtlingsrat Baden-Württemberg (2009): Zum Beschluss der Länderinnenminister. Verlängerung der Altfallregelung um zwei Jahre wird Kettenduldungen nicht beenden; http://www.akasyl-bw.de/Download/Presse/2009-12-04%20PM%20IMK-Beschluss.pdf (16.8.2010)

Flüchtlingsrat Niedersachsen (2007a): Widerruf der Flüchtlingsanerkennung von Irakern; http://www.nds-fluerat.org/155/pressemitteilungen/widerruf-der-fluechtlingsanerkennung-von-irakern/ (16.8.2010)

Flüchtlingsrat Niedersachsen (2007b): Arbeit für Asylsuchende. Zugangsbarrieren und Zugangschancen. Bestandsaufnahme und Empfehlungen im Rahmen des Projektes SAGA (Flüchtlingsrat, Zeitschrift für Flüchtlingspolitik in Niedersachsen, Sonderheft 118, April 2007); http://www.nds-fluerat.org/wp-content/uploads/2007/05/fr_118_saga_gesamt_komp.pdf (16.8.2010)

Flüchtlingsrat Niedersachsen (2008): Bleiberecht; http://www.nds-fluerat.org/infomaterial/bleiberecht/ (16.8.2010)

Flüchtlingsrat NRW (2009): IMK-Bleiberechtsregelung 2009; http://www.fluechtlingsrat-nrw.de/3572/index.html (16.8.2010)

Flüchtlingsrat NRW/Hauptstelle RAA/NRW (2004): Dokumentation eines Runden Tisches zum Thema „Jugendliche Flüchtlinge – Zugang zu Qualifizierung und Beruf?" am 4.12.2003; http://www.emhosting.de/kunden/fluechtlingsrat-nrw.de/system/upload/download_739.pdf (16.8.2010)

Flüchtlingsrat Schleswig-Holstein/Pro Asyl (2006): Vor der Innenministerkonferenz in Nürnberg: Flüchtlingsrat Schleswig-Holstein und Pro Asyl fordern großzügige Bleiberechtsregelung; http://www.frsh.de/presse/pe_14_11_06.html (16.8.2010)

Flüchtlingsrat Schleswig-Holstein/Pro Asyl (2008): Unsicher ins Neue Jahr 2009. Fällt das Bleiberecht der Rezession zum Opfer?; http://www.frsh.de/presse/pe_bleiberecht_29_12_08.htm (16.8.2010)

GFK (1951): Genfer Flüchtlingskonvention: Abkommen über die Rechtsstellung der Flüchtlinge vom 28. Juli 1951; http://www.unhcr.de/fileadmin/unhcr_data/pdfs/rechtsinformationen/1_International/1_Voelkerrechtliche_Dokumente/01_GFK/01_GFK_Prot_dt.pdf (16.8.2010)

Goethe-Institut (2001): Gemeinsamer europäischer Referenzrahmen für Sprachen; http://www.goethe.de/z/50/commeuro/i0.htm (16.8.2010)

Grips-Theater (2005) Schicksal einer Familie kommt auf die Bühne. Grips-Theater zeigt Stück über Abschiebungen, in: Berliner Zeitung v. 6.4.

Hailbronner, Kay (2006): Asyl- und Ausländerrecht, Stuttgart

Hailbronner, Kay (2008): Ausländerrecht. Kommentar zum § 104a AufenthG (Dokumente der Ausländerbehörde Fulda)

Hartl, Thomas (1999): Das völkerrechtliche Refoulementverbot abseits der Genfer Flüchtlingskonvention, Frankfurt am Main u.a.

Heimat auf Zeit, D (2007), 40 min., Idee, Drehbuch, Regie: Studierende des Studiengangs BASIB der Hochschule Fulda, Gudrun Hentges, Justyna Staszczak & Christian Stahl

Heinhold, Hubert (2007): Recht für Flüchtlinge. Ein Leitfaden durch das Asyl- und Ausländerrecht für die Praxis, 6., vollständig überarbeitete Auflage, Karlsruhe

Herbert, Ulrich (2001): Geschichte der Ausländerpolitik in Deutschland. Saisonarbeiter, Zwangsarbeiter, Gastarbeiter, Flüchtlinge, München

Hessischer Flüchtlingsrat (2007): Abschiebung trotz Bleiberechtsantrag. Presseerklärung des Hessischen Flüchtlingsrat zur Sammelabschiebung von langjährig Geduldeten in die Türkei; http://www.politnetz.de/gruppen/politnetz/veranst_1_2007/hfr-erklaerung/ (16.8.2010)

Hessischer Flüchtlingsrat (2008): Bilanz IMK- und gesetzliche Bleiberechtsregelung, Stand 30.9.2008; http://www.fr-hessen.de/aktuelles/2008-09-30_Bilanz_Bleiberecht.pdf (16.8.2010)

Hessisches Ministerium des Innern und für Sport (2007): Bleiberechtsregelung. Zusammenarbeit mit den Arbeitsagenturen; http://www.fr-hessen.de/Erlasse/2007-02-23_Bleiberecht_verschweigefrist.pdf (16.8.2010)

Hier geblieben?! (2007): Geduldete Jugendliche kämpfen um das ganze Bleiberecht; http://www.video-projekte.de/wordpress2.6.3/category/dokumentarfilm-und-dokumentation/dok-einzelschreibung (18.5.2010)

Hier geblieben! (2008): Für das ganze Bleiberecht! Appell an die Innenministerkonferenzen und die Politikerinnen und Politiker der Bundesrepublik Deutschland; http://www.hier.geblieben.net/download/Appell%202008%20neu.pdf (16.8.2010)

Holt sie zurück! (2007), in: Berliner Zeitung v. 13.4.

Holzberger, Mark (2003): Die Harmonisierung der europäischen Flüchtlingspolitik, in: Christoph Butterwegge/Gudrun Hentges (Hrsg.), Zuwanderung im Zeichen der Globalisierung. Migrations-, Integrations- und Minderheitenpolitik, 2., aktualisierte und überarbeitete Auflage, Wiesbaden, S. 111-121

IMK (2006): Bleiberechtsbeschluss der IMK vom 17.11.2006, in: Sammlung der zur Veröffentlichung freigegebenen Beschlüsse der 182. Sitzung der Ständigen Konferenz der Innenminister und -senatoren der Länder am 17.11.2006 in Nürnberg, S. 16-21; http://www.proasyl.de/fileadmin/proasyl/fm_redakteure/Themen/Bleiberecht/BleibeRBeschluss_IMK_17.11.06/IMK_Beschluss_bleiberecht.pdf (16.8.2010)

IMK (2009): Beschluss der Innenministerkonferenz vom 4.12.2009 zur Bleiberechtsregelung; http://www.frsh.de/behoe/pdf/imsh_altfall_04_12_2009.pdf (16.8.2010)

Innenminister bejubeln Einigung beim Bleiberecht (2006), in: Spiegel Online v. 17.11.

Innenministerkonferenz (2009): Bleiberecht verlängert, in: Süddeutsche Zeitung v. 5.12.

IntV (2007); Verordnung über die Durchführung von Integrationskursen für Ausländer und Spätaussiedler (Integrationskursverordnung) vom 13. Dezember 2004 geändert durch die Verordnung vom 5. Dezember 2007; http://bundesrecht.juris.de/bundesrecht/intv/gesamt.pdf (16.8.2010)

Jelpke, Ulla (2009): IMK-Beschluss zum Bleiberecht geht am Problem vorbei; http://www.linksfraktion.de/pressemitteilung.php?artikel=1222820816 (16.8.2010)

Karawane für die Rechte der Flüchtlinge und MigrantInnen (2004): Kampagne zur Abschaffung der Residenzpflicht – den Apartheidgesetzen in Deutschland; http://www.proasyl.info/texte/mappe/2004/89/20.pdf (16.8.2010)

Keßler, Stefan (2006): Nach dem Asylverfahren. Ratgeber für die Arbeit mit Flüchtlingen und geduldeten Personen, 2. Auflage Oldenburg

Kieser, Albrecht (2009): Ausländer- und Asylpolitik, in: Gabriele Gillen/Walter van Rossum (Hrsg.), Schwarzbuch Deutschland. Das Handbuch der vermissten Informationen, Reinbek bei Hamburg, S. 58-76

Kirchner, H.-Michael (2007): Arbeitslos und psychisch krank. Psychische Störungen als Folge der Arbeitslosigkeit, in: Flüchtlingsrat Niedersachsen (2007b): Arbeit für Asylsuchende. Zugangsbarrieren und Zugangschancen. Bestandsaufnahme und Empfehlungen im Rahmen des Projektes SAGA (Flüchtlingsrat, Zeitschrift für Flüchtlingspolitik in Niedersachsen, Sonderheft 118, April 2007, S. 55-62); http://www.nds-fluerat.org/wp-content/uploads/2007/05/fr_118_saga_gesamt_komp.pdf (16.8.2010)

Kühne, Peter (2002): Rot-schwarz oder Rot-grün? – Asylpolitik 1998-2001. Eine vorläufige Bilanz, in: Migration und Soziale Arbeit, Heft 2, S. 32 ff.

Kühne Peter (2005): Aufenthalts- und Lebensperspektive: Weiterhin brüchig. Flüchtlinge im neuen Zuwanderungsrecht, in: Migration und Soziale Arbeit, Heft 2, S. 122-131

Kühne, Peter (2009): Flüchtlinge und der deutsche Arbeitsmarkt, in: Christoph Butterwegge/Gudrun Hentges (Hrsg.), Zuwanderung im Zeichen der Globalisierung. Migrations-, Integrations- und Minderheitenpolitik, 4., aktualisierte Auflage, Wiesbaden, S. 253-267

Kühne, Peter (2010): Politisches Versäumnis und humanitäre Katastrophe, in: Gudrun Hentges/Volker Hinnenkamp/Almut Zwengel (Hrsg.), Migrations- und Integrationsforschung in der Diskussion. Biografie, Sprache und Bildung als zentrale Bezugspunkte, 2., aktualisierte Auflage, Wiesbaden, S. 79-89

Kühne, Peter/Rüßler, Harald (2000): Die Lebensverhältnisse der Flüchtlinge in Deutschland, Frankfurt am Main

Lersner, Ulrike von/Rieder, Heide/Elbert, Thomas (2008): Psychische Gesundheit und Rückkehrvorstellungen am Beispiel von Flüchtlingen aus dem ehemaligen Jugoslawien, in: Zeitschrift für Klinische Psychologie und Psychotherapie, April 2008, Nr. 2, S. 112-121

Liste (2006): Liste der Vertragsstaaten des Abkommens vom 28. Juli 1951 und/oder des Protokolls vom 31. Januar 1967 über die Rechtsstellung der Flüchtlinge. Stand 1. Dezember 2006; http://www.unhcr.de/fileadmin/unhcr_data/pdfs/rechtsinformationen/1_International/1_Voelkerrechtliche_Dokumente/01_GFK/04_Liste_der_Vertragsstaaten.pdf (16.8.2010)

Marx, Reinhard (2006): Der Bleiberechtsbeschluss vom 17. November 2006; http://www.proasyl.de/fileadmin/proasyl/fm_redakteure/Themen/Bleiberecht/BleibeRBeschluss_IMK_17.11.06/Marx_Bleiberechtsbeschluss2006_16.12.pdf (16.8.2010)

Marx, Reinhard (2007): Stellungnahme zum Entwurf eines Gesetzes zur Umsetzung aufenthalts- und asylrechtlicher Richtlinien der Europäischen Union; http://www.ramarx.de/front_content5567.html?idcat=8 (16.8.2010)

Marx, Reinhard (Hrsg.) (2008): Ausländer- und Asylrecht. Verwaltungsverfahren, Prozess, Baden-Baden

Müller, Peter (2004): Rede in der Debatte zum Abschluss der Verhandlungen über das Zuwanderungsgesetz, in: Plenarprotokoll 15/118 (Stenografischer Bericht der 118. Sitzung des Deutschen Bundestages am 1. Juli 2004), S. 10710 B – 10712 B

Nuscheler, Franz (2004): Internationale Migration. Flucht und Asyl, 2. Auflage Wiesbaden

Pelzer, Marei (2009): Bleiberecht. Tausenden droht Ende 2009 der Rückfall in die Kettenduldung; http://www.proasyl.de/de/themen/bleiberecht/detail/news/bleiberecht_tausenden_droht_ende_2009_der_rueckfall_in_die_kettenduldung/back/1342/ (16.8.2010)

Pieper, Tobias (2007): Die aktuelle Bleiberechtsregelung. Ein Kompromiss, der keiner ist, in: PROKLA. Zeitschrift für kritische Sozialwissenschaft, Heft 147, 37. Jg., Nr. 2, S. 309-316

Polansky, Paul (2005): Roma und Aschkali im Kosovo. Verfolgt, Vertrieben, Vergiftet!; http://www.gfbv.de/inhaltsDok.php?id=477 (16.8.2010)

Praxis GmbH Marburg (2008): Informationsblatt zum Programm „BLEIB in Mittelhessen"; http://www.fr-hessen.de/aktuelles/Flyer_BLEIB.PDF (16.8.2010)

Pro Asyl (2009): Ergebnis der Innenministerkonferenz in Bremen; http://www.proasyl.de/de/presse/detail/news/ergebnis_der_innenministerkonferenz_in_bremen/back/714/ (16.8.2010)

Rechtsanwaltkanzlei Waldmann-Stocker & Coll (2009): Kommentar zum IMK-Beschluss vom 4.12.2009 zur Verlängerung der Altfallregelung in § 104a AufenthG trotz bislang fehlender Lebensunterhaltssicherung; http://www.aktion-bleiberecht.de/media/Altfallregelung_Kommentar_zum_IMK-Beschluss.pdf (16.8.2010)

Rothkegel, Ralf (1997): Kirchenasyl – Wesen und rechtlicher Standort, in: Zeitschrift für Ausländerrecht und Ausländerpolitik (ZAR), Heft 3, S. 121-129

Scherenberg, Timmo (2006): „Nur die leistungsfähigen Flüchtlinge erhalten ein Bleiberecht", in: Frankfurter Rundschau v. 23.11.

Scherenberg, Timmo (2008): Halb voll ist eigentlich ganz schön leer. Bleiberecht in Zeiten der Wirtschaftspleiten; http://www.fluechtlingsrat-bw.de/Download/rundbrief/2008-4/rb 08-4_22-23.pdf (16.8.2010)

Schily, Otto (2004): Rede in der Debatte zum Abschluss der Verhandlungen über das Zuwanderungsgesetz, in: Plenarprotokoll 15/118 (Stenografischer Bericht der 118. Sitzung des Deutschen Bundestages am 1. Juli 2004), S. 10717 D – 10721 B

Schulgesetz BaWü (2008): Gesetz zur Änderung des Schulgesetzes für Baden-Württemberg, des Gesundheitsdienstgesetzes und der Meldeverordnung vom 18.11.2008; http://www.landtag.nrw.de/portal/WWW/dokumentenarchiv/Dokument/XCCGBL0815.pdf?von=387 (16.8.2010)

Schulgesetze (2010): Schulgesetze der Länder in der Bundesrepublik Deutschland (Stand: März 2010); http://www.kmk.org/no_cache/dokumentation/rechtsvorschriften-und-lehrplaene-der-laender/uebersicht-schulgesetze.html?sword_list%5B0%5D=schulgesetze (16.8.2010)

Selders, Beate (2008): Wie kriminelle Ausländer produziert werden oder: Das Elend mit der Residenzpflicht, in: Gegenwehr. Zeitschrift des Hessischen Flüchtlingsrates – Winter 08/09, S. 4 f.

Selders, Beate (2009): Keine Bewegung! Die „Residenzpflicht" für Flüchtlinge. Bestandsaufnahme und Kritik, Potsdam/Berlin

Strauss, Anselm L. (1998): Grundlagen qualitativer Sozialforschung. Datenanalyse und Theoriebildung in der empirischen soziologischen Forschung, 2. Auflage Paderborn

Terre des hommes (2005): Aktuelle Entwicklungen Oktober 2005: Schulpflicht vs. Schulrecht von Flüchtlingskindern in Deutschland; http://www.tdh.de/content/materialien/download/download_wrapper.php?id=195 (16.8.2010)

Tessmer, Carsten (Hrsg.) (1994): Deutschland und das Weltflüchtlingsproblem, Opladen

Übereinkommen (1984): Übereinkommen gegen Folter und andere grausame, unmenschliche oder erniedrigende Behandlung oder Strafe vom 10. Dezember 1984; http://www.auswaertiges-amt.de/diplo/de/Aussenpolitik/Themen/Menschenrechte/Download/_C3_9CbereinkommenGegenFolter.pdf (16.8.2010)

Unabhängige Kommission „Zuwanderung" (2001): Zuwanderung gestalten –Integration fördern. Bericht der Unabhängigen Kommission „Zuwanderung"; http://www.bmi.bund.de/cae/servlet/contentblob/123148/publicationFile/9075/Zuwanderungsbericht_pdf.pdf (16.8.2010)

UNHCR (1959): Satzung des Amtes des Hohen Kommissars der Vereinten Nationen für Flüchtlinge. Resolution der Generalversammlung 428 (V) vom 14. Dezember 1950 und Satzung des Amtes des Hohen Kommissars der Vereinten Nationen für Flüchtlinge; http://www.unhcr.de/fileadmin/unhcr_data/pdfs/rechtsinformationen/1_International/1_Voelkerrechtliche_Dokumente/07_UNHCR-Satzung/01_UNHCR-Satzung.pdf (16.8.2010)

UNHCR (2006): Positionen zur Diskussion um ein Bleiberecht für geduldete Ausländer in Deutschland; http://www.unhcr.de/fileadmin/unhcr_data/pdfs/rechtsinformationen/595.pdf (16.8.2010)

UNHCR (2009a): IMK / Bleiberecht. Atempause für gesetzliche Neuregelung; http://www.unhcr.de/aktuell/einzelansicht/article/2/unhcr-zu-imkbleiberecht-atempause-fuer-gesetzliche-neuregelung.html (16.8.2010)

UNHCR (2009b): Profil; http://www.unhcr.de/grundlagen/unhcr-profil.html (16.8.2010)

Verfassungsexperte Mahrenholz (2009): Die Flüchtlingspolitik ist zu rigide, in: Hannoversche Allgemeine v. 18.2.

Verordnung Hessen (2008): Verordnung zum Schulbesuch von Schülerinnen und Schülern nichtdeutscher Herkunftssprache vom 5. August 2008; http://www.rv.hessenrecht.hessen.de/jportal/portal/t/223w/page/bshesprod.psml?doc.hl=1&doc.id=hevr-NDHSprSchulBVHErahmen%3Adiverse00&documentnumber=2&numberofresults=28&showdoccase=1&doc.part=R&paramfromHL=true#focuspoint (16.8.2010)

Verzweifelte Anrufe aus der Türkei (2007), in: Berliner Zeitung v. 13.4.

VG Hamburg (2008): Urteil vom 30.1.2008, 8 K 3678/07; http://lrha.juris.de/cgi-bin/laender_rechtsprechung/document.py?Gericht=ha&nr=1797 (14.5.2010)

Will, Annegret (2008): Ausländer ohne Aufenthaltsrecht. Aufenthaltsrechtliche Rahmenbedingungen, Arbeitsrecht, soziale Rechte, Baden-Baden

Winkler, Josef (2009a): Dürftiges Ergebnis der Innenministerkonferenz zum Bleiberecht; http://www.josef-winkler.de/print/die_presse/pressemitteilungen/artikel/1412/a138ee540a/index.html (16.8.2010)

Winkler, Josef (2009b): Bleiberecht; http://www.gruene-bundestag.de/cms/bundestagsreden/dok/319/319785.bleiberecht.html (16.8.2010)

Wolff, Hartfrid (2009): Rechtssicherheit bei Bleiberecht schaffen; http://www.liberale.de/Wolff-Rechtssicherheit-bei-Bleiberecht-schaffen/4065c7580i1p69/index.html (16.8.2010)

Zirkelschluss (2009): Der Straßburger Zirkelschluss. Die Beschwerde beim Europäischen Gerichtshof für Menschenrechte; http://www.residenzpflicht.info/keine_bewegung_report_beate_selders/beschwerde-beim-europaischen-gerichtshof-fur-menschenrechte/ (16.8.2010)

ZPKF Berlin (2008): Expertise zur Umsetzung des IMK-Bleiberechtsbeschlusses vom 17. November 2006. Angefertigt vom Zentrum für Politik, Kultur und Forschung Berlin für das Nationale Thematische Netzwerk Asyl in der europäischen Gemeinschaftsinitiative EQUAL; http://www.fr-hessen.de/aktuelles/Expertise_IMK-Bleiberechtsbeschluss_14_2_08.pdf (16.8.2010)

ZuwG (2005): Zuwanderungsgesetz; http://www.bmi.bund.de/cae/servlet/contentblob/150220/publicationFile/14871/Zuwanderungsgesetz.pdf (16.8.2010)

2. Interviewleitfaden

Welche Hoffnungen und Wünsche hatten Sie, als Sie nach Deutschland einreisten?

Können Sie sich noch an die ersten Tage nach Ihrer Einreise erinnern? Was waren Ihre Eindrücke, Erwartungen, Hoffnungen?

Weshalb haben Sie Ihr Land verlassen?

Wie lange leben Sie jetzt schon in Deutschland?

Was war das wichtigste Ereignis für Sie und Ihre Familie, seitdem Sie in Deutschland sind?

2.1 Bleiberecht

Wie haben Sie über die Bleiberechtsregelung erfahren (z.B. über Beratungsstellen, Medien, Ausländerbehörde)?

Können Sie sich daran erinnern, woher Sie die Informationen zum Bleiberecht erhalten haben?

Welche Dokumente und Nachweise mussten Sie der Ausländerbehörde vorlegen, um den Antrag stellen zu können?

Gab es Schwierigkeiten bei der Antragstellung?

- Haben Ihnen irgendwelche Dokumente gefehlt?
- Mussten Sie noch etwas zusätzlich besorgen, um den Antrag stellen zu können?
- Sollen Sie noch etwas nachreichen oder nachweisen (z.B. Sicherung des Lebensunterhalts oder Sprachkenntnisse)?

Seit wann haben Sie das Bleiberecht?

Wie lange haben Sie auf die Antwort von der Ausländerbehörde gewartet?

Was haben Sie als Erstes gemacht, nachdem Sie offiziell erfahren haben, dass Sie Bleiberecht erhalten werden?

Was hat sich verändert, seitdem Sie das Bleiberecht erhalten haben? (Sind Sie umgezogen? Besuchen Sie jetzt einen Sprachkurs?)

2.2 Aufnahmebedingungen und rechtlicher Status in Deutschland

Welchen rechtlichen Status hatten Sie nach Ihrer Ankunft in Deutschland?

Wie hat sich dieser Status inzwischen verändert (Visum, Aufenthaltsgestattung, Duldung)?

Wo wurden Sie nach der Ankunft untergebracht?

Wovon haben Sie gelebt? Wie haben Sie den Lebensunterhalt Ihrer Familie gesichert?

Haben Sie gearbeitet? Wenn ja, welche Jobs haben Sie ausgeübt?

Wie sah die Arbeitssuche aus?

Wenn Sie nun an die Zeit zurückdenken, in der Sie mit der Duldung gelebt haben, was war das Schwierigste für Sie?

2.3 Erteilungsvoraussetzungen – Kriterien zum Erhalt des Bleiberechts und Indikatoren für die „faktische und wirtschaftliche Integration"

Seit wann wohnen Sie in ihrer jetzigen Wohnung?

Hatten Sie Schwierigkeiten bei der Wohnungssuche?

Wie groß ist Ihre Wohnung? Wie viele Personen wohnen in Ihrem Haushalt? Hat Jeder ein eigenes Zimmer? Ist es Ihnen wichtig, dass Jeder ein eigenes Zimmer hat?

Sind Sie zufrieden mit ihrer jetzigen Wohnung? Was gefällt Ihnen am besten? Was ist das Wichtigste in ihrer Wohnung?

Sind Sie zur Zeit erwerbstätig? Wenn ja, in welcher Branche?

Wie sehen Ihre Arbeitszeiten aus? Arbeiten Sie Ganztags, Teilzeit oder machen Sie Schichtarbeit? Welchen Vertrag haben Sie? Wer arbeitet in Ihrer Familie?

Sind Sie zufrieden mit Ihrer Arbeit? Oder würden Sie lieber in einer anderen Branche arbeiten?

Reicht das von Ihnen verdiente Geld für Sie und Ihre Familie aus?

Unterstützen sie auch Ihre Familie in Ihrem Herkunftsland?

Was bedeutet es für Sie, arbeiten zu dürfen?

Was ist für Sie das Wichtigste an der Arbeit (z.B. finanzielle Absicherung; eine Beschäftigung haben; unabhängig sein)?

Haben Sie Kinder?

Wenn ja, welchen rechtlichen Status haben Ihre Kinder?

Wenn ja, besuchen Ihre Kinder die Schule? Aus welchen Gründen ist es für Sie wichtig, dass Ihre Kinder die Schule besuchen?

Wie haben Sie Deutsch gelernt?

Warum war es für Sie wichtig, die deutsche Sprache zu lernen?

Haben Sie an Sprachkursen teilgenommen? Wenn ja, wie erfuhren Sie von dem Sprachkursangebot? Wie haben Sie die Kurse finanziert?

Wie haben Ihre Kinder Deutsch gelernt?

Wenn Sie Ihrer Familie von Deutschland erzählen, wie beschreiben Sie Ihre Situation?

Fühlen Sie sich wohl in Deutschland? Sind Sie hier zufrieden? Fühlen Sie sich integriert?

- Wenn ja, seit wann?
- Wenn nicht, warum? Was fehlt noch? Was müsste sich ändern, damit Sie sich besser fühlen?

Haben Sie – trotz Ihres gesicherten Aufenthaltes in Deutschland – manchmal Angst?

Was sind Ihre größten Sorgen, Befürchtungen oder Zweifel?

Was sind Ihre größten Wünsche und Hoffnungen für Sie und für Ihre Kinder?

Haben Sie jemals daran gedacht, in Ihr Herkunftsland zurückzukehren – falls sich die (politische, ökonomische, soziale) Situation in Ihrem Herkunftsland verändern würde?

Ergänzende Bemerkung: Habe ich etwas Wichtiges vergessen, was Sie noch ergänzen möchten?

3. Umfrage

1. In welchem Land wurden Sie geboren?
2. Welche Staatsangehörigkeit besitzen Sie?
3. Welches Geschlecht haben Sie?
4. Welche schulische Ausbildung haben Sie?
5. Wie alt sind Sie?
6. Haben Sie ein Studium begonnen oder abgeschlossen? Wenn ja, in welcher Fachrichtung?
7. Verfügen Sie über eine berufliche Ausbildung? Wenn ja, welche Ausbildung haben Sie absolviert?
8. Welcher Religion gehören Sie an?
9. Waren Sie in Ihrem Herkunftsland erwerbstätig? Wenn ja, in welcher Branche?
10. Welchen Familienstand haben Sie?
11. Seit wann leben Sie in Deutschland?

4. Transkriptionsregeln

Alle anonymisierten Interviews wurden unter Beachtung der folgenden Konventionen transkribiert:

Es wurden keine neuen Satzanfänge durch Satzzeichen oder Großbuchstaben markiert. Bei Ausrufen steht ein !, bei fragenden Sequenzen ein ?

Betonte Textstellen wurden <u>unterstrichen</u>.

Kürzere oder längere Pausen wurden durch ... markiert.

Klammern (XXX) verweisen auf Unverstandenes; die Zahl der Kreuze X, XX, XXX markiert die ungefähre Dauer der nicht verständlichen Passagen.

Fremdsprachliches wurde kursiv gesetzt. Das betrifft auch Kreuze für Unverstandenes in Klammern. Nach dem fremdsprachigen Text erfolgt seine Übersetzung in doppelten Klammern, z.B. *quel idiot!* ((was für ein Idiot!)).

Kommentierungen wie lachend oder erregt stehen in doppelten Klammern. Falls das Phänomen andauert, wird sein Ende durch # markiert, z.B. ((wütend)) so eine Unverschämtheit#.

Neben den Abkürzungen der Namen der Interviewten werden folgende Abkürzungen in den Transkriptionen verwendet:

Z.   Zeile

I.   Interviewerin

T.   Tochter.

**AN INTERDISCIPLINARY SERIES
OF THE CENTRE FOR INTERCULTURAL AND EUROPEAN STUDIES**

**INTERDISZIPLINÄRE SCHRIFTENREIHE
DES CENTRUMS FÜR INTERKULTURELLE UND EUROPÄISCHE STUDIEN**

CINTEUS • Fulda University of Applied Sciences • Hochschule Fulda

ISSN 1865-2255

1 *Julia Neumeyer*
 Malta and the European Union
 A small island state and its way into a powerful community
 ISBN 978-3-89821-814-6

2 *Beste İşleyen*
 The European Union in the Middle East Peace Process
 A Civilian Power?
 ISBN 978-3-89821-896-2

3 *Pia Tamke*
 Die Europäisierung des deutschen Apothekenrechts
 Europarechtliche Notwendigkeit und nationalrechtliche Vertretbarkeit einer Liberalisierung
 ISBN 978-3-89821-964-8

4 *Stamatia Devetzi und Hans-Wolfgang Platzer (Hrsg.)*
 Offene Methode der Koordinierung und Europäisches Sozialmodell
 Interdisziplinäre Perspektiven
 ISBN 978-3-89821-994-5

5 *Andrea Rudolf*
 Biokraftstoffpolitik und Ernährungssicherheit
 Die Auswirkungen der EU-Politik auf die Nahrungsmittelproduktion am Beispiel Brasilien
 ISBN 978-3-8382-0099-6

6 *Gudrun Hentges / Justyna Staszczak*
 Geduldet, nicht erwünscht
 Auswirkungen der Bleiberechtsregelung auf die Lebenssituation geduldeter Flüchtlinge in Deutschland
 ISBN 978-3-8382-0080-4

Series Subscription

Please enter my subscription to the *Interdisciplinary Series of the Centre for Intercultural and European Studies*, ISSN 1865-2255, edited by Gudrun Hentges, Volker Hinnenkamp, Anne Honer, Hans-Wolfgang Platzer, as follows:

❏ complete series

starting with
❏ volume # 1
❏ volume # ___
    ❏ please also include the following volumes: #___, ___, ___, ___, ___, ___,

❏ the next volume being published
    ❏ please also include the following volumes: #___, ___, ___, ___, ___, ___,

❏ 1 copy per volume   OR   ❏ ___ copies per volume

Subscription within Germany:

You will receive every volume at 1st publication at the regular bookseller's price – incl. s & h and VAT.
Payment:
❏ Please bill me for every volume.
❏ Lastschriftverfahren: Ich/wir ermächtige(n) Sie hiermit widerruflich, den Rechnungsbetrag je Band von meinem/unserem folgendem Konto einzuziehen.

Kontoinhaber: _____ Kreditinstitut: _____

Kontonummer: _____ Bankleitzahl: _____

International Subscription:

Payment (incl. s & h and VAT) in advance for
❏ 10 volumes/copies (€ 319.80)   ❏ 20 volumes/copies (€ 599.80)
❏ 40 volumes/copies (€ 1,099.80)
Please send my books to:

NAME _____ DEPARTMENT _____

ADDRESS _____

POST/ZIP CODE _____ COUNTRY _____

TELEPHONE _____ EMAIL _____

date/signature _____

Please fax to: **0511 / 262 2201 (+49 511 262 2201)**
or mail to: *ibidem*-Verlag, Julius-Leber-Weg 11, D-30457 Hannover, Germany
or send an e-mail: ibidem@ibidem-verlag.de

ibidem-Verlag

Melchiorstr. 15

D-70439 Stuttgart

info@ibidem-verlag.de

www.ibidem-verlag.de
www.ibidem.eu
www.edition-noema.de
www.autorenbetreuung.de